Hans-Dieter Leuenberger

Schule des Tarot I

Das Rad des Lebens
Ein praktischer Weg durch die großen Arkana

Hans-Dieter Leuenberger

Schule des Tarot I

Das Rad des Lebens

Ein praktischer Weg durch die großen Arkana

BAUER
Verlag Hermann Bauer
Freiburg im Breisgau

CIP-Kurztitelaufnahme der Deutschen Bibliothek

Leuenberger, Hans-Dieter:
Schule des Tarot / Hans-Dieter Leuenberger. –
Freiburg im Breisgau: Bauer
ISBN 3-7626-0287-5
1. Leuenberger, Hans-Dieter: Das Rad des Lebens. –
3. Aufl. – 1984

Leuenberger, Hans-Dieter:
Das Rad des Lebens: e. prakt. Weg durch d. großen
Arkana / Hans-Dieter Leuenberger. – 3. Aufl. –
Freiburg im Breisgau: Bauer, 1984.
(Schule des Tarot / Hans-Dieter Leuenberger; 1)
ISBN 3-7626-0243-3
ISBN 3-7626-0287-5 (Gesamtw.)

Autor und Verlag danken der U.S. Games Systems, Inc., New York,
für die freundliche Genehmigung zum Nachdruck der
22 Karten der großen Arkana aus dem Rider-Waite-Tarot.

Mit 22 Abbildungen und 7 Zeichnungen.

ISBN 3-7626-0287-5 (Gesamtausgabe)
ISBN 3-7626-0243-3 (Band 1)
ISBN 3-7626-0244-1 (Band 2)
ISBN 3-7626-0286-7 (Band 3)

3. Auflage 1984

Satz: LibroSatz J. Witt KG, Kriftel.
Druck und Bindung: May & Co Nachf., Darmstadt.
Printed in Germany.

Inhalt

Vorwort

Der Tarot war während langer Zeit eigentlich nur innerhalb eines kleinen Kreises von geistig suchenden und wissenden Menschen bekannt, die in Denkensart und Weltanschauung jeweils nicht unbedingt mit ihrer Zeit konform waren. In ihren Händen war der Tarot gut aufgehoben; sie hatten keine Bücher nötig, die ihnen das Geheimnis und die Botschaft der 78 Bilder näher erklärten. Diese im Verborgenen wirkenden Menschen waren über Jahrhunderte hinweg die Hüter einer alten Tradition des Wissens, die sie getreulich bewahrten, um sie zu gegebener Zeit denen weiterzugeben, die sie dazu für würdig und fähig hielten.

Das hat sich in den letzten Jahren entschieden geändert: Wir erleben heute eine Art Tarot-Boom. Dies für sich allein betrachtet könnte eigentlich ein gutes und ermutigendes Zeichen sein, ein Beweis dafür, daß – vielleicht – die Menschen angesichts der großen und bedrohlich vor ihnen stehenden Probleme unserer Zeit wieder auf uralte geistige Quellen zurückgreifen wollen, aus denen die Menschheit sich immer wieder Orientierung und Erneuerung geholt hat. Doch leider ist dies in den wenigsten Fällen so. Viele, die heute zu Tarotkarten greifen, sich mit ihnen beschäftigen, tun dies fast immer nur zum Zwecke des sogenannten Wahrsagens. Im Tarot wird meist nichts anderes gesehen als ein bequemes Mittel, sich vor Entscheidungen des täglichen Lebens zu drücken, und von seiner Symbolwelt wird nichts weiter erwartet als Antworten auf Banalitäten. Dazu ist der Tarot nicht da. Ihn nur in dieser Weise zu gebrauchen heißt ihn mißbrauchen.

Es ist mir wichtig, dies gleich am Anfang deutlich zu sagen, um falsche Erwartungen und damit verbundene Enttäuschungen gar nicht erst aufkommen zu lassen. Wer nach einer bequemen Anleitung zum Kartenlegen oder gar Kartenschlagen sucht, für den ist dieses Buch nicht bestimmt. Er möge sich anderen Büchern zuwenden, die diesen Aspekt erschöpfend behandeln.

Dieses Buch geht von der Annahme aus, daß im Tarot in einer für uns heutige Menschen vielleicht nicht mehr restlos zu enträtselnden Weise das durch Jahrtausende erfahrene Urwissen der Menschheit in einer Form überliefert und aufgezeichnet ist, die speziell für den von der westlichen Kultur geprägten Menschen bestimmt ist. Der Tarot-Boom, von dem ich gesprochen habe, bringt zum Glück auch immer wieder Menschen, die vielleicht aus den oben erwähnten Gründen in rein spielerischer Weise zu den Karten gegriffen haben, dieser Erkenntnis näher. Sie möchten mehr wissen über Inhalt und Bedeutung der Bilderwelt des Tarot, werden aber gleichzeitig mit den Schwierigkeiten konfrontiert, die mit dem Unterfangen, die Bilderwelt zu enträtseln, verbunden ist, und die so groß ist, daß nicht selten Resignation und vorzeitige Aufgabe des Vorhabens die Folge ist. Für solche suchenden Menschen ist mein Buch bestimmt.

Nun gibt es zwar, namentlich im englischen Sprachbereich, nicht wenige Bücher über den Tarot, die den Anspruch auf Interpretation seiner Sprache erheben. Trotzdem wage ich zu behaupten, daß sich mein Buch wesentlich von anderen Büchern über dieses Thema unterscheidet. Es ist ein Buch, das vollständig aus der Praxis heraus entstanden ist; aus meiner eigenen fortwährenden Beschäftigung mit dem Tarot sowie auch durch zahlreiche Kurse und Seminare, die ich in den letzten Jahren über diesen Gegenstand gehalten habe und in denen wir immer wieder versucht haben, gemeinsam die Welt des Tarot zu erschließen. Daher bin ich auch vertraut mit den Schwierigkeiten und Problemen, die sich für denjenigen ergeben, der sich neu und voraussetzungslos dem Tarot nähert. Diese bestehen vor allem darin, daß der Tarot eine völlig andere, wirklich total andere Art des Denkens und der Aufnahme von Informationen erfordert, als dem Menschen des ausgehenden 20. Jahrhunderts zu eigen ist.

Deshalb ist es mein erstes und vordringlichstes Ziel, dem

Leser die Bilder des Tarot nicht zu interpretieren, sondern ihn anhand meiner Kommentare so in die Sprache des Tarot einzuweisen, daß er lernt, mit ihr die Bilder selber lesen und erfassen zu können. Aus diesem Grunde und um dies zu verdeutlichen, habe ich die Bezeichnung »Schule des Tarot« gewählt. Um so mehr, als dieses zweibändige Werk über den Tarot auch die Aufgabe erfüllen will, den Anfänger eben anhand des Tarot von Grund auf in das Gebiet der sogenannten Esoterik einzuführen. Der erste Band ist ganz der Behandlung der 22 großen Arkana gewidmet. Der zweite Band behandelt die 56 kleinen Arkana sowie die zu deren Verständnis notwendigen Elemente der Kabbala.

Damit kommen wir zu einem weiteren großen Problem, mit dem jeder konfrontiert wird, der daran geht, die Welt des Tarot zu erläutern und zu erklären. Man gerät allzu leicht in die Rolle des allwissenden Guru, der das Wesen der Dinge erkannt hat und nun sagt, wie sie sind. Es ist mir sehr, sehr wichtig zu betonen, daß ich diese Rolle nicht übernehmen will. Ich stelle dar, was der Tarot mir bis jetzt gesagt hat. Was ich in diesem Werk schreibe, ist meine persönliche Ansicht ohne Anspruch auf Unfehlbarkeit der Lehrmeinung oder gar Dogma. Meine Kommentare sollen dem Leser und Schüler vor allem als Ausgangspunkt und Basis dienen, zu gegebener Zeit selbständig das Buch des Thoth zu lesen. Die Botschaften und Informationen, die er dann aus den Bildern erhält, können sich wesentlich von denen unterscheiden, die ich in diesem Werk niedergelegt habe. Das ist auch richtig so, denn wenn der Tarot wirklich das gesamte Urwissen der Menschheit enthält, dann kann auch niemand es in seiner Gesamtheit erfassen, sondern es werden immer nur Teilaspekte sein, die dargestellt werden können.

Dem Kenner der Materie wird somit gleich auffallen, was fehlt. So habe ich die Verbindung des hebräischen Alphabets mit den großen Arkana, wie sie in manchen Traditionen der Esoterik gepflegt wird, gänzlich unberücksichtigt gelassen. Abgesehen davon, daß über diese Zuordnungen der einzelnen Buchstaben zu den Bildern verschiedene, voneinander abweichende Meinungen herrschen, bringt sie dem Anfänger nichts.

Wenn nach einer gewissen Zeit der Beschäftigung mit dem Tarot beim Leser genügend Vertrautheit vorhanden ist, kann dieser Aspekt immer noch nachgeholt werden, und der Leser kann nun selbst entscheiden, welcher Richtung der Tradition er folgen will.

Ebenso habe ich alle numerologischen Spekulationen außer acht gelassen. Wer sich dafür interessiert, findet in anderen Büchern genügend Anregung dazu. Auf alchemistische und astrologische Beziehungen bin ich nur eingegangen, wo sie mir notwendig und, auch für den Leser ohne Vorkenntnis, leicht erfaßbar erschienen. Überhaupt richtet sich mein Buch an alle, die als suchende Menschen den Zugang zur Esoterik finden möchten, aber ganz ohne Vorkenntnisse sind. Mein Ziel ist es, sie auf dem Weg möglichst weit zu führen, wahrscheinlich weiter als die meisten Bücher dieser Art, die ich kenne, und sie doch gleichzeitig vor einem Zuviel zu bewahren, das nur Verwirrung und damit Rückschritt bringen könnte. Ich möchte den Leser und Schüler bis zu einem Punkt bringen, von dem aus es ihm möglich wird, selbständig weiterzugehen, zu suchen und zu forschen und dann die Richtung wählen zu können, die seinem Streben entspricht. Das Gebiet ist so groß, daß ein Leben kaum genügt, es auch nur annähernd zu überblicken.

Sicher wird es auch Stimmen geben, gerade aus dem Kreis der Wissenden, die nach dem Warum des Ganzen fragen. Warum ein Wissen, das esoterisch und damit, wie schon der Name sagt, nach innen gerichtet ist, nun plötzlich nach außen hin öffnen und es damit einer möglichen Gefahr der Korruption und des Mißbrauchs aussetzen? Die Antwort auf diese Frage ist nicht leicht. Ich kann sie letztlich nur aus meinem persönlichen Werdegang und aus meinem Schicksal heraus geben, weil ich erfahren habe, was es bedeutet, hungernden Menschen Steine statt Brot zu geben. Nicht zuletzt vertraue ich auf die magische Kraft des Tarot, von der ich glaube, daß sie schließlich immer fähig sein wird, das rein zu erhalten, was rein erhalten werden muß. Wer den Tarot mißbraucht, schadet letztlich sich selbst.

Es ist deshalb nötig, auch ein Wort der Warnung auszusprechen. Ich habe die magische Kraft des Tarot erwähnt, die keine

Illusion ist oder gar ein Aberglaube. Es ist eine Kraft, die große und folgenreiche Veränderungen an dir selbst und auch an deinen Lebensumständen bewirken kann, und zwar in einer Richtung, die nicht unbedingt mit deinen Absichten übereinstimmen muß. Ich habe dies an mit selbst erfahren und an zahlreichen anderen Menschen beobachten können. Die Beschäftigung mit dem Tarot kann bewirken, daß sich deine Persönlichkeit, dein Leben und deine Lebensumstände tiefgreifend verändern. Nur wenn du bereit bist, dich dieser möglichen Veränderung zu unterziehen, wenn sie sich als notwendig erweist, solltest du dich mit dem Tarot beschäftigen. Wünschst du keine Veränderung in deinem Leben und deiner Situation, dann laß die Hände davon.

Es gab Zeiten, in denen der Tarot zu Recht als Geheimnis vor dem Zugriff der Menge geschützt wurde, denn damals war die gleiche Botschaft, das gleiche Urwissen der Menschen exoterisch für die vielen Suchenden auch in den großen Weltreligionen zugänglich und zu finden. Aber diese großen Religionen sind müde geworden und können ihren Auftrag, den Menschen in Kontakt mit seinem göttlichen Ursprung zu bringen, offenbar nicht mehr erfüllen. Unter all den Auswüchsen, Abweichungen und Fehlinterpretationen ist die ursprüngliche Botschaft kaum mehr zu erkennen. Was diesen Religionen an Kraft noch übrig geblieben ist, benutzen viele ihrer Vertreter vorwiegend dazu, Machtstrukturen aufzubauen oder zu erhalten. Deshalb müssen andere Wege gefunden werden, um dem Menschen Antwort auf seine Fragen zu geben.

Atlantis, sei es nun Mythos oder einmal materielle Wirklichkeit gewesen, ist versunken. Im Sand der Wüste liegt als Trümmer verstreut, was einst die ägyptischen Priester an Wissen bewahrten. In manchen Menschen, die aus dieser Zeit in die unsrige wieder hineingeboren wurden, mag es als Daath tief verborgen noch vorhanden sein. Aber nicht immer sind die Umstände günstig, daß es erweckt wird. Die großen Bibliotheken der Antike sind ein Raub der Flammen und der Intoleranz geworden. Übrig geblieben ist eine Handvoll Karten, die seltsame Bilder tragen und von den Menschen in ihrer Unwissenheit als Mittel gebraucht werden, die Göttin Fortuna zu beschwören.

Komm, laß uns stille sein und lauschen, ob wir die Stimme vernehmen, die durch Jahrtausende hindurch das Urwissen der Menschheit von einer Generation zur anderen verkündet.

Kuta (Bali), im April 1981.

Wir betrachten ein Paket Tarotkarten

Ich nehme an, du hast ein Paket Tarotkarten zur Hand. Das erste, was wir nun miteinander tun wollen, ist, diese Tarotkarten als eine Gesamtheit miteinander zu betrachten, um nach Möglichkeit etwas über die äußere Struktur des Tarots und die Gesichtspunkte herauszufinden, nach denen die einzelnen Bilder geordnet sind. Du hast sicher schon entdeckt, daß es eine Vielzahl verschiedener Tarotspiele gibt, die sich alle in Stil der Zeichnung und in anderen Merkmalen erheblich voneinander unterscheiden können. Schon dies allein macht unsere Aufgabe, einen Überblick über die Ordnung des Ganzen zu gewinnen, nicht ganz leicht. Nimm dir nur die Zeit, um dich eingehend mit dieser Aufgabe zu beschäftigen und bilde daraus eine erste Übung im Betrachten und Erkennen der einzelnen Bilder. Versuche einmal ganz von dir selbst aus, das zusammenzulegen, von dem du glaubst erkennen zu können, daß es zusammengehört oder in irgendeiner Verbindung miteinander steht.

Schon bald wirst du wahrscheinlich herausfinden, daß es offenbar vier gegenständliche Motive gibt, die auf einzelnen Karten immer wieder in Erscheinung treten, wenn auch in wechselnder Darstellung und verschiedener Anzahl. Du wirst sehen, daß es sich bei diesen vier Bildmotiven um Stäbe, Kelche, Schwerter und runde Scheiben handelt, die manchmal auch die Bezeichnung Münzen tragen.

Jetzt besteht deine Aufgabe darin, alle Karten nach diesen vier Gegenständen zu ordnen, also alle Bilder, die entweder einen oder mehrere Stäbe, Schwerter, Kelche oder Scheiben enthalten, auf je einen Stapel vor dich hinzulegen. Wenn dies geschehen ist, sollten in deiner Hand 22 Karten zurückbleiben und auf dem Tisch vor dir vier Gruppen zu je 14 Karten liegen, zusammen 56, unter der Voraussetzung natürlich, daß dein

Tarotpaket die volle Anzahl von 78 Karten enthält. Es gibt nämlich Pakete, die nicht die volle Anzahl von 78 Karten enthalten. Auch wenn sich solche reduzierte Kartenpakete in Zeichnung und Gestaltung nicht von den übrigen Tarotkarten unterscheiden, so haben wir es hier doch mit dem sogenannten Tarock zu tun, der sich aus dem Tarot heraus entwickelt hat, aber ausschließlich für Spielzwecke bestimmt ist. Das Tarockspiel war im 19. Jahrhundert in Österreich sehr verbreitet und wird heute in manchen Gegenden noch gespielt. Für unsere Zwecke ist es ohne Belang. Wir beschäftigen uns ausschließlich mit dem ganzen Tarot von 78 Bildern.

Nun hast du also 56 Karten vor dir auf dem Tisch und 22 in deiner Hand. Betrachte nun die Karten, die in deiner Hand verblieben sind, eine um die andere, und du wirst erkennen, daß sie, rein äußerlich gesehen, keine Gemeinsamkeiten aufweisen wie die Karten, die vor dir auf dem Tisch liegen. Jedes Bild scheint für sich selbst zu stehen, eine Einheit zu bilden, und jedes Bild trägt auch einen ganz bestimmten Namen, in den meisten Fällen französisch oder englisch.

Damit hast du nun die Einteilung vorgenommen, die der ersten grundlegenden Ordnung des Tarot entspricht. In deiner Hand hältst du die 22 großen Arkana; vor dir auf dem Tisch liegen die 56 kleinen Arkana. Der Ausdruck Arkana stammt vom lateinischen Wort »arcanum«, das Geheimnis bedeutet. In diesem ersten Band der »Schule des Tarot« werden wir uns ausschließlich mit den 22 großen Arkana beschäftigen, während die 56 kleinen Arkana im zweiten Band behandelt werden, weil zu deren Verständnis noch zusätzliches Wissen notwendig ist, das wir dem kabbalistischen Baum des Lebens entnehmen werden.

Bevor wir die kleinen Arkana vorläufig beiseite legen, wollen wir sie noch einmal mit Blick auf ihre Ordnung und Struktur miteinander betrachten. Nimm irgendeines der vier Häufchen und breite die einzelnen Bilder in einer Reihe vor dir aus, so daß du jedes betrachten kannst. Jetzt wirst du entdecken, daß auch diese kleinen Arkana unter sich wieder in zwei Gruppen eingeteilt sind. Du wirst Bilder finden, auf denen offenbar die Anzahl der Gegenstände, handle es sich um Stäbe, Kelche, Schwerter oder Münzen, eine Rolle spielt, während auf den anderen Bildern offenbar Figuren von ausschlaggebender Bedeutung sind.

Beginne nun alle Karten, auf denen die Anzahl der Stäbe, Kelche, Schwerter oder Scheiben abgebildet ist, in der Reihe der Zahlenfolge vor dich hinzulegen. Nehmen wir einmal an, du hast die Gruppe der Stäbe zur Hand genommen, dann müssen jetzt zehn Karten vor dir liegen, von denen die erste einen Stab aufweist, während auf der letzten der Reihe in irgendeiner Weise zehn Stäbe vorhanden sein müssen. Jetzt bleiben dir wiederum vier Karten übrig, eben diejenigen, auf denen eine Figur ins Zentrum gestellt ist. Lege sie ebenfalls vor dich hin und betrachte sie. Schon bald wirst du die Entdeckung machen, daß sie offenbar einer hierarchischen Ordnung entsprechen. Auf jeden Fall wirst du die Bilder eines Königs und einer Königin erkennen können sowie die eines Ritters und Pagen respektive eines Prinzen und einer Prinzessin. Dies hängt ab von der jeweiligen Tradition, aus der die Bilder stammen. Handelt es sich um einen Prinzen und eine Prinzessin, so kannst du annehmen, daß das betreffende Tarotpaket in irgendeiner Weise von der Schule des englischen Ordens »The Golden Dawn« abgeleitet ist. Von ihm wird noch die Rede sein. Reihe nun die vier Figurenkarten entsprechend ihrer hierarchischen Ordnung so an die Zahl 10 an, daß nach der Zahl 10 der Page, dann der Ritter, die Königin und zuletzt der König kommt. Nun hast du die ganze Reihe einer Serie der kleinen Arkana in ihrer richtigen Anordnung vor dir liegen.

Nun kann sich aber noch eine Schwierigkeit ergeben. Die Einteilung zwischen Zahlenkarten und Figurenkarten ist leicht zu erkennen, sofern es sich um ein Tarotpaket handelt, das die Anzahl der Stäbe, Kelche, Schwerter beziehungsweise Münzen in rein abstrakter Weise darstellt, ohne irgendwelche figuralen Beimischungen. Es gibt nun aber doch eine recht große Anzahl von Tarotdarstellungen, die auch die Zahlenkarten mit figürlichen Motiven versehen. Das von uns später benützte Paket nach A. E. Waite gehört auch dazu. Diese Ausstattung der

Zahlenkarten mit Figuren ist relativ jungen Datums und geht wahrscheinlich sogar auf A. E. Waite selbst zurück.

Wie wir im zweiten Band noch sehen werden, dienen diese figürlichen Darstellungen als Verständnishilfe für die nicht ganz leichte Analyse des Bedeutungsinhaltes der kleinen Arkana. Damit wird versucht, einen abstrakten Begriff in eine konkrete Situation zu übersetzen. Dieser Umstand kann nun aber eine erhebliche Verwirrung mit sich bringen, wenn wir den Ausdruck Figurenkarten beibehalten, denn es läßt sich dann unter Umständen nicht mit Sicherheit erkennen, ob es sich um wirkliche Figuren oder um figürliche Zahlenkarten handelt. In der englischen Sprache werden die vier Karten König, Königin, Ritter, Page beziehungsweise Prinz, Prinzessin als Court-Cards bezeichnet, was in der deutschen Übersetzung Hofkarten heißt. Diese Bezeichnung ist nicht schlecht gewählt, denn es handelt sich dabei ja wirklich um Personen eines Königshofs. Deshalb möchte ich diese Bezeichnung der besseren Unterscheidung wegen auch in diesem Buch beibehalten.

Zur besseren Klarheit wollen wir uns die verschiedenen Gattungsbezeichnungen des Tarot noch einmal vergegenwärtigen.

Die Gesamtheit der 78 Tarotbilder wird also eingeteilt in 22 *große Arkana* und 56 *kleine Arkana.* Die kleinen Arkana wiederum unterteilen sich in vier Serien zu je 14 Bildern, nämlich in *Stäbe, Kelche, Schwerter, Scheiben* oder *Münzen.* Jede dieser Serien ist in sich noch einmal unterteilt in zwei Gruppen, in die *Zahlenkarten* 1 bis 10 und die vier *Hofkarten.* Damit haben wir nun die begrifflichen Bezeichnungen, nach denen wir uns jederzeit orientieren können.

Vielleicht bist du schon auf die Idee gekommen, daß die Zahlenverhältnisse im Ordnungssystem des Tarot (zum Beispiel 22 große Arkana, 56 kleine Arkana, 4 Serien, 10 Zahlenkarten, 4 Hofkarten) möglicherweise bereits einiges an Bedeutung aussagen. Deine Idee ist richtig, wie sich im Verlauf unserer Betrachtung, vor allem im zweiten Band, zeigen wird. Sicher hast du auch schon erkannt, daß unsere gebräuchlichen Spielkarten für die verschiedensten Spiele wie Skat, Bridge, Jass usw. ihren Ursprung offenbar in den kleinen Arkana des Tarot haben. Auch dies stimmt. Unsere Spielkarten sind nichts anderes als ein rudimentärer Tarot. Es läßt sich sogar verhältnismäßig leicht nachvollziehen, wie sich die heute verwendeten Symbole der vier Farben in den Spielkarten aus Stab, Kelch, Schwert und Münze herausgebildet haben. Aus dem Schwert wurde das Pik, der Stab entwickelte sich zum Kreuz, das Herz steht in Verbindung mit dem Kelch, und die Münze wurde zum Karo. Daß die 22 großen Arkana – mit Ausnahme des Jokers, der der Karte 0, dem Narren entspricht –, in den heute gebräuchlichen Kartenspielen fehlen, hat auch schon zur Annahme geführt, daß die großen und die kleinen Arkana ursprünglich nichts miteinander zu tun haben, sondern sich auf getrennten Wegen entwickelt haben. Aus Gründen, die ich vor allem im zweiten Band darlegen werde, teile ich diese Ansicht nicht, sondern sehe den Tarot als ein Ganzes, in dem die Weisheit und das Urwissen der Menschheit enthalten ist. Sie können von denen, die wirklich suchen und wollen, bis zu einem gewissen Grad gelesen und entschlüsselt werden, für die große Menge aber bleibt der Tarot ein Spiel.

Der französische Okkultist Papus erzählt in diesem Zusammenhang folgende Geschichte, die sicher nicht wahr ist, sondern wahrscheinlich von ihm selbst erfunden wurde. Sie sagt aber doch Wesentliches über den Tarot und die Rolle aus, die er in der Tradition, vor allem in den westlich geprägten Kulturen, spielte.

> »Das alte ägyptische Reich stand einst, vor einigen tausend Jahren, unter der Bedrohung, von einem mächtigen Feind erobert und zerstört zu werden. Angesichts der Gefahr befürchtete die Priesterschaft des Landes, daß das mühsam im Laufe der Zeit von ihnen erworbene Wissen durch die drohende Katastrophe unwiederbringlich verloren gehen könnte. Da versammelten sich die obersten Priester des Landes, um darüber zu beraten, wie dieses Wissen der Menschheit trotz Vernichtung und Zerstörung erhalten und weitergegeben werden könnte.
>
> Ein Priester machte den Vorschlag, dieses Wissen in tief

ausgehauene Zeichen und Symbole auf die Wände und Mauern der Pyramiden und Tempel einzugraben. Aber sein Vorschlag wurde abgelehnt mit der Begründung, daß auch die stärksten Mauern schließlich von Menschenhand erbaut und somit vergänglich seien. Ein anderer Priester wollte die zehn weisesten und klügsten Köpfe des Landes auswählen, um sie in die Geheimnisse einzuweihen, die sie dann vor ihrem Tode wiederum an andere, von ihnen für weise befundene Menschen weitergeben sollten.
Gegen diesen Vorschlag erhob aber ein Priester Einspruch: ›Weisheit hat keinen dauernden Bestand, und schon oft ist aus einem Weisen ein Narr geworden. Damit ist der Fortbestand unseres Wissens nicht gesichert. Aber es gibt etwas, das bei den Menschen dauernden Bestand hat, nämlich das Laster. Laßt uns deshalb unsere Weisheit und unser Wissen dem Laster anvertrauen. Nur auf diese Weise ist gesichert, daß es alle Schwankungen und Veränderungen der Zeiten überdauern kann.‹
Dieser Vorschlag wurde allgemein für gut befunden, und man ging daran, das gesamte Wissen der Priester in Bildern auf Spielkarten zu zeichnen, die dann dem Volk übergeben wurden, damit es seinen Lastern und Leidenschaften frönen konnte.«

So wurde das Urwissen der Menschheit durch den Tarot bis in unsere Tage überliefert.

Was wissen wir über Ursprung und Geschichte des Tarot?

Die Geschichte von Papus am Ende des letzten Kapitels hat uns bereits mit dieser Frage in Berührung gebracht. Wir haben diese Geschichte als ein Märchen, als Legende erkannt, die sicher nicht den historischen Gegebenheiten entspricht, obwohl sie sehr viel über das Wesen des Tarot zeigt. Wenn wir uns nun näher mit Ursprung und Geschichte des Tarot beschäftigen wollen, dann müssen wir uns gleich zu Beginn darüber klar sein, daß nur über die allerjüngste Zeit – und das bedeutet in diesem Fall einen Zeitraum von höchstens 200 Jahren – einigermaßen gesicherte Angaben über den Tarot vorhanden sind. Alles was darüber hinaus geht, zurück ins Dunkle der Vergangenheit der Menschheit, ist und bleibt wohl auch in Zukunft nichts anderes als bloße Vermutung und Spekulation.

Aus diesem Grunde ist es in meinen Augen müßig, sich allzulange und allzu intensiv mit solchen historischen Fragen zu beschäftigen, die nach meiner Überzeugung zu keinem klaren Resultat führen. Ich werde mich also nur auf das Allernotwendigste beschränken, also gewissermaßen nur einige erhellende Lichtblicke auf gewisse Tatsachen und Umstände lenken, die ich persönlich interessant finde und in gewisser Weise für das Verständnis des Tarot auch für wichtig erachte. Wer über dieses Thema mehr wissen will, den verweise ich auf *The Encyclopedia of Tarot* von Stuart R. Kaplan (US Games Systems Inc.), ein Werk, das eine ergiebige Fundgrube ist für alle Fragen der Geschichte, der Entwicklung und der verschiedenen Darstellungen der Tarotbilder.

Heute begegnet man allgemein der sehr populären These, daß der Tarot seinen Ursprung bei den Zigeunern habe. Aber auch dies läßt sich nicht direkt beweisen. Nachweisen läßt sich höchstens, daß das Auftreten der Zigeuner in Europa und die ersten urkundlichen Erwähnungen von Spielkarten, mit denen mit großer Wahrscheinlichkeit der Tarot gemeint ist, zeitlich zusammenfallen. Wir werden später darauf noch zurückkommen.

Der Erste, der darauf hinwies, daß im Tarot möglicherweise mehr und Tieferes zu finden sei als bloßes Spiel oder ein Mittel zum Kartenschlagen, war Court de Gébelin, der in seinem 1781 geschriebenen Werk *Monde primitif* folgende enthusiastischen Worte über den Tarot gebrauchte: »Wenn man in Erfahrung bringen könnte, daß in unseren Tagen noch ein Buch der alten Ägypter existiert, das den Flammen entgangen ist, die ihre wundervollen Bibliotheken verschlangen, und das die reinste Lehre über tiefste und interessanteste Dinge enthält, so würde ohne Zweifel jedermann sich dazu gedrängt fühlen, ein ebenso kostbares wie außerordentliches Buch kennenzulernen. Wenn man hinzufügt, daß dieses Buch in einem großen Teil Europas verbreitet ist, daß es seit vielen Jahrhunderten in den Händen aller Welt ist, wird die Überraschung sicher noch größer werden. Und sie würde ihren Gipfelpunkt erreichen, wenn man versicherte, daß man niemals vermutet habe, daß es ägyptischen Ursprungs sei, daß man es besitzt, ohne dies zu wissen, und noch nie jemand versucht hat, ein Blatt davon zu entziffern, sondern daß die Frucht einer außerordentlichen Weisheit als Zusammenwürfelung seltsamer Figurenbilder angesehen wird, die an sich keine Bedeutung haben. Würde dies nicht bedeuten, sich einen Spaß zu erlauben, sich auf Kosten der Gläubigkeit des Publikums lustig zu machen?

Und doch, Tatsache ist, dieses ägyptische Buch, der letzte Rest ihrer wundervollen Bibliothek, existiert noch in unseren Tagen; es ist so unscheinbar, daß noch nie ein Wissenschaftler daran dachte, sich mit ihm zu befassen, da niemand von uns je seine berühmte Herkunft vermutete. Dieses Buch setzt sich aus 77, ja sogar 78 Blättern oder Bildern zusammen, aufgeteilt in fünf Klassen, die voneinander verschiedene Dinge zeigen, die uns ebenso belustigen wie belehren. Mit einem Wort, dieses Buch ist das Tarot-Spiel, das zwar in Paris unbekannt ist, desto mehr aber in Italien, Deutschland und sogar in der Provence.

Dieses Spiel ist ebenso faszinierend durch die Art der Figuren wie durch ihre große Auswahl.«

Man darf nicht vergessen: Als Court de Gébelin dies schrieb, lag noch tiefe Dunkelheit über der Geschichte und Kultur Ägyptens. Die Kenntnis der Hieroglyphenschrift war verlorengegangen, und der Stein von Rosette, der uns überhaupt erst den Zugang zu dieser Schrift wieder ermöglichte, wurde erst im Jahre 1791, während Napoleons Feldzug in Ägypten, aufgefunden, also 15 Jahre nach dem Tode von Court de Gébelin.

Erst im Jahre 1822 gelang Jean François Champolion aufgrund dieses Steines der entscheidende Durchbruch zur Entzifferung der Hieroglyphen. Bis zu diesem Zeitpunkt war fast alles, was mit dem alten Ägypten zusammenhing, nur Spekulation und Annahme, die oftmals auch schon von getrübten und verfälschten Quellen herrührten. Um so besser kann man die Begeisterung Court de Gébelins verstehen, als er im Tarot ein direkt überliefertes Dokument des alten Ägyptens erblickte. Gestützt wurde die Vermutung noch durch die Zigeuner, die immer wieder mit dem Tarot in Zusammenhang gebracht werden und die damals allgemein für Nachfahren der alten Ägypter gehalten wurden.

Der englische Name »gypsy« für Zigeuner ist deutlich erkennbar aus dem Namen »Egypt«, Ägypten, abgeleitet. Heute wissen wir allerdings, daß die Zigeuner ursprünglich aus Indien stammen und daß ihre Sprache sehr starke Ähnlichkeit mit dem alten indischen Sanskrit aufweist. Diese Erkenntnis der neueren Wissenschaft würde aber die Frage aufwerfen: Wenn der Tarot nicht aus Ägypten kommt, haben ihn die Zigeuner vielleicht aus Indien mitgebracht? Und dafür gibt es nun in der Tat interessante Hinweise und Übereinstimmungen.

Wie schon gesagt, fällt das Erscheinen der Zigeuner in Europa mit der dokumentarisch festgehaltenen Erwähnung von Spielkarten zeitlich zusammen. Das erste uns noch erhaltene Dokument dieser Art ist ein Erlaß des Rates der Stadt Bern aus dem Jahre 1367, der das Spielen mit Karten für das ganze damalige Gebiet des Staates Bern verbietet. Ein Name für die Karten wird in diesem Dokument, das sich heute in der Nationalbibliothek von Wien befindet, nicht erwähnt. Dies geschieht erst neun Jahre später in einem ähnlichen Erlaß der Stadt Florenz, worin diese Karten mit dem Wort Naibbe bezeichnet werden. Dieser und andere ihm ähnlich lautende Namen wie Naibbi oder Naibb tauchen nun immer häufiger in Europa auf, immer im Zusammenhang mit der Erwähnung von Spielkarten. Das Wort Naibb läßt sich auch aus dem Sanskrit ableiten und bedeutet Nabe, also der Mittelpunkt eines Rades. Wie groß die Wahrscheinlichkeit ist, daß damit wirklich der Tarot gemeint ist, wirst du später, wenn du in deinen Studien fortgeschrittener bist, selbst noch erkennen.

Wahrscheinlich wird bei dir jetzt auch die Frage aufgetaucht sein, warum denn und zu welcher Zeit aus dem Namen Naibbe unser gebräuchlicher Ausdruck Tarot entstanden sein könnte. Auch hier sind wir wieder mehr auf Spekulationen und Vermutungen als auf gesicherte Fakten angewiesen. Dokumentarisch gesicherte Fakten sind zum Beispiel, daß im 15. Jahrhundert in Italien die 22 großen Arkana mit dem Wort »Triumpfi« bezeichnet werden, aus dem sich leicht unser heute gebräuchlicher Ausdruck Trumpf erkennen und herleiten läßt. Im 16. Jahrhundert tritt dann, ebenfalls in Italien, der Name Tarocchi in Erscheinung, mit dem zunächst nur die 22 großen Arkana bezeichnet werden und erst später alle 78 Karten des Tarot als Ganzes. So könnte der Ausdruck Tarot eine französische Form des italienischen Tarocchi sein. Es ist noch interessant zu erwähnen, daß die Zunft der Kartenmacher in Paris in ihren Statuten aus dem Jahre 1594 für sich selbst die Berufsbezeichnung »Tarotiers« gebraucht.

Eine andere Auffassung äußert Court de Gébelin. Für ihn setzt sich der Begriff Tarot zusammen aus den ägyptischen Wörtern *Tar,* was Weg oder Pfad bedeutet, und *Ro,* was König oder königlich heißt. Tarot wäre also der Name für Königsweg oder königlicher Pfad. Erwähnenswert ist auch, daß sich Nancy Fullword im Jahre 1929 der von Court de Gébelin vorgeschlagenen Deutung anschloß und sie noch durch die These erweiterte, daß sieben solcher königlicher Wege existieren, von denen jeder auf einer anderen Schwingungsebene den Menschen die kosmische Energie zufließen lasse. Der Pano-Tarot schwingt als reiner Geist, der Fano-Tarot mit der Kraft des Herzens, also des Gefühls. Der Tano-Tarot wirkt mittels der Kraft der materiellen Welt, der Sano-Tarot enthält die Kraft der Inspiration. Der Rano-Tarot wirkt durch die Kraft des Glaubens, der Gano-Tarot umschließt die Kraft und Energie der allumfassenden Liebe, und der Ono-Tarot vibriert in der Kraft der Hoffnung durch das Universum. Der Tarot in der Form wie wir ihn heute kennen, könnte nun einer dieser sieben Pfade sein oder sie alle in ihrer Gesamtheit als verschiedene, einander durchdringende Ebenen enthalten.

Weitere Thesen bringen das Wort Tarot in Verbindung mit den Anagrammen (Buchstabenumstellungen), die sich aus dem Wort Tarot bilden lassen, und die wir später in unserer Betrachtung der 22 großen Arkana näher kennenlernen werden.

Ein weiterer Hinweis in Richtung des Ursprungs des Tarot ist der indische Gott Ardhanari. Er ist ein androgyner Gott, das heißt, ein Gott, der sowohl männlich als auch weiblich ist. Seine männliche Seite heißt Shiva, und sein weiblicher Teil, als dessen Gemahlin, hat die verschiedensten Namen. Er wird mit vier Armen dargestellt, in denen er je einen Stab, einen Becher, ein Schwert und einen Ring hält, was uns sofort an die kleinen Arkana des Tarot erinnert. Dies ist aber nicht der einzige Hinweis auf einen möglichen Zusammenhang mit dem Tarot, wie du später noch erkennen wirst. Interessant ist noch, daß auf den Darstellungen des Ardhanari auch stets ein Löwe und ein Stier zu finden sind. Auch das Wasser fehlt nicht, sei es, daß es dem Ardhanari als Springbrunnen aus dem Kopf entspringt oder als Fluß in der Landschaft dargestellt ist.

Daraus läßt sich meiner Meinung nach noch keineswegs gesichert ableiten, daß der Ursprung des Tarot in Indien liegt. Die erwähnten Fakten lassen nur den Schluß zu, daß ähnliche Bilderdarstellungen, wie wir sie im Tarot kennen, offenbar auch in Indien bekannt waren und daß der Tarot vielleicht mittels der Zigeuner seinen Weg nach Westen, nach Europa genommen hat. Aber auch Indien, so faszinierend der indische Ursprung des Tarot auch sein mag, ist wahrscheinlich nur eine Durchgangsstation, und der eigentliche Ursprung liegt viel, viel weiter zurück, möglicherweise auch an einem anderen Ort, worüber wir heute aber nichts Bestimmtes mehr aussagen können.

Ich möchte nur noch beifügen, daß gewissen Parallelen in der Struktur des Tarot und derjenigen des chinesischen I Ging die Spekulation erlauben, daß beide eine gemeinsame Urquelle haben, die aber weder mit dem Tarot noch mit dem I Ging selbst identisch ist. Vielmehr haben sich sowohl der Tarot als auch das I Ging für sich und unabhängig vom anderen aus dieser Urquelle entwickelt, das I Ging nach Osten, nach China, der Tarot nach Westen, ins Abendland.

Weitere Vermutungen über Ursprung und Herkunft des Tarot halte ich für müßig und nutzlos. Geben wir uns mit der Ansicht zufrieden, daß der Tarot offenbar sehr, sehr alt ist, möglicherweise Jahrtausende alt, und aus einer Quelle stammt, die wir heute nicht mehr kennen und die uns nicht mehr direkt zugänglich ist.

Wenden wir uns lieber wieder der Zeit zu, über die wir sicherere Angaben haben. Die auffallend große Zahl der Erlasse, die alle dem Verbot der Spielkarten galten, läßt annehmen, daß die Hüter der staatlichen Ordnung in Europa den Tarot offenbar als gefährlich einstuften. Es mag sein, daß sie diese Gefahr bloß in einem Anwachsen der Spielleidenschaft erblickten – auch zur damaligen Zeit wurde viel um Geld und andere materielle Dinge gespielt –, aber die Frage ist, ob diese Gefahr nicht doch auf einer anderen, geistigen Ebene erkannt wurde. Es mag durchaus der Fall gewesen sein, daß einige kluge und gebildete Persönlichkeiten, höchstwahrscheinlich aus dem Kreis der Kirche, erkannten, daß in der Form des Tarot eine große geistige Kraft auf Europa zukam, die, ließe man sie ungehindert gewähren, durchaus imstande wäre, all das zu verändern, was die Kirche in jahrhundertelanger, mühseliger Arbeit als Dogma und damit verpflichtende geistige Wahrheit für das christliche Abendland durchgesetzt hatte. Hätte diese Umorientierung in der geistigen Weltanschauung im damaligen Mittelalter erst einmal eingesetzt, dann wäre eine Veränderung der politischen und sozialen Zustände nur noch eine Frage der

Zeit gewesen. Deshalb mußte alles unternommen werden, um diese Gefahr zu bannen. Ich erinnere in dem Zusammenhang an die furchtbaren Verfolgungen, die über den Templerorden und über die Sekte der Katharer hereinbrachen und für deren Auslösung ich gleiche Ursachen vermute. Auch die Hexenverfolgungen der späteren Zeit lassen sich vielleicht unter diesem Aspekt betrachten, als Kampf zwischen der geistigen Institution der Kirche mit ihrer Machtstruktur und der Tradition eines uralten Wissens und einer Geistigkeit, die immer wieder versuchte, aus dem Untergrund, in den sie verdrängt worden war, herauszutreten.

Wie es auch gewesen sein mag, auf jeden Fall war der Tarot offenbar für Jahrhunderte in den Untergrund verbannt, und es kann sein, daß dadurch sein geistiger Hintergrund mehrheitlich vergessen, seine Bilder mehr und mehr verfälscht wurden und daß er schließlich nur noch als Spiel und im geheimen als Mittel der Wahrsagekunst überlebte, bis seine geistig-tiefe Bedeutung Ende des 18. Jahrhunderts durch Court de Gébelin wieder entdeckt wurde.

Diese Entdeckung geriet nicht mehr in Vergessenheit, denn nach seinem Tode, im Jahre 1784, nahmen andere Franzosen seine Ideen auf und versuchten, manchmal eher schlecht als recht, aus dem, was so fragmentarisch noch überliefert war, die ursprüngliche Bedeutung des Tarot zu entziffern. Diese Bemühungen wurden sehr gefördert durch eine eigentliche Renaissance der okkulten Wissenschaften, die sich anfangs des 19. Jahrhunderts in Frankreich auszubreiten begann, und in deren Entwicklung der Tarot immer mehr ins Zentrum des Interesses rückte.

Im Zusammenhang mit dieser okkulten Renaissance müssen Namen genannt werden, wie zum Beispiel Alliette, der es vorzog, seinen Namen in Etteilla zu verändern, und der sich vor allem um eine Popularisierung des Tarot bemühte. Geistig hochstehender war Antoine Fabre d'Olivet, bekannt vor allem durch seine zwei Hauptwerke *Die goldenen Verse des Pythagoros,* (deutsch im Ansata-Verlag) und *La Langue Hébraique restituée.* Ferner gehören Namen dazu wie Stanislas de Guaita und sein Schüler Oswald Wirth. Der eigentliche führende Kopf dieser Neubelebung des Okkultismus war Abbé Alphons Louis Constant, bekannter unter seinem Pseudonym Eliphas Lévi. Ihm gelang der Durchbruch in der Erkenntnis dessen, was der Tarot als Botschaft beinhaltet. Ob ihm diese Erkenntnis aus ihm selbst heraus gelang oder ob er möglicherweise Quellen zur Verfügung hatte, über deren Ursprung und Art wir nichts wissen oder nur vage Vermutungen äußern können, läßt sich nicht feststellen. Es ist jedenfalls ein entscheidendes Merkmal all dessen, was mit dem Tarot zusammenhängt, daß Wichtiges und Wichtigstes offenbar immer mit dem Mantel des Geheimnisses zugedeckt bleiben muß. Auf jeden Fall war Eliphas Lévi der erste, der auf den Zusammenhang des Tarot mit der Tradition der Kabbala hinwies und sie in seinen Schriften miteinander vereinigte. Wie wir aus seinem Nachlaß wissen, hat er sich auch Gedanken gemacht über eine mögliche Verbindung des Tarot mit den indischen Traditionen. In die gleiche Richtung wie Lévi, wenn auch nicht dessen direkter Schüler, ging der Arzt Doktor Gèrard Encausse, bekannt unter dem Namen Papus. Papus schrieb mehrere Werke über den Tarot; ihn interessierten vor allem seine divinatorischen und numerologischen Möglichkeiten sowie die Zusammenhänge, die sich mit dem hebräischen Alphabet ergeben.

Fast gleichzeitig wie in Frankreich, aber doch weitgehend unabhängig davon, geschah auch in England eine Neubelebung des okkulten Wissensgutes. An deren Anfang steht vor allem der Name des englischen Lords Bulwer-Lytton, bekannt als Verfasser des Romans *Die letzten Tage von Pompei* sowie des rosenkreuzerisch-esoterischen Schlüsselromans *Zanoni.*

Obgleich sich die okkulte Bewegung in England und Frankreich unabhängig voneinander entwickelte, entstanden doch Querverbindungen. Eliphas Lévi hat England besucht und wahrscheinlich auch direkten Kontakt zu Bulwer-Lytton gehabt; zudem wissen wir von einer Begegnung 1861 in Paris zwischen Eliphas Lévi und einem Engländer aus dem Kreise von Bulwer-Lytton mit Namen Kenneth Mackenzie. Daß das Thema Tarot Inhalt eines dieser Gespräche zwischen Lévi und

Mackenzie war, ist von Eliphas Lévi selbst dokumentarisch überliefert.

Höhepunkt sowie Zentrum der englischen okkulten Bewegung bildete der geheime Orden »The Golden Dawn«, der allerdings nur für kurze Zeit gegen Ende des 19. Jahrhunderts ernsthaft arbeitete, dessen Nachwirkungen aber lange Zeit anhielten, zum Teil bis in unsere Tage. Fast alle Persönlichkeiten, die im englischen Okkultismus von Bedeutung waren, standen in irgendeinem Zusammenhang mit diesem Orden, so auch Arthur Edward Waite, der einen eigenen Tarot herausgab, der nun die Arbeitsgrundlage für dieses Buch bildet.

Aus der Tradition des »Golden Dawn« kam auch Aleister Crowley, der in den 40er Jahren ebenfalls eine eigene Tarotdarstellung herausgab und ein kommentierendes Werk dazu schrieb. Im Gegensatz zu Waite hat der Tarot von Crowley allerdings nicht die Absicht, altes, traditionelles Wissensgut neu darzustellen, sondern sein Tarot verfolgt die Absicht, darzulegen, daß jetzt mit ihm, Crowley, ein neues Zeitalter, das Zeitalter des Horus, anbrechen würde. Zu diesem Zweck hat Crowley die überlieferten Bilder des Tarot stark verändert, um sie so seinen eigenen Lehren anzupassen. Die so entstandenen Bilder mögen nun zwar beim Anblick eine faszinierende Wirkung ausüben, sie sind aber eindeutig verfälscht.

Im Zentrum der Lehren und des Systems des »Golden Dawn« stand aber nicht der Tarot, sondern vielmehr der kabbalistische Baum des Lebens. Der Tarot spielte dort eher eine Nebenrolle. Er wurde vorwiegend für divinatorische Zwecke gebraucht sowie als Hilfsmittel zu gewissen okkulten Praktiken, die in keinem direkten Zusammenhang zum Tarot stehen. Soweit aus den uns heute zugänglichen Dokumenten ersichtlich ist, blieb die Erklärung der Tarotbilder eher an der Oberfläche; es wurde auch der Versuch unternommen, den Tarot in das astrologische System einzufügen.

Aus diesen beiden esoterischen Schulen, der französischen und der englischen, läßt sich die heute immer stärker werdende Popularität des Tarot herleiten. Eine Folge davon ist auch die ständig anwachsende Zahl der voneinander verschiedenen Tarotdarstellungen, mit der wir heute konfrontiert werden, und deren Verschiedenartigkeit und Vielzahl sehr verwirrend wirken kann.

Wie wir gesehen haben, gleicht die Geschichte des Tarot in vielem dem berühmten Eisberg, von dem nur ein Siebtel über die Wasseroberfläche herausragt. Begnügen wir uns deshalb mit der Tatsache, daß der Tarot sehr, sehr alt ist, möglicherweise Jahrtausende alt, und daß in ihm das Urwissen der Menschheit enthalten ist, daß manchmal während langer Zeit nur im Untergrund gepflegt und so von Generation zu Generation weitergegeben wurde, das aber auch, wenn die Zeit reif dazu erscheint und es notwendig ist, wie von einer Welle aus der Tiefe ans Ufer gespült werden kann, offen und bereit für den Zugriff derjenigen, die bereit sind, zu suchen und zu finden. Ich halte es nicht für ausgeschlossen, daß wir heute wieder einer Epoche entgegengehen, da der Tarot wieder vermehrt als Quelle den Menschen zugänglich gemacht werden soll.

Mit dem Tarot verhält es sich wie mit einem Paket, das du als Geschenk für einen lieben Menschen zur Post trägst. Dein Geschenk ist in einer Umhüllung von buntem Papier verpackt und geschützt. Nur du weißt, was sich in diesem Paket befindet, der Beamte aber, der am Postschalter das Paket entgegennimmt, sieht nur seine bunte Umhüllung und die Adresse, die über seinen weiteren Weg entscheidet. Von da an geht das Paket durch die Hände vieler Menschen, die seine Buntheit sehen, seine Adresse, sein Gewicht verspüren, die es weiterreichen von einem zum andern, und keiner weiß, was das Paket enthält. Nur der, für den das Paket bestimmt ist, wird es öffnen und erkennen, was ihm von weit her und durch das Mitwirken vieler Hände als Geschenk überbracht worden ist.

Was ist Esoterik?

Wir haben nun schon verschiedentlich die Begriffe Esoterik und Okkultismus gebraucht, so daß es Zeit wird, daß wir uns näher damit beschäftigen, was mit den beiden Begriffen eigentlich gemeint ist.

Esoterik beziehungsweise esoterisch ist als Fremdwort aus dem Griechischen abgeleitet und bedeutet »nach innen gerichtet«. Manchmal wird es auch in der Übertragung »für wenige bestimmt« gebraucht. Auf jeden Fall liegt diesem Begriff die Ansicht zugrunde, daß eine Sache zwei Seiten aufweisen kann, eine äußere, exoterische, die für alle sichtbar und offen erkennbar ist, daß aber die gleiche Sache noch über eine andere, gewissermaßen innere Seite verfügt, die nicht so ohne weiteres zugänglich ist und deren Kenntnis deshalb nur verhältnismäßig wenigen vorbehalten ist.

In die gleiche Richtung zielt das Wort »okkult«, das aus dem Lateinischen übersetzt ist und verborgen, geheim bedeutet. Während Esoterik den Akzent mehr auf die zwei Aspekte einer Sache legt, weist das Wort Okkult eher in die Richtung einer absichtlichen Verschleierung oder Verbergung. Nun lassen sich verschiedene Gründe denken, warum eine Sache oder ein Wissen verborgen bleiben müssen. Entweder ist die Zeit nicht reif genug dafür, und eine offene Darlegung würde nur Unverständnis, ja Verfolgung bewirken, oder das als okkult bezeichnete Wissen könnte, wenn es in unberufene Hände fällt, sich zu einer großen Gefahr entwickeln. In dieser Hinsicht sind auch manche Erkenntnisse der modernen Naturwissenschaften, namentlich der Atomphysik, »okkulte Wissensgebiete«. Ferner ist nicht auszuschließen, daß ein Wissen absichtlich verborgen und geheimgehalten wird, weil der oder die Wissenden es ausschließlich aus egoistischen Gründen und für andere sich möglicherweise als destruktiv und negativ erweisende Zwecke anwenden wollen.

Heute werden die Begriffe Esoterik und Okkultismus vorwiegend als populäre Bezeichnung der sogenannten Grenzwissenschaften gebraucht, zu denen etwa Astrologie, Alchemie, Magie, Chirologie usw. gehören, und nicht zuletzt auch der Tarot. Der Umfang dieser sogenannten Grenzwissenschaften ist fast ins Unermeßliche ausgeweitet worden; deshalb ist die Verwirrung des Neulings, der damit konfrontiert wird, oft auch entsprechend groß.

Zur besseren Verdeutlichung dessen, was gemeint ist, stelle dir einmal vor, du wanderst über eine hohe Sanddüne. Rings um dich siehst du einzelne Büsche stehen, von denen jeder mit einer Etikette versehen ist, wie in einem botanischen Garten, auf der Name und Gattung des Busches aufgeführt sind. Du findest darauf beispielsweise die Namen Astrologie, Alchemie, Magie, Tarot, Chirologie, Kabbala usw., also Namen und Büsche in einer unübersehbaren Fülle. Die meisten Menschen, die über diese Düne wandern, werden nichts weiter wahrnehmen als eben diese Vielfalt. Nun stelle dir noch vor, du bekämst eine Schaufel in die Hand und würdest zu graben beginnen, viel Sand wegschaufeln und plötzlich entdecken, daß das, was sich auf den ersten Blick als einzelne, voneinander unabhängige Büsche dargeboten hat, in Wirklichkeit die Ausläufer von Ästen eines im Sande versunkenen Baumes sind, auf dessen mächtigen Stamm du in der Tiefe stößt und aus dem all diese Äste herausgewachsen sind.

Der unter dem Sand verschüttete Baumstamm stellt das vergessene, versunkene Urwissen der Menschheit dar, die aus dem Sand herausragenden Ausläufer seiner Äste aber sind nur die Reste und Fragmente, die uns heute noch als Grenzwissenschaften bekannt sind. Daraus folgt nämlich, daß jede dieser Grenzwissenschaften auf ihre Weise einen Weg zurück bildet zu diesem großen, einheitlichen Urwissen. Welchen Weg du gehst, ist letzten Endes gleichgültig. Hauptsache ist, du gelangst zum großen Stamm, aus dem der Ast entwächst. Genau diesem Bild entsprechend ist auch unsere Arbeit und Beschäftigung mit dem

Tarot zu verstehen. Der Tarot soll für uns das Mittel sein, die Verbindung zu diesem versunkenen und verborgenen Urstamm herstellen zu können.

Wir haben also erkannt, daß die esoterischen oder okkulten Wissensgebiete die letzten Reste einer noch erhaltenen und zugänglichen, uralten archaischen Wissenschaft bilden, die oft genug nur noch in einer fragmentarischen und dazu möglicherweise noch korrumpierten Form überliefert ist.

Wir Menschen des ausgehenden 20. Jahrhunderts, die so stolz sind auf die Errungenschaften ihres technischen Zeitalters, vergessen oft, daß ihre Wissenschaft und die Methodik, die sie anwendet, erst wenige Jahrhunderte alt ist. Jede Wissenschaft kann nur die Resultate liefern, die in den von ihr angewandten Methoden angelegt sind, aber alle anderen Fakten entgehen ihr. Wenn die Wissenschaft die Existenz von etwas, das sie mit ihren Mitteln nicht mehr erfassen kann, verneint, gleicht sie einem Fischer, der überzeugt behauptet, im See, aus dem er seine Fische entnommen hat, gäbe es keine, die kleiner sind als fünf Zentimeter. Dabei hat er noch nie daran gedacht, die diagonale Öffnung der Maschen seines Netzes zu messen, die exakt fünf Zentimeter beträgt. Die Vertreter der Wissenschaft, vor allem des 18., 19. und der ersten Hälfte des 20. Jahrhunderts, lassen sich in vielem mit einem solchen Fischer vergleichen. Heute begegnet man aber einer wachsenden Anzahl von Wissenschaftlern, namentlich auf den Gebieten der Naturwissenschaften, die wesentlich kritischer und vorsichtiger ihren Möglichkeiten und den damit erhaltenen Resultaten gegenüber geworden sind. Daher läßt sich auch das große Interesse erklären, das, wie ich persönlich immer wieder beobachten und erfahren kann, gerade in diesen Kreisen den sogenannten Grenzwissenschaften entgegengebracht wird.

Es wäre ja größte Vermessenheit und Arroganz zu behaupten, daß nur wir Menschen der neueren und neuesten Zeit Wissen und Wissenschaft zur Verfügung haben. Immer wieder neue Funde veranlassen die Anthropologen, den Ursprung der Menscheit in immer weiter zurückliegenderen Zeiten anzusetzen. Man rechnet dabei heute nicht mehr mit Jahrtausenden, sondern bereits mit Millionen von Jahren. Dadurch wäre es anmaßend zu behaupten, daß nur der jüngsten Menschheit Wissen zu eigen sei. Im Gegenteil: Wir müssen uns zunehmend immer mehr mit der Tatsache vertraut machen, daß offenbar frühere, archaische Generationen über großes Wissen verfügten. Doch wie haben sie es ohne die Hilfsmittel unseres technologischen Zeitalters erlangt? Der Gedanke liegt also nahe, daß es vielleicht noch andere Methoden und Wege gibt, Wissen zu erwerben, als wir sie in den wenigen Jahrhunderten unserer modernen Wissenschaft entwickelt haben. Daß es mit Hilfe dieser Methoden möglich ist, wahre Erkenntnisse zu gewinnen, die unserer Generation wieder verloren gegangen sind beziehungsweise die sie noch nicht wiederentdeckt hat, liegt auf der Hand.

So stelle ich die These auf, daß wir in Form der sogenannten Grenzwissenschaften die Überreste solcher alten Methoden vor uns haben, mit denen es der Menschheit einst gelang, Wissen zu erwerben und zu Erkenntnissen zu gelangen. Ferner möchte ich noch anfügen, daß unter all diesen Methoden der Tarot der direkteste und zentralste Weg ist, der zu diesem Urwissen führt, und daß er dazu der Weg ist, der speziell unserer westlichen Hemisphäre zugeteilt worden ist. Der Tarot ist das Yoga des Westens.

Das Wort Yoga wird oft mißverstanden. Was aber im eigentlichen Sinne damit gemeint ist, das sehe ich jetzt gerade durch mein Fenster, während ich dies niederschreibe. Mein Nachbar, der Reisbauer, bereitet ein neues Feld vor. Zu diesem Zweck setzt er ein pflugartiges Gerät ein, das von zwei Ochsen durch das von Wasser überflutete Feld gezogen wird. Die Arbeit ist mühsam, die Ochsen sinken bis über die Knie in den schlammigen Morast ein, machen ein, zwei Schritte, um dann stehen zu bleiben und auszuruhen. Der Bauer hat Geduld und läßt sie gewähren. Nur ab und zu läßt er das Ende seiner Peitsche, fast mehr einer Liebkosung gleich, aufmunternd über die Flanken der Tiere gleiten, die dann von neuem ihre Köpfe senken und ihre ganze Kraft in das doppelt gebogene Holz hineintragen, das über ihre Nacken gelegt ist. Um das pflugartige Gerät durch den Sumpf des Feldes führen zu können, bedarf es der Kraft, der Energie. Diese Energie muß in irgendeiner Weise auf den Pflug übertragen werden, damit er die ihm vorbehaltene Aufgabe erfüllen kann. Ohne diese Energie, die von einer anderen Ebene stammt, die durch die beiden Ochsen verkörpert wird, wäre der Pflug ein totes Stück Holz, nutzlos, unfähig, das zu tun, was seiner Aufgabe entspräche. Jene Stelle, wo die Energie der Ochsen auf den Pflug übertragen wird, ist eben das Yoga, was Joch bedeutet. An dieser Stelle begegnen sich die beiden Ebenen, die Ebene der Ochsen und diejenigen des Pfluges. Auf unser Thema übertragen bedeutet dies, daß durch Yoga der Kontakt und die Verbindung unserer menschlich materiellen Ebene mit einer transzendenten, vielleicht göttlichen vollzogen wird, und daß, genau wie beim Reisbauern, die Kraft der einen Ebene durch das Medium des Yoga hinüberfließt in die andere, die dadurch belebt und instand gesetzt wird, die ihr zugeteilte Aufgabe zu erfüllen.

Wir haben in der eben erfolgten Erklärung des Wortes Yoga die kraftspendenden Ochsen und den kraftempfangenden Pflug als zwei verschiedene Ebenen bezeichnet. Die Vorstellung, daß es ähnlich wie in der eben geschilderten Episode verschiedene Ebenen unseres Daseins gibt, die nebeneinander existieren können, aber einander vielleicht auch durchdringen, ist eine wichtige Grundlage esoterischen Denkens. Diese Vorstellung fällt dir vielleicht jetzt noch schwer, aber du wirst mit der Zeit sicher mit ihr vertrauter werden. Für jetzt genügt es, wenn du die These über die verschiedenen Ebenen einfach rein informativ zur Kenntnis nimmst.

Abgesehen davon, dem westlichen Menschen ist die Vorstellung verschiedener Ebenen nicht fremd. Wir beschränken uns aber für gewöhnlich auf zwei Ebenen, die wir mit den populären Ausdrücken Diesseits und Jenseits, Himmel und Erde, bezeichnen und meinen damit die göttliche im Gegensatz zur menschlichen Welt. Der geschulte Psychologe verfügt vielleicht noch über andere Ausdrücke wie das Unbewußte, das Selbst, das Überbewußte usw. Wenn wir nun von der These unserer westlichen Welt ausgehen, daß es zwei voneinander verschiedene

Ebenen gibt, die beide einer andern Dimension angehören, aber unter Umständen zwischen diesen Ebenen ein Kontakt, eine Verbindung hergestellt werden kann, wollen wir uns einigen auf die Bezeichnungen materielle Ebene und Transzendenz. (Transzendenz bedeutet das Überschreiten der Grenzen diesseitiger Erfahrungen.) Sonst verlieren wir uns hoffnungslos im Begriffswirrwarr der verschiedenen religiösen und psychologischen Weltanschauungen.

Wenden wir uns jetzt der Frage zu, ob es möglich ist, mit dieser Ebene der Transzendenz in Verbindung zu treten und auf welche Weise dies geschehen könnte. Wir stehen hier also vor einem Problem der Kommunikation. Auch innerhalb unserer materiellen Ebene sind wir tagtäglich mit Problemen der Kommunikation konfrontiert, die der Schwierigkeit, mit einer transzendenten Ebene in Verbindung zu treten, sehr ähnlich sind.

Nehmen wir einmal an, du hast einen Freund in New York und möchtest mit ihm jetzt, in diesem Augenblick, Kontakt aufnehmen. Was tust du? Würdest du etwa ins Freie treten, dich Richtung New York wenden und laut schreien: »Hallo, New York, hörst du mich?« Wohl kaum. Die Aussichtslosigkeit eines solchen Unterfangens liegt auf der Hand. Um dein Vorhaben zu verwirklichen, gibt es andere Mittel. Du kannst beispielsweise von deinem Telefonapparat den Hörer abheben und mit der Hand eine bestimmte Ziffernfolge wählen. Nach einer Weile wirst du dann tatsächlich mit deinem Freund in New York sprechen können, sofern er zu Hause ist.

Auf welche Weise ist nun diese Verbindung zustande gekommen? Indem wir uns etwas näher damit beschäftigen, können wir sehr viel über die Art und Weise erfahren, mit der auch ein Kommunizieren mit der Transzendenz möglich wird. Die Botschaft, die du deinem Freunde in New York mitteilen wolltest, kam in einer bestimmten Form von Schallschwingungen oder Vibrationen aus deinem Munde. Diese Vibrationen setzten die Luft um dich herum ebenfalls in Schwingung, die sich in Form von Schallwellen ausbreitete; diese Vibration wird auch vom Mikrophon deines Telefons aufgefangen und mittels eines technischen Prozesses in eine andere Art von Vibration verwandelt, nämlich in eine elektrische. Diese Vibration, die für dein Ohr unhörbar geworden ist, aber trotzdem immer noch Träger deiner Botschaft ist, nimmt nun ihren Weg durch ein Wirrwarr von verschiedenen Drähten und technischen Installationen, bis sie an einem bestimmten Ort von neuem in eine andere Art von Vibration umgewandelt wird, in elektromagnetische Schwingungen, die nun aber nicht mehr auf ein Transportmittel materieller Art, wie Luft, Metall usw. angewiesen sind. Diesen elektromagnetischen Schwingungen wird zudem eine ganz bestimmte zyklische Häufigkeit zugeteilt, die Frequenz genannt wird; sie unterscheiden sich dadurch deutlich von anderen elektromagnetischen Schwingungen. Auch die elektromagnetische Schwingung ist für deine Sinne nicht mehr wahrnehmbar, enthält aber noch das Ganze deiner Botschaft. Diese elektromagnetische Schwingung wird nun in den Weltraum abgestrahlt, um dort in einigen tausend Kilometern Höhe von der Antenne eines Satelliten aufgefangen zu werden. Die auf diese Weise empfangene Schwingung wird im Satelliten wiederum in eine neue Frequenz umgewandelt. In dieser neuen Frequenz wird die elektromagnetische Schwingung, immer noch Träger deiner Botschaft, zur Erde zurückgestrahlt und dort von einer Antenne aufgefangen. Wiederum erfolgt eine Umwandlung zurück in elektrische Schwingungen, die, mit Materie als Träger oder Vehikel, auf ganz bestimmten Wegen zum Telefonapparat in der New Yorker Wohnung deines Freundes gelangen. In diesem Apparat erfolgt nun die letzte Umwandlung, wiederum in Schallwellen, die vom Ohr deines Freundes aufgenommen und verstanden werden können. Dein Freund vernimmt deine deutlichen Worte und kann vielleicht sogar deine Stimme erkennen, und doch sind die Schallwellen, die in sein Ohr dringen, nicht mehr die gleichen wie jene, die aus deiner Kehle kommen. Die Stimme, die in New York aus dem Hörer ertönt, ist deiner Stimme höchstens analog.

Was läßt sich nun aus diesem Beispiel, das ich mit so vielen Einzelheiten geschildert habe, für unsere Thematik entnehmen? Halten wir zunächst einmal fest, daß während des ganzen komplizierten Kommunikationsvorgangs nur an zwei Punkten die

Information, die transportiert wurde, für menschliche Sinne direkt wahrnehmbar war, nämlich bei den beiden Endpunkten, beim Sprechenden und Hörenden. Auf dem ganzen übrigen technischen Übertragungsweg war zwar der Inhalt der Information zu jeder Zeit voll vorhanden, aber nie durch die menschlichen Sinne direkt erfaßbar. In ähnlicher oder besser gesagt in analoger Weise geschieht auch unsere Verbindung und Kontaktnahme mit der Transzendenz.

Was läßt sich nun in dieser Beziehung aus unserem dargestellten Beispiel weiter entnehmen? Eine direkte Verbindung mit der Transzendenz ist offenbar so wenig möglich und realisierbar, wie bestimmte Meldungen in Richtung New York laut zu rufen in der Hoffnung, daß sie über Tausende von Kilometern hinweg verstanden und empfangen werden können. Ferner erfolgt die Kommunikation mit der Transzendenz ebenfalls in analoger Weise, in dem die ursprüngliche Botschaft in verschiedene Schwingungen und Frequenzen umgewandelt wird, bis sie letztlich in einer analogen, der menschlichen Wahrnehmungsmöglichkeit entsprechenden Weise ausgedrückt wird. Dazu ist noch die wichtige Tatsache festzuhalten, daß die Möglichkeit einer direkten Kommunikation über eine Distanz von mehreren tausend Kilometern abhängig ist vom einwandfreien Funktionieren der dazu benötigten technischen Anlagen, die zu diesem Zweck sorgfältig gewartet und gepflegt werden müssen. Je besser und technisch ausgereifter der Zustand dieser Anlagen ist, um so besser ist auch die Verständigung möglich.

Genau das gleiche gilt auch für die Überwindung der Distanz zwischen der materiellen und der transzendenten Ebene. Alle spirituellen oder okkulten Praktiken und Übungen dienen gerade diesem Zweck. Das indische Hatha-Yoga-System ist ein gutes Beispiel dafür, wie mit Hilfe bestimmter körperlicher Übungen die kommunikativen Durchgangskanäle gereinigt, vorbereitet und für das Fließen der Botschaften von einer Ebene zur anderen offengehalten werden. Tritt an irgendeiner Stelle der komplizierten Übertragungsanlage des Fernmeldewesens eine Störung ein, geht gar ein Bestandteil kaputt, dann ist die Kommunikationsmöglichkeit stark behindert oder überhaupt verunmöglicht. Gerade wir westlichen Menschen dürfen ruhig einmal zur Kenntnis nehmen, daß wir die Techniken der Kommunikationsmöglichkeiten, die wir als Mittler zwischen uns und der Transzendenz zur Verfügung hätten, jahrhundertelang stark vernachlässigt und schlecht gewartet haben, so daß sie heute größtenteils außer Funktion sind. Können wir nun deshalb behaupten, daß Transzendenz gar nicht existiert? Nein, denn es wäre ebenso absurd zu behaupten, »New York gibt es nicht«, wenn durch ein technisches Versagen der Anlage der Kontakt zu New York unterbrochen ist, weil man ja keine Verbindung dorthin herstellen kann. Aber genau diese Haltung wird heute von vielen Menschen im Westen eingenommen, die aus den erwähnten Gründen mit der Transzendenz keine Beziehung mehr haben und dadurch die Existenz einer solchen Transzendenz überhaupt in Abrede stellen. Diese Einstellung haben die Atheisten und Materialisten.

Das Beispiel des Telefonverkehrs mit seiner Umwandlung der Schallschwingungen in verschiedene elektrische beziehungsweise elektromagnetische Schwingungen ist natürlich nur ein analoges Beispiel. Wir wollen uns jetzt der Frage zuwenden, auf welche Weise denn die Verbindung mit der Ebene der Transzendenz tatsächlich erfolgen und praktisch vonstatten gehen könnte. Den Menschen stehen zu diesem Zweck zwei Kommunikationswege offen, ein verbaler und ein nichtverbaler, das heißt, der eine Weg arbeitet mit dem Mittel der menschlichen Sprache, während der andere die sprachlichen Ausdrucksmöglichkeiten zunächst nicht berücksichtigt. Die menschliche Sprache mit ihrer Begriffsbildung und Struktur gehört der materiellen Ebene an. (Daß damit nicht alle Aspekte der Ausdrucksmöglichkeit menschlicher Sprache erfaßt werden, wird sich im Verlaufe unseres gemeinsamen Weges noch erweisen.) Infolge dieses Umstandes tritt für den verbalen Kommunikationsweg noch eine weitere Schwierigkeit hinzu. Auf unser vorhergehendes Beispiel des Telefongespräches übertragen, würde es bedeuten, daß der Absender der Botschaft und der Empfänger in New York nicht die gleiche Sprache sprechen und sich auch nicht in einer ihnen gemeinsam vertrauten Sprache verständigen können. Sie müssen also die Hilfe eines Übersetzers oder Dolmetschers in Anspruch nehmen, was aber Sinn und Gehalt des ursprünglich Gemeinten verkürzen, vergröbern, ja verfälschen kann. Der Gebrauch der verbalen Sprache im Umgang mit der Transzendenz birgt also eine große Gefahr des Mißverständnisses und der Fehlerhaftigkeit in sich. Gerade weil die Begriffe der menschlichen Sprache so ganz der materiellen Ebene angehören, können wir nie mit Sicherheit feststellen, was nun wirklich aus der Transzendenz kommt und was der rein menschlich-materiellen Ebene zugeordnet werden muß. Es stimmt, daß das Urwissen der Menschheit auch in verbaler Form überliefert worden ist. Die heiligen Bücher und Schriften der Menschheit, wie zum Beispiel die Bibel, sind solche Formen der verbalen Überlieferung. Aber aus Gründen, die ich bereits erwähnt habe, sind wir heute kaum mehr fähig, aus ihnen die richtigen Informationen zu entnehmen, trotz aller philologischer Akribie und des ganzen Fleißes, der darauf verwendet wird, weil gewisse Dinge, die zum richtigen Verständnis unerläßlich sind, dabei unbeachtet bleiben. Daß der Westen sich heute in einer so tiefen spirituellen und geistigen Krise befindet, hat meiner Ansicht nach sehr viel damit zu tun, daß er sich mit so großer Ausschließlichkeit fast nur auf die verbale Überlieferung stützt, die er aus den erwähnten Gründen jedoch nicht mehr richtig verstehen kann. Um das verlorene Gleichgewicht wiederherzustellen und das Urwissen der Menschheit neu erkennen und verstehen zu lernen, müssen wir uns deshalb anderen Wegen zuwenden.

Eine andere solche Art, mittels derer die Ebene der Transzendenz mit unserer materiellen menschlichen Ebene in Verbindung tritt, ist das Bild in seinen verschiedensten Ausdrucksformen. Das Bild ist die für unsere Sinne wahrnehmbare Schwingung oder Vibrationsform, durch die die Transzendenz zu uns spricht; das Medium beziehungsweise die technische Übertragungsanlage, wodurch dies geschieht, ist das Unbewußte. Die Tiefenpsychologie hat das übrigens längst erkannt und sich praktisch zunutze gemacht, indem sie die Bilder der Traumwelt, die während Schlaf oder Imagination aus unserem Unbewußten heraufsteigen, für ihre Arbeit benutzt. Das Bild übt, im Gegensatz zum Wort, eine sehr starke unmittelbare Wirkung auf den Menschen aus. Es entspricht einer direkten, noch nicht verbalisierten Information. Warum dies so ist und worauf diese Wirkung beruhen könnte, darauf werde ich im dritten Teil dieses Bandes noch näher eingehen.

Somit stelle ich diese These auf, daß wir im Tarot eine Botschaft aus der Ebene der Transzendenz vor uns haben, die wir entsprechend lesen und erfassen lernen müssen. Das ist nun nicht so einfach, denn der Umgang mit Bildern ist ein ganz anderer als der Gebrauch von Worten. Und unsere westliche Bildung ist ganz auf den sprachlichen Ausdruck hin ausgerichtet.

Wie gehen wir also mit Bildern um? Das ist die nächste Frage, die für unsere Arbeit eine notwendige Voraussetzung ist und der wir uns gleich zuwenden wollen.

Wir haben recht ausführlich über die Begriffe Esoterik und Okkultismus gesprochen. Ich muß zugeben, daß mich beide Ausdrücke nicht restlos befriedigen und daß ich persönlich für alles, was mit diesen beiden Begriffen bezeichnet wird, lieber den Ausdruck Hermetik verwende. Dieses Wort ist übrigens sehr geeignet, uns einiges über den rechten Umgang mit Bildern zu lehren.

Woran erinnert dich das Wort Hermetik? Selbst wenn du es bis zu diesem Zeitpunkt weder gelesen noch gehört haben solltest, kommt dir wahrscheinlich bald der Name Hermes in den Sinn, und du erinnerst dich weiter, daß dies der Name eines griechischen Gottes ist. Vielleicht weißt du auch noch, daß die Römer diesen griechischen Gott Hermes einfach in seiner Art übernahmen und ihm den Namen Merkur gaben. Aber dies ist nicht die einzige Veränderung, die der Gott Hermes erfuhr, denn auch Hermes ist nicht einfach aus sich heraus entstanden, sondern war schon im alten Ägypten unter dem Namen Thoth bekannt. Dieser Gott Thoth hatte seine Hauptkultstätte in Hermopolis in Mittelägypten. Beachtest du den Zusammenhang der Namen? Bevor aber Thoth an diesem Platz verehrt wurde, verehrten die Ägypter dort acht frosch- und schlangengestaltige Götter, die später die sogenannte »Achtheit« bildeten und als Verkörperung der urzeitlichen Kräfte galten. (Die Kenner des chinesischen I Gings werden hier auch Parallelen und eventuell Verknüpfungen bemerken.) Ferner verehrten sie dort auch einen Pavian-Gott, den man einfach mit dem Gott Thoth identifizierte. Dies führt wiederum in eine weitere Richtung: Man konnte mythologisch erforschen, daß auch der Gott Thoth der Ägypter nicht ein ursprünglicher Gott war, sondern aus dem indischen Gott Hanuman, dem Affengott, herausgewachsen ist, der im Epos *Ramayana* eine ganz bestimmte Rolle spielt. Wir bemerken, daß manche Ideen und Spekulationen, die wir über Geschichte und Herkunft des Tarot anstellen, von neuem aktuell werden. Betrachten wir aber diesen Gott Thoth noch etwas näher und lernen wir sein Wesen und seine Eigenheiten besser kennen. Der Gott Thoth ist für alles zuständig, was geistige, intellektuelle Leistung erfordert. Die Erfindung der Schrift, die Trennung der verschiedenen Sprachen, Geschichtsschreibung und Gesetzeskunde, all dies liegt in seiner Zuständigkeit. Er ist der Gott der Mathematik, er rechnet und zählt und wird damit auch zum Kalendergott, zum Herrn der Zeit, der diese einteilt und ihrem Ablauf eine bestimmte Ordnung gibt. Als Erfinder der Schrift wird er auch zum Beherrscher der Hieroglyphen in ihrer Bedeutung als heilige, magische Zeichen. Dadurch wurde er auch zum gefürchteten Zauberer und Magier, der durch die Kenntnis der schöpferischen Worte, der Sprache, alles nach seinem Willen entstehen lassen kann. Thoth wurde somit auch zum Schutzgott der Magier, und die Bibliothek seines Tempels in Hermopolis war berühmt. Man sprach von geheimnisvollen, verborgenen Gängen, in denen die vom Gott eigenhändig beschriebenen Papyrusrollen aufbewahrt lagen, die alle Kenntnis und Weisheit der Welt enthalten sollten.

Später dann, im Zeitalter des Hellenismus, also nach der Epoche von Alexander dem Großen, hat der Gott Thoth noch einmal eine Verwandlung durchgemacht. Er wurde nun zu einer halb mythologischen, halb historischen Figur, zum sogenannten Hermes Trismegistos, dem dreifach großen Hermes, der nun schon weniger ein Gott war als vielmehr ein sagenhafter, mythischer Philosoph. Eine Legende erzählt, daß Alexander der Große, als er die Stadt eroberte, die heute seinen Namen trägt, Alexandria, dort das Grab des Hermes Trismegistos gefunden habe, worin Hermes geruht haben soll mit der sogenannten smaragdenen Tafel in der Hand, auf der gewisse Grundgesetze, also göttliche Weisheiten und Lehren aufgezeichnet waren. Alles, was nun seither von diesen Lehren abgeleitet wurde, erhielt den Namen »Hermetik«. Sie ist also eine Weltanschauung, eine Kosmogonie, die sich auf die Weisheiten des Hermes Trismegistos beruft. Wir werden sie später zu gegebener Zeit näher kennenlernen.

Wir haben gesehen, was sich alles aus diesem einen Begriff Hermes, aus dem Bild dieses Gottes herausholen läßt und wie es kombiniert werden kann. Dies entspricht genau der Methode, mit welcher der Tarot angegangen werden muß, und deshalb habe ich dieses Beispiel auch etwas ausführlicher behandelt.

Hermes ist also in gewisser Weise eine Dreiheit, die sich auf drei Ebenen manifestiert. Mit ihm verbindet sich zunächst alles, was mit Denken, Wissen, Kenntnis, als Wissenschaft, zu tun hat. Dies ist die Ebene der Geistigkeit, des Intellekts. Auf der religiösen Ebene ist er ein Gott, der den genannten Gebieten der geistigen Ebene zugeordnet ist, und die unter seiner Herrschaft stehen. Seine dritte Ebene ist die magische, die alle notwendigen Kenntnisse beinhaltet, um Kräfte, die diese Welt bestimmen, kontrollieren und entsprechend gebrauchen zu können.

Gehen wir einen Schritt weiter. Wir haben gesehen, daß die Definition von Hermes eine ganze Reihe von getrennten Bildern ergeben hat, zum Beispiel den Affen, den Pavian, die Zahl Acht, die Schrift, ein alleiniges Schriftzeichen, ein Schreibgriffel, den Zauberstab. Das sind alles Details, die in irgendeiner Weise mit der Gestalt des Hermes in Verbindung gebracht werden können. Nun kann man also nach dem Prinzip pars pro toto irgendeines dieser Teilbilder nehmen und damit auf Hermes als Ganzheit hinweisen.

Eine weitere solche Metapher ist auch der Schnabel des Ibis, der die Form einer Sichel hat und an den Mond erinnert. Damit wird auf das Dunkle, die Nachtzeit verwiesen, die Thoth auch verkörpern kann. Im ägyptischen Totenbuch wird er dargestellt als Gott mit einem Ibiskopf, der die Seelen der Verstorbenen in die Gerichtshalle geleitet. In solchen kleinen Darstellungen, die alle, jede für sich, für ein größeres Ganzes stehen, haben wir nun die Erscheinungsformen der Symbolik. Wir können also Symbole definieren als kleine Einzelbilder, seien sie nun konkrete Dinge oder verfremdet und abstrahiert, die auf eine größere Einheit verweisen.

Die Kenntnis von Symbolen, vor allem der mythologischen Symbole, ist eine der wichtigsten Voraussetzungen für die esoterische Arbeit überhaupt. Symbole lesen und ihren Gehalt erkennen zu lernen sowie mit ihnen umzugehen, ist eines der wichtigsten Ziele dieses Buches, denn ohne diese Fähigkeit kann der Tarot – oder das Buch des Thoth, wie er ja auch genannt wird – nicht entschlüsselt werden. Die Symbole bilden gewissermaßen das Alphabet des Tarot und eines großen Teils der hermetischen, esoterischen Traditionen überhaupt.

Mittels der Symbole wurde die esoterische Tradition von Urzeiten her durch die verschiedenartigsten Epochen der Geschichte der Menschheit hindurch bis zum heutigen Tag überliefert. Wie wir im Verlauf unserer Betrachtung sehen werden, kann ein Symbol über verschiedene Ebenen hinweg eine oder auch mehrere Bedeutungen haben. Man kann die Symbole daher annähernd vergleichen mit den diversen Umwandlungen und Frequenzveränderungen, die unser Telefongespräch von Europa nach New York erfahren hat. So wird auch ersichtlich, daß der Tarot mehrere Ebenen hat, und dies macht letztlich seine Aussagen so unerschöpflich, je nach der Ebene, von der aus man ihn betrachtet. Es wird ebenso klar, daß diese »Schule des Tarot«, will sie ihren Zweck erfüllen, genötigt ist, sich auf sehr wenige Ebenen zu beschränken. Das schließt aber nicht aus, daß sich dem Schüler durch seine eigene selbständige Arbeit später andere Ebenen, die in diesem Werk nicht behandelt werden können, erschließen werden. Mehr darüber im dritten Teil dieses Bandes.

Der Tarot
von Arthur Edward Waite

Du hast sicher schon festgestellt, daß es mannigfaltige Tarotdarstellungen gibt. Es mag sein, daß dich diese Tatsache etwas verwirrt hat und du dir die Frage stellst, wie es möglich ist, daß das eine Urwissen der Menschheit in derart vielgestaltiger und unterschiedlich gedeuteter Form überliefert werden kann. Es ist wirklich nützlich, bevor wir mit der Analyse der großen Arkana beginnen, daß du dir Zeit nimmst, um einige der vielen Tarotspiele eingehend miteinander zu vergleichen, und zwar nicht nur in bezug auf ihre Verschiedenartigkeit, sondern besonders auch auf Ähnlichkeit und Übereinstimmung. Du wirst merken, daß im allgemeinen, von wenigen Ausnahmen abgesehen, die Reihenfolge der Bildmotive bei allen Tarotfassungen übereinstimmt. Eine Streitfrage, auf die wir zu gegebener Zeit noch zu sprechen kommen, ist die Stellung der Karte 0: Gehört sie an den Anfang, als Eröffnung des ganzen Tarot, oder bildet sie den Schluß der großen Arkana, als Bild XXII? Je nach der Art des Tarotspiels wirst du auch ungleiche Benennungen der großen Arkana vorfinden. Auf den einen heißt die Karte I »Der Magier«, während sie auf anderen als »Der Gaukler« bezeichnet wird. Bild II heißt manchmal »Hohepriesterin«, manchmal »Päpstin«. Dasselbe trifft auch für Bild V zu, das gelegentlich als »Der Papst«, manchmal als »Der Hierophant« oder »Der Hohepriester« benannt wird. Auch in anderen Belangen wirst du bei den Bezeichnungen der einzelnen Bilder feine Unterschiede festhalten können. Nach meiner Auffassung sind die Überschriften und Namen der großen Arkana bereits eine sekundäre Erscheinung und verhältnismäßig jüngeren Datums, das heißt, zuerst müssen die Bilder selber vorhanden gewesen sein, und erst später wurden sie betitelt. Damit sind aber die

Namen nicht mehr integrierter Bestandteil des Bildes, sondern bereits erste Interpretations- und Erklärungsversuche.

Ferner mußt du, um die Vielfältigkeit der Tarotbilder begreifen zu lernen, daran denken, daß die früheren Zeitalter nicht über die technischen Möglichkeiten des heutigen Buchdruckes sowie der Fotografie verfügten. Jedes Tarotbild mußte im Laufe der Jahrhunderte und Jahrtausende immer wieder von Hand kopiert und auf diese Weise weitergereicht werden. Daß sich dabei Fehler, Auslassungen und sonstige Mängel einschlichen, ist nur zu verständlich. Denke dabei an unser Beispiel vom Geschenkpapier, das durch viele Hände geht, die nicht wissen, was es enthält. Der Tarot wurde wahrscheinlich sehr oft von Zeichnern reproduziert, die von seinem Inhalt und seiner Bedeutung nichts wußten und auch keine Kenntnisse der entsprechenden Symbolik hatten. Sie waren also nicht imstande zu unterscheiden, was im betreffenden Bild als wichtig gilt und was mehr schmückendes Beiwerk ist. Dazu kam die Tradition der verschiedenen esoterischen Schulen, die unter Umständen in den Einzelheiten stark voneinander abweichen, und die das ihnen jeweils Wichtige und Bedeutsame in den Mittelpunkt stellten. Jedes Zeichnen eines Tarotbildes ist, ob man es zugeben will oder nicht, zugleich ein Interpretieren. Und nicht zuletzt muß man bedenken, daß es Zeiten gab, wo es lebensgefährlich war, sich mit dem Tarot zu beschäftigen, als zum Beispiel die heilige Inquisition über den rechten Glauben wachte.

Aus diesem Grunde wurden manche Symbole getarnt oder eben ins Christliche umgedeutet. So entstand höchstwahrscheinlich aus dem Hohepriester der Papst beziehungsweise aus der Hohepriesterin die Päpstin. Später, wenn du mit den einzelnen Bilder besser vertraut geworden bist, wirst du aber auch solche Tarnungen leicht durchschauen können. Du wirst zum Beispiel erkennen, daß auf manchen Wiedergaben von Bild I der Hut des Gauklers die liegende Acht tarnt und daß sein Finger, der auf die vor ihm auf dem Tisch liegende Münze zeigt, einen Bestandteil des Pentagramms bildet.

Das Fazit all dieser Überlegungen ist, daß der Tarot in seiner ursprünglichen Fassung, wenn es sie überhaupt je gegeben hat, nicht mehr erhalten ist und daß jedes Tarotspiel, mit dem wir uns beschäftigen, in sich bereits wieder infiltriert ist und von einem jeweils anderen Blickwinkel aus den Gegenstand betrachtet. Diese Vielfalt hat aber auch ihre Vorteile. So verhindert sie von vornherein eine Dogmenbildung des Tarot. Den einzig richtigen, allein selig machenden Tarot gibt es nicht. Später, wenn du in deinen Kenntnissen fortgeschrittener bist, wirst du immer wieder auch andere Tarotdarstellungen zum Vergleich heranziehen und vielleicht sogar auch verschiedene Tarotspiele nebeneinander oder gleichzeitig benutzen. Je nach dem Ziel, das du gerade verfolgst, eignet sich vielleicht die eine Version besser als die andere. Die verschiedenen Epochen deines Lebens werden auch deine Vorliebe für das eine oder andere Spiel verändern.

Wer aber als Anfänger an den Tarot herantritt, der sollte sich nicht in der großen Fülle verlieren, sondern er muß seine Arbeit mit einer ganz bestimmten Darstellung beginnen und sich längere Zeit auf diese konzentrieren. Damit kommen wir zur Frage, welche der vielen Beispiele wir für unsere Aufgabe in diesem Buch heranziehen wollen. Ich habe für dieses Buch aus ganz bestimmten Gründen den Tarot gewählt, den Arthur Edward Waite im Jahre 1910 herausbrachte und der unter dem Namen *Rider-Tarot* bekannt geworden ist. Bevor ich auf diese Gründe noch näher eingehe, möchte ich etwas über die Person von Arthur Edward Waite sagen.

Arthur Edward Waite wurde im Jahre 1857 in New York geboren. Nach dem frühen Tode seines Vaters zog seine Mutter, die Engländerin war, mit ihren beiden Kindern wieder in ihre Heimat zurück. Seine Ausbildung erhielt der junge Waite in London, wo er überhaupt fast sein ganzes Leben verbrachte. Wie so viele junge Leute seines Alters fristete er sein Leben zunächst als kleiner Angestellter und schrieb nebenbei Gedichte. Dann brachte jedoch der frühe Tod seiner Schwester eine große Wendung, die sein ganzes weiteres Leben entscheidend bestimmte. Dieses Ereignis löste seine Hinwendung zur Esoterik aus. Im Alter von 21 Jahren begann er, regelmäßig ins britische Museum zu gehen, um sich dort in das Studium esoterischer und okkulter Schriften und Manuskripte zu vertiefen. Er erwarb sich dadurch eine enorme Kenntnis dieses Gebietes, so daß man ihn ruhig als einen esoterischen Enzyklopädisten bezeichnen darf. Dieses Wissen schlug sich in vielen Veröffentlichungen und Büchern über die verschiedensten esoterischen Wissensgebiete nieder.

Überdies übersetzte er die Werke von Eliphas Lévi ins Englische. Seine besonderen Spezialitäten waren Alchemie, die Kabbala, das Rosenkreuzertum sowie der Gralsmythos. Leider führt der umständliche, mehr verhüllend als klärend wirkende Stil seiner Bücher dazu, daß sie allgemein, auch von Lesern, die englischer Muttersprache sind, auf weiten Strecken als praktisch unverständlich und kaum lesbar beurteilt werden. Aus diesem Grunde sind seine literarischen Veröffentlichungen, so viel Wissen in ihnen auch verborgen sein mag, heute kaum mehr gefragt oder von großem Einfluß. Sein Name ist heute vor allem mit dem Tarotspiel verbunden, das er zusammen mit der Zeichnerin und Graphikerin Pamela Smith im Jahre 1910 herausgab. Es ist bis heute die über die ganze Welt am meisten verbreitete, populärste Darstellung des Tarot geblieben, die ihrerseits ihren Einfluß wieder auf zahlreiche andere Tarotspiele ausgeübt hat. Die Popularität und weite Verbreitung des Waite-Tarot ist einer der Gründe, weshalb wir ihn für dieses Buch heranziehen.

Im Lesesaal des Britischen Musuems traf Waite auf McGregor Mathers, einer der Gründer des bereits erwähnten Ordens »The Golden Dawn«. Durch ihn wurde Waite Mitglied dieses Ordens, obgleich er der Person von Mathers und der späteren Entwicklung, die der Orden nahm, eher skeptisch gegenüberstand. Lange Zeit konnte man auch immer wieder der Ansicht begegnen, daß Waites Tarot eine Darstellung des Tarot sei, der im »Golden Dawn« Verwendung fand. Diese Meinung stellte sich als unrichtig heraus, als der »Golden Dawn-Tarot« im Jahre 1978 veröffentlicht wurde und sich feststellen ließ, daß der Tarot von Waite ein durchaus eigenständiges Werk ist, das, von ganz wenigen Ausnahmen abgesehen, nicht mit dem »Golden Dawn« in Verbindung gebracht werden kann. Nach einem langen Leben, das ganz im Dienste der Erforschung der esoterischen Tradition stand, starb Arthur Edward Waite im Jahre 1940, nach anderen Quellen 1942, angeblich als Opfer eines deutschen Bombenangriffs auf London.

Waite bezeichnete seinen Tarot als einen sogenannten »berichtigten Tarot«. Damit erhob er aber nicht den Anspruch, daß sein Tarot der einzige und allein richtige sei, sondern er wollte etwas anderes damit ausdrücken. Waite war ganz von der These, die auch diesem Buche zugrunde liegt, überzeugt, daß im Tarot das gesamte Urwissen der Menschheit überliefert ist. Er hatte auch die gleiche Ansicht, die ich am Beispiel des im Sande versunkenen Baumes ausgedrückt habe. Aus der enormen Kenntnis der verschiedensten esoterischen Wissengebiete wollte Waite einen Tarot herstellen, der diese Einstellung zum Ausdruck bringt und dessen Zeichnung und Darstellung der Symbolik ganz in diesen Dienst gestellt ist. So ist der Waite-Tarot ein natürlicherer und auch direkterer Weg zu dieser esoterischen Tradition als andere Tarots, die den Schüler und Anfänger manchmal zu recht schwierigen Umwegen zwingen. In meinen Kursen und Seminaren konnte ich immer wieder feststellen, daß sich der Anfänger, der über keine Vorkenntnisse verfügt, anhand des Waite-Tarot am leichtesten in die komplizierte Materie einarbeiten kann. Dies bildet einen wichtigen Grund, den Waite-Tarot als Grundlage für dieses Buch heranzuziehen.

Die großen Arkana

Wir werden nun miteinander die 22 großen Arkana, eines nach dem anderen, gründlich betrachten und versuchen, den Rätseln der in ihnen an die Menschheit gerichteten Botschaft, soweit es möglich ist, auf den Grund zu kommen.

Zuvor sind aber noch einige Überlegungen und Vorsätze notwendig. Das Wichtigste ist: Nimm dir genügend Zeit, um mit den Bildern und ihrem Inhalt vertraut zu werden. Gehe der Reihe nach und gib jedem Bild soviel Zeit und Raum, wie es braucht, in dich einzudringen und dir seinen Inhalt zu offenbaren, dauere dies nun Tage oder Wochen. Wenn du dich im Eilzugtempo durch die Analyse hindurchliest, bleibt dir zuletzt nur ein großes Chaos.

Ferner ist es besonders wichtig, den Tarot nicht nur zu lesen, sondern in der Wirklichkeit – besonders deiner persönlichen Wirklichkeit – zu erleben. Nicht nur dein Kopf, dein Geist, sondern dein ganzer Körper mit all seinen Sinnen wollen an diesem Prozeß beteiligt sein. Das bedeutet: Nimm jede Gelegenheit wahr, den Tarot zu leben und zu erfahren, denn er ist nicht nur ein Lehr-, sondern auch ein Lebensbuch, und laß dich ganz persönlich von ihm ansprechen und anregen.

Der Baum des Lebens

Bevor wir miteinander das erste Bild betrachten, müssen wir noch ganz kurz etwas über den Baum des Lebens wissen. Wir werden uns erst im zweiten Band gründlich damit beschäftigen, aber da er auch in einigen der großen Arkana eine Rolle spielt, solltest du ihn wenigstens seiner Form und äußeren Erscheinung nach kennen, auch wenn sein Verständnis erst für später vorgesehen ist.

Der Baum des Lebens ist eine Art Modell, das die alten Kabbalisten für das Universum und alles kosmische Geschehen, den Menschen inbegriffen, entwickelt haben. Du brauchst jetzt noch nicht zu wissen, wie damit umgegangen wird, es genügt, wenn du seine äußere Form wiedererkennst. Sie sieht so aus:

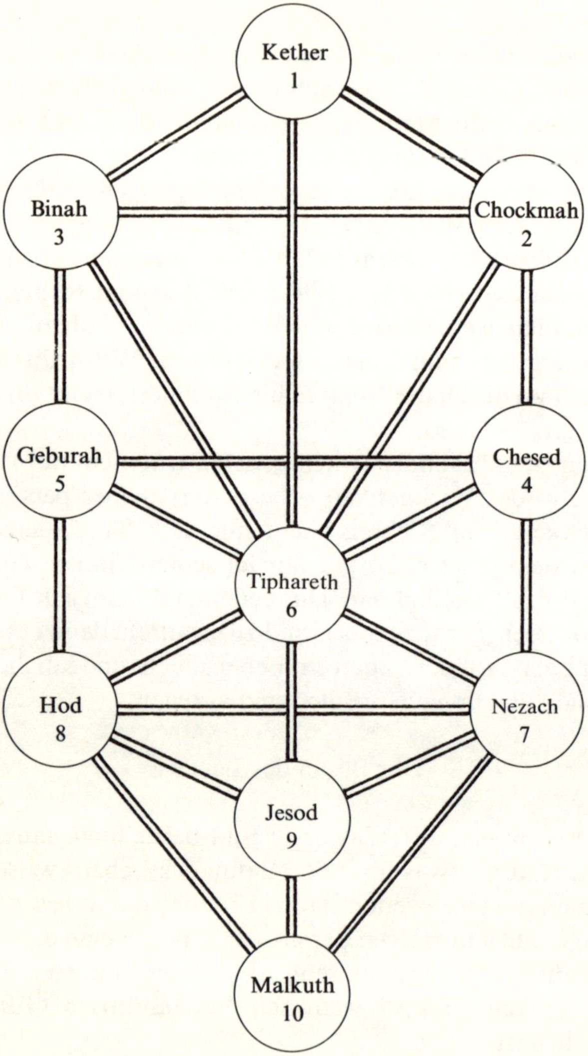

Wie du siehst, besteht der Baum des Lebens aus zehn runden Kraftzentren, Sephiroth genannt (Einzahl Sephira), die miteinander durch sogenannte Pfade verbunden sind. Jede Sephira trägt ihren eigenen Namen. Die Sephiroth sind in drei »Säulen« angeordnet. Die rechte Säule mit den Sephiroth Chokmah, Chesed, Nezach wird als die männliche Säule bezeichnet, die linke mit den Sephiroth Binah, Geburah, Hod als die weibliche. Dazwischen befindet sich die mittlere Säule mit den Sephiroth Kether, Tipharet, Jesod und Malkuth.

Das genügt fürs erste, um die symbolische Darstellung des Baums des Lebens innerhalb der großen Arkana zu erkennen. Später, wenn du mehr darüber weißt, wirst du zu den entsprechenden Bildern zurückkehren und auch die Information verstehen lernen, die durch den Baum des Lebens darin enthalten ist.

Jetzt wollen wir uns dem ersten der großen Arkana, dem Bild des Magiers, zuwenden.

I Der Magier

(THE MAGICIAN)

Wir sehen einen Mann, der, in ein rot-weißes Gewand gekleidet, vor einem leuchtend gelben Himmel steht. Die rechte Hand, die einen weißen Stab trägt, hat er hoch erhoben, die linke weist zur Erde. Über seinem Kopf schwebt eine liegende Acht, um seine Stirn ist ein weißes Band geschlungen. Der Gürtel hat die Form einer Schlange, die sich selbst in den Schwanz beißt. Zu seinen Füßen wächst ein dichter, üppiger Blumengarten, der von einem massiven Holztisch überragt ist. Auf diesem Tisch befinden sich vier Gegenstände: ein Schwert, eine runde Scheibe, in der ein Fünfeck, das Pentagramm, eingezeichnet ist, ein Kelch und ein Stab. Vom oberen Bildrand hängen Girlanden von roten Rosen herunter. Wer mag wohl dieser Mann mit der seltsamen Gebärde sein? Vielleicht erfahren wir aus dem Bilde selbst mehr über ihn, als der einfache Name der Karte »Der Magier« uns mitteilt.

Laß dir Zeit für jedes Bild, dessen Botschaft du entschlüsseln willst. Laß es als Ganzes eine Weile auf dich wirken. Achte zuerst auf die Gefühle, die Empfindungen, die die Betrachtung dieses Bildes in dir wecken. Gib dich eine Weile diesem Gesamteindruck hin, erst dann beginne, das Bild in seine Einzelteile aufzulösen. Betrachte diese Details und spüre wieder in dich hinein, welche Empfindungen und Gefühle sie in dir auslösen, erst dann versuche dort, wo du möchtest, mit deinem Verstand eine Antwort zu geben, was wohl die einzelnen Zeichen, Bilder, Gegenstände bedeuten mögen. Denke daran: Den Tarot liest man nicht nur mit dem Kopf, sondern mit dem ganzen Menschen. Die Botschaft, die er uns zu sagen hat, gilt nicht nur für das Gehirn, den Verstand, sondern auch für Seele und Körper. Noch einmal, laß dir Zeit, bis das Bild in irgendeiner Weise in dir zu schwingen und zu leben beginnt.

Spürst du jetzt, daß dieses Bild etwas in dir in Bewegung gebracht hat? Erwarte nicht zuviel und lerne, auch auf die kleinsten Zeichen der Veränderung zu achten, die du in dir wahrnehmen magst. Halte dir immer vor Augen, daß wir Menschen des 20. Jahrhunderts viel, ja das meiste von dieser Empfindungskraft verloren haben. Mühsam genug müssen wir sie uns wieder aneignen. Aber laß den Mut nicht sinken: Wenn du wirklich willst und offen bist dafür, dann wird sie kommen, jeden Tag ein wenig mehr. Mit jedem Bild, das du betrachtest, spürst du stärker, wie es zu dir sprechen will.

Vielleicht wandern jetzt deine Augen immer wieder zu diesem seltsamen Gebilde über dem Kopf des Magiers. Betrachte es eine Zeitlang und schweife mit dem Blick den Linien entlang und horche wieder in dich hinein, was du dabei empfindest. Vielleicht merkst du jetzt plötzlich, daß deine Augen eine ganze Ewigkeit lang dieser Linie entlang gleiten möchten ohne Anfang, ohne Ende. Damit hast du schon eine Bedeutung dieses Zeichens in dir selbst erlebt. Es ist die sogenannte Lemniskate. Wenn du dich in der Mathematik auskennst, dann weißt du auch, daß es das Symbol ist, das Unendlichkeit ausdrückt.

Aber es gibt noch eine weitere Bedeutung. Wir finden sie, wenn wir das Zeichen von einem anderen Standpunkt aus betrachten. Woran erinnert es dich? An die Zahl Acht, an eine liegende Acht. Über die Zahl Acht wissen wir schon einiges. In Hermopolis verehrten die Ägypter die acht frosch- und schlangenartigen Götter, aus denen später die sogenannte Achtheit wurde, eine Verkörperung der urzeitlichen Kräfte. Und was sind urzeitliche Kräfte anders als Neubeginn? Acht ist die Zahl des Neuwerdens, des Neubeginnens. Aus diesem Grunde haben manche Taufbecken in christlichen Kirchen eine achteckige Form, um das Neuwerden, die Neugeburt des Täuflings auszudrücken. Acht schlangen- und froschgestaltige Götter. Der Blick wandert zum Gürtel des Magiers, zur Schlange – ein weiteres Bild, das mit dieser Achtheit, der Gottheit von Hermopolis, in Zusammenhang steht. Welche Gottheit trat später an die Stelle der ursprünglichen Achtheit? Erinnerst du dich? Es war Thoth. Weißt du noch, wer Thoth ist? Wenn du nicht mehr sicher bist, dann lies nach auf Seite 39.

Nun merken wir: Dieser Magier steht offenbar in einem Zusammenhang mit dem Gott Thoth, mit all dem, was Thoth verkörpert. Aber betrachten wir unser Bild noch weiter und wenden uns nun den Gegenständen zu, die auf dem Tisch des Magiers liegen. Man nennt diese vier Gegenstände – den Stab, den Kelch, das Schwert und die Münze – die vier magischen Werkzeuge oder Waffen. Mit diesen vier magischen Werkzeugen wollen wir uns nun etwas näher befassen.

Du hast schon beim Durchblättern der Tarotkarten entdeckt, daß die vier Farben der kleinen Arkana je einem dieser vier magischen Werkzeuge zugeordnet sind. Suche dir aus diesen kleinen Arkana die Karte »Ace of Wands« hervor, daß As der Stäbe. Du erblickst darauf eine weiße Hand, die aus einer Wolke heraus einen Stab in der Hand hält. Betrachte diesen Stab eingehend und achte wieder auf die Empfindungen und Gedanken, die sich in dir regen. Wenn du noch etwas mehr tun willst, dann geh hinaus in den Garten, in den Wald, und schneide dir von irgendeinem Busch oder Baum einen solchen Stab. Nimm ihn in die Hand und spüre, was er in dir für Empfindungen und Gefühle hervorruft. Faß den Stab an einem Ende: Merkst du, was sich in dir tut?

Plötzlich fühlst du dich stark; der Stab vermehrt die Kraft

deiner Hand. Du kannst dich auf ihn stützen, er läßt sich als Waffe, als Knüppel gebrauchen. Mit dem Stab in der Hand fühlst du dich kräftiger und stärker als zuvor. Nun nimm den Stab – sei es in der Wirklichkeit oder in deiner Vorstellung – in beide Hände und betrachte ihn eingehend. Kein Stab ist von Natur aus glatt und rund. Du wirst bald entdecken, daß jeder Stab ursprünglich so angelegt ist, daß aus ihm heraus Knospen wachsen können, Äste, und damit neue Stäbe. Auch auf dem Tarotbild »Ace of Wands« kannst du erkennen, wie aus dem Stab heraus Blätter sprießen. Nicht nur der Stab an sich ist also ein Zeichen der Kraft, sondern jeder Stab verfügt auch über eine Kraft in sich, die aus ihm neues Leben sprießen und keimen läßt. Mit dem Stab kannst du schlagen, verletzen, töten; aus dem Stab heraus wächst auch neues Leben, neue Kraft. So gesehen wird der Stab zum Symbol der Kraft, sowohl einer aufbauenden kreativen Kraft, als auch einer zerstörenden, destruktiven Kraft. In welcher Weise sich diese Kraft manifestiert, hängt von der Hand ab, in die der Stab gelegt ist. Der Stab verkörpert die Idee der Kraft. An vielen Orten wirst du diesem Symbol begegnen, nicht nur im erigierten männlichen Glied, dem Phallus, auch im Baumstamm, im Mast des Schiffes usw. Richte einmal deine Augen und deine Sinne auf den Stab und entdecke die Kraft oder die Kräfte, die sich am besten mit dem Bilde des Stabes ausdrücken lassen. Ganz sicher wirst du diese dynamische Kraft im Feuer finden, ebenso in der Sexualität, die dazu antreibt, sich mit einem Partner zu vereinigen. Du wirst sie überall dort antreffen, wo wir technischen Menschen des 20. Jahrhunderts Energie brauchen, um etwas zu bewirken, etwas zu verändern. Hältst du den Stab in der Hand, so verfügst du gleichzeitig auch über die Kraft des Feuers, über die männliche Kraft, und der Stab wird so zum Symbol des Feuers und des Männlichen.

Neben dem Stab steht auf dem Tisch des Magiers ein Kelch. Suche auch hier wieder aus den anderen Karten das Bild »Ace of Cups« heraus, betrachte es eingehend und lasse es auf dich wirken. Das Bild eines Kelchs wird bei dir andere Empfindungen erwecken als der Anblick eines Stabes. Die Kraft des Stabes ist dynamisch nach außen gerichtet, expansiv, extrovertiert, der Kelch mit seiner Höhlung, um etwas aufzunehmen, zu bergen, weist nach innen. Seine Kraft ist bewahrend, schützend. Auch hier nimm bitte einen Kelch in die Hand. Es braucht kein sakraler Kelch zu sein, ein einfaches Weinglas erfüllt den gleichen Zweck. Bemerkst du, wie schon die Form des Kelchs dich dazu veranlaßt, ihn ganz anders in die Hand zu nehmen, als den Stab und anders mit ihm umzugehen? Fülle die Höhlung mit Wasser, betrachte, wie das Wasser ansteigt und achte auf die Empfindungen, die sich in dir regen. Fülle ihn bis an den Rand und noch weiter, und beobachte, wie das Wasser überfließt, wie die Kraft, die sich im Kelch angesammelt hat, nach außen drängt, wie der Kelch etwas weitergibt, das er empfangen und das eine Zeitlang in ihm geruht hat. Wenn du dir nun vor Augen hältst, daß der Stab Symbol des Männlichen ist, dann fällt es dir auch nicht weiter schwer, zu erleben und zu empfinden, daß der Gehalt des Symbols Kelch weiblich ist. Sein Element ist, wie könnte es anders sein, das Wasser. Gib dich ein paar Augenblicke lang den Gedanken und Empfindungen hin, die sich für dich mit dem Begriff Wasser verbinden. Halte diese Gedanken und Empfindungen möglichst fest; vielleicht wirst du Zusammenhänge entdecken, die du nie vermutet hast.

Das Schwert ist in Funktion und Form dem Stab ähnlich. Beides sind Waffen, die die Kraft des Armes verstärken. Empfindet man aber im Stab noch die Ursprünglichkeit der Natur, und kann jeder Ast, den man vom Baum reißt, die Funktion des Stabes erfüllen, so hat das Schwert schon einen längeren Verarbeitungsprozeß hinter sich. Es ist aus Eisen verfertigt, das an sich auch der Natur entstammt, aber ihr erst in einem aufwendigen Gewinnungsprozeß, der viel Kenntnis erfordert, abgerungen werden muß. Der Weg vom Erz zum Eisen oder Stahl führt durch viele Stationen, die vom Menschen ein Höchstmaß an Geschick und Kenntnissen erfordern. Aus den Händen des Schmiedes kommt es nicht nur als eine Waffe zum Schlagen und Töten, sondern auch als ein Werkzeug des Schneidens und des

Zerteilens. Dies ist auch seine magische Funktion. Mit der Kraft des Schwertes wird die Spreu vom Weizen gesondert, die Materie geteilt und geordnet. So betrachtet, deutet das Schwert vor allem darauf hin, was der Mensch mit der Kraft seines Geistes und seines Verstandes vollbringt. Wenn der Mensch denkt, geistig ordnet und analysiert, handhabt er das Schwert. So gesehen steht das Schwert in Verbindung mit dem Geist, mit dem, was körperlich nicht oder nur schwer faßbar ist. Daher leuchtet uns ohne weiteres ein, daß sein natürliches Element die Luft ist. Geist und Luft sind ein Bilderpaar, das tief in der menschlichen Seele beheimatet ist. Gib dich den Empfindungen und Gedanken hin, die sich dir bei den Worten »Geist« und »Luft« aufdrängen. Denke darüber nach, daß so, wie die Luft alles in unserer Natur durchdringt und umgibt, der Geist weht, wo er will.

Das vierte Werkzeug auf dem Tisch des Magiers ist die Scheibe, auch Münze oder Pentakel genannt. Darin verkörpert sich das Element Erde. Erde ist dicht, fest, eben Material. Nimm eine große Münze in die Hand und achte wieder auf die Empfindungen, die sie in dir auslöst. Du spürst ihr Gewicht; balle die Hand zusammen, du spürst die Festigkeit, die geprägte Form der Münze. Laß sie zu Boden fallen und horche auf ihren Ton. Alles, was du wahrnimmst, gibt dir Auskunft über das Material, den festen Stoff, eben das Erdhafte, das durch das Metall der Münze verkörpert wird.

Die Münze trägt das Zeichen des fünfstrahligen Sterns, das Pentagramm. Das Pentagramm ist ein sehr komplexes und wichtiges Symbol. Für jetzt wollen wir uns damit begnügen, daß dieses Zeichen in sich noch einmal ein Symbol der vereinigten vier Elemente ist. Jede der Spitzen ist einem der vier Elemente zugeordnet. Die fünfte, nach oben weisende Spitze, steht für ein weiteres »Element«, den sogenannten Äther oder, mit einem theosophischen Begriff ausgedrückt, für Akasha.

Die vier Elemente Feuer, Wasser, Luft und Erde sind also die Werkzeuge, die dem Magier gegeben sind, damit er mit ihnen arbeite. Das Wort Element kann natürlich nicht im gleichen Sinne verwendet werden wie es die Chemiker z. B. im periodischen System der Elemente gebrauchen. Die Elemente sind die Urbestandteile unserer Welt. Für den Chemiker bedeuten sie die Urbausteine der Materie, aber für den Esoteriker, der das Universum und alles kosmische Geschehen als ein Zusammenspiel von Kraft und ihren Manifestationen erlebt, sind die vier Elemente Ausdruck eben dieses Kräftezusammenspiels. Jedes der vier Elemente ist Ausdruck für eine ganz bestimmte Art von Kraft. Das gilt auch für das Element Erde. Nimm einmal einen Stein in die Hand und denke darüber nach, was eigentlich diesen Stein zum Stein macht, was ihn zu diesem kompakten und dichten Gebilde macht, daß du als Gewicht in deiner Hand spürst. Was ist es, das diesen Stein davon abhält, sich einfach in seine Urbestandteile, seine Moleküle, ja Atome aufzulösen und zu zerfallen? Auch hier wirst du feststellen, daß eine Kraft in diesem Stein vorhanden sein muß, die ihn zusammenhält, die ihn zu dem macht, was wir mit Stein, mit Element Erde, bezeichnen.

Für das Verständnis des Tarot ist es sehr wichtig, daß du lernst, die Welt, in der du lebst, als den Ausdruck eines solchen Zusammenspiels von Kräften, ja vielleicht von verschiedenen Formen und Ausdrucksweisen ein und derselben Kraft zu betrachten. Lege das Buch an dieser Stelle für einen Moment zur Seite, gehe hinaus und versuche, diesem Kräftespiel draußen in der Natur zu begegnen. Suche Feuer, Wasser, Luft und Erde in ihren mannigfaltigen Erscheinungsformen und Auswirkungen.

Dann gehe einen Schritt weiter und überlege dir, wie die vier Elemente in dir selbst vorhanden und wirksam sind. Zu dir gehört vorerst einmal dein Körper, der Teil von dir, den du berühren, sehen, kurz, mit den Sinnen wahrnehmen kannst. Der Körper ist der Träger des Lebens. Gehe diesem Gedanken nach und stelle fest, welche Lebensäußerungen durch den Körper zum Ausdruck gebracht werden. Du wirst bald feststellen, daß Körper, Materie, das Element Erde, unbedingt notwendig sind, damit Leben überhaupt gelebt werden kann. So wird der Körper mit seinem Fleisch, mit seinem Skelett zum Träger aller Prinzipien, die das Leben verkörpern. In der Form des Gehirns wird er zum Träger des Luftelementes, zur Funktion des Denkens. Die Nervenbahnen vermitteln dir Gefühle und Empfindungen und werden somit zum Träger des Elementes Wasser. In der Kraft, die dich entstehen und geboren werden ließ, die dein Heranwachsen, deine Entwicklung nach einer ganz bestimmten Ordnung, die von einem höheren Prinzip bestimmt wird, lenkt und leitet, in der Kraft, die dich dazu antreibt, zu leben statt zu vegetieren, darin erlebst du die Dynamik des Elementes Feuer.

Gewiß, nicht alles läßt sich klar trennen und aufschlüsseln, vieles überschneidet und durchschattet sich. Vielleicht ist für dich etwas dem Feuer unterstellt, was andere der Luft zugeordnet sehen wollen. Wo kann genau die Grenze bestimmt werden, wo Wasser zu Erde wird? Die vier Elemente sind kein detaillierter und genauer Plan der Natur und des Menschen. Nimm sie als ein Abbild, als ein Gleichnis der Natur und deines Selbst, das dir zeigen will, von welchen Kräften du umgeben bist und welche Kräfte auch in dir selbst walten und wirksam sind. Ein Gleichnis, ein Bild, das nicht erklären will, wie etwas genau und in allen Einzelheiten hieb- und stichfest funktioniert, sondern das aufzeigen will, daß alles, was in dieser Welt vorhanden ist, von ein und derselben Kraft in verschiedener Erscheinungsform gelenkt und bestimmt wird.

Wenden wir uns nun der Gestalt des Magiers zu. Hochaufgerichtet steht er hinter den vier magischen Werkzeugen. Wir müssen gar nicht erst noch besonders auf den Stab in seiner rechten Hand blicken, seine Haltung allein drückt Stab, drückt Kraft aus. Wenn wir uns vor Augen halten, daß der Stab die speziell männliche, die phallische Kraft im Menschen verkörpert, dann wissen wir, daß wir im Magier den Menschen in seiner männlichen Erscheinungsform vor Augen haben. Ich bin! Ich will! All das drückt die Haltung des Magiers aus. Ein Mensch, ein Mann, der sich eben seiner selbst bewußt geworden ist, der erfahren und erkannt hat, daß er in der Welt etwas vollbringen kann, und daß ihm dazu die nötigen Werkzeuge und Instrumente zur Verfügung stehen. Wenn wir in Betracht ziehen, daß A. E. Waite Engländer war, dann ist es vielleicht nicht abwegig, daran zu denken, daß mit dem Stab in der Hand das englische Wort »I«, das heißt »Ich«, ausgedrückt werden soll.

Dieser Stab hat zwei zugespitzte Enden. Das Gewand des Magiers hat zwei Farben, Rot und Weiß; beides deutet darauf hin, daß sowohl das Ich des Menschen als auch die Kraft, die ihm zur Verfügung steht, zwei verschiedene Erscheinungsformen hat. Die Kraft des Menschen kann zu guten wie zu bösen Zwecken eingesetzt werden. Das bedeutet, daß wir jede Kraft als polar erleben können, das heißt, mit einem positiven und einem negativen Pol ausgestattet. Wir müssen uns gleich am Anfang davor hüten, positiv und negativ in einem ethisch oder moralisch wertenden Sinn zu gebrauchen. Positiv und negativ bedeuten nichts weiter als zwei Erscheinungsformen ein und derselben Kraft, so wie Mann und Frau zwei verschiedene Erscheinungsformen des Menschen sind. Auch der Tag, zu vierundzwanzig Stunden genommen, setzt sich aus zwei verschiedenen Erscheinungsformen zusammen: aus einem hellen Teil, den wir Tag nennen, und aus einem dunklen, der mit Nacht bezeichnet wird. Das Jahr, die Zeit eines Erdenumlaufs um die Sonne, besteht aus einem warmen Teil, dem Sommer, und aus einem kalten, dem Winter. Die Periode des allmählichen Überganges zum warmen beziehungsweise zum kalten Teil nennen wir Frühling und Herbst. Aber sowohl Frühling als auch Herbst zerfallen in zwei Teile, von denen jeder entweder dem wärmeren oder kälteren Pol zugewandt ist.

Das Gesetz der Polarität ist eines der wichtigsten Gesetze des Tarot und durchzieht ihn wie einen roten Faden. Da der Tarot, wie du später erkennen wirst, ein Abbild des Lebens und der Welt überhaupt ist, dürfen wir daraus schließen, daß dieses Gesetz der Polarität auch unsere Welt und unser Leben durchdringt und bestimmt. Es ist wichtig, daß du lernst, dieses Gesetz der Polarität in all seinen verschiedensten Erscheinungsformen und Auswirkungen in deinem Leben und in der Welt, in der du lebst, zu erkennen. Schon bald wirst du in Staunen darüber geraten, auf wie vielen Ebenen – von den größten Dingen bis hin zu den kleinsten – du die Gültigkeit dieses Gesetzes feststellen wirst. Dadurch erkennst du auch die Bedeutung der Gebärde des Magiers, dessen eine Hand nach oben weist und die andere nach unten. Wie oben, so unten, das andere, große hermetische Gesetz neben dem Gesetz der Polarität. Es besagt, daß in allen Dingen, sowohl in den größten, als auch in den kleinsten, die gleiche Ordnung und Gesetzmäßigkeit vorhanden ist. Ob du in die unendlichen Weiten des Weltalls vordringst oder die kleinsten Bausteine der Materie untersuchst, stets wirst du die gleiche Gesetzmäßigkeit und Ordnung vorfinden. Unsere Erde ist ein Planet unter Planeten, die um die Sonne als Zentrum ihrer Bahn kreisen. Doch die Sonne selbst ist nicht unbeweglich, sie ist nur ein Stern unter vielen in einer großen Ansammlung von Sternen, der wir den Namen Galaxis, Milchstraße, gegeben haben. Auch diese Galaxis hat wiederum ihr Zentrum, um das alle diese Sterne kreisen. Aber auch unsere Milchstraße ist nur eine unter vielen Galaxien, die alle um ein noch ferneres Zentrum kreisen. Das gleiche Gesetz finden wir auch, wenn wir in die andere Richtung gehen, bis hin zum Atom, dem Baustein unserer Materie, das aus einem Kern besteht, um den Elektronen kreisen. Wir finden die gleiche Ordnung in Dimensionen, die zu groß sind, als daß der Mensch sie direkt überblicken könnte, und ebenso in Dimensionen, die zu klein sind, als daß der Mensch sie mit seinen Sinnen direkt erkennen könnte. Der Mensch steht, wie der Magier, mitten in seiner Welt, die ihn von allen Seiten her umgibt. In dieser Welt erkennt der Mensch Dinge, die größer sind als er, bis hin zu Dimensionen, die zu groß sind, als daß er sie mit seinen natürlichen Sinnen, ohne technische Hilfsmittel, erfassen könnte. Ebenso gibt es Dinge, die kleiner sind als der Mensch und zu klein werden können, um sie zu erkennen. Der Mensch steht zwischen zwei Welten, einer Welt, die größer ist als er selbst, dem Makrokosmos, und einer Welt, die kleiner ist, dem Mikrokosmos.

Die direkte Erkenntnismöglichkeit beider Welten ist für den Menschen nur begrenzt möglich. Sie kann mit technischen Hilfsmitteln ausgeweitet werden, aber auch dies kommt einmal zu einem Ende. Aber die konsequente Anwendung der beiden hermetischen Gesetze, des Axioms wie oben so unten und des Gesetzes der Polarität, erweitern die Erkenntnisfähigkeit des Menschen beinahe in das Unbegrenzte. Archäologen stehen immer wieder staunend vor der Erkenntnis, daß Menschen früherer Generationen offenbar über Wissen und Können verfügten, das für unsere Generation ohne die uns zur Verfügung stehenden technischen Hilfsmittel undenkbar ist. Wahrscheinlich ermöglichte die konsequente und vertiefte Anwendung der hermetischen Gesetze diesen früheren Generationen, Wissen und Erkenntnisse zu erwerben, die in vielen Beziehungen dem Wissen unseres technologischen Zeitalters nicht nachstanden und es auf manchen Gebieten wahrscheinlich noch übertrafen.

Nimm dir die Mühe und die Zeit, die beiden hermetischen Gesetze in der Natur und in dir selbst zu suchen und in den mannigfaltigsten Dingen immer von neuem zu finden.

Aus dem dichten Blumengarten erhebt sich ein Tisch. Wenn wir den Tisch auf seine reine Grundform reduzieren, erhalten wir einen Quader oder Kubus. Der Kubus ist das Symbol der materiellen Welt. Auf diesem Tisch liegen die vier magischen Werkzeuge aufgereiht; das bedeutet, daß die Kräfte, die durch die vier magischen Werkzeuge verkörpert werden, auf der Grundlage dieser materiellen Welt und in ihr gebraucht werden sollen.

Vielleicht ist es notwendig, hier einmal grundsätzlich über die Bedeutung der Materie nachzudenken. Man kann immer wieder der Ansicht begegnen, daß Materie an sich negativ und schlecht sei und daß das Gute, Positive, sich erst im Immateriellen und Spirituellen finden lasse. Sicher, eine allzustarke Gebundenheit an die Materie kann sich negativ auswirken. Sie kann den Menschen im wahrsten Sinne des Wortes fesseln und blockieren, wie wir später anhand eines anderen Tarotbildes noch erkennen werden. Aber trotzdem muß hier ein für allemal festgehalten werden, daß der Mensch als Materie und in die Materie geboren wird. Seine Aufgabe, sein Evolutionsweg beginnt auf der materiellen Ebene. Hier hat er zu wirken, zu arbeiten und die vier magischen Werkzeuge einzusetzen. Erst wenn er bewiesen hat, daß er fähig ist, auf der Ebene der Materie mit diesen vier magischen Werkzeugen umzugehen, hat er den nötigen Reifegrad erreicht, um nach anderen, auch spirituellen Ebenen weiterzuschreiten. Verachte die Materie nicht und nimm sie dankbar an als Grundlage und festen Boden, auf dem du stehen kannst. Nicht ohne Grund steht das Wort Materie in Zusammenhang mit dem Wort Mutter (mater). Erkenne sie als Tisch, der für dich die vier magischen Werkzeuge bereithält. Dieser Gedanke wird noch verstärkt durch die vier alchemistischen Symbole, die am Rande des Tisches eingraviert sind, und die darauf hinweisen, daß jeder menschliche Entwicklungsweg, jeder Pfad, der zu Höherem führt, in dieser »prima materia« seinen Anfang nimmt.

Wie wir schon gesehen haben, überragt der Tisch einen dichten Blumengarten, dessen Pflanzen scheinbar ungeordnet wild durcheinander wachsen. Dieser Garten ist ein Symbol des Unbewußten, der Ebene, wo alle Kräfte des Menschen noch ungeordnet und unerkannt vorhanden sind. Erst wenn diese Kräfte in einer geordneten Weise ins Bewußtsein gehoben werden, können sie dem Menschen konstruktive und positive Dienste leisten. Somit gehören Tisch, Garten und die vier magischen Werkzeuge zusammen, sie bilden miteinander eine Einheit. So können die vier magischen Werkzeuge auch als die vier psychischen Funktionen Denken, Fühlen, Empfinden und Intuition betrachtet werden, mit deren Hilfe der Mensch seine Umwelt seelisch aufnimmt, einordnet und verarbeitet. Versuche selbst herauszufinden, welche von diesen vier seelischen Funktionen du welchem magischen Werkzeug zuordnen würdest. Versuche nicht lange, eine allgemeine Regel aufzustellen, sondern nimm dein eigenes Erleben der Welt als Richtschnur dazu.

Die Blumen des Gartens sind rote Rosen und weiße Lilien. Beide Blumen sind Träger einer vielfältigen Symbolik. Die rote

Rose steht in Verbindung mit dem Mythos des Adonis. Adonis war ein wunderschöner Jüngling, der von Aphrodite, der Liebesgöttin, leidenschaftlich geliebt wurde; aber der eifersüchtige Kriegsgott Mars schickte einen wilden Eber, der Adonis zerriß. Sein ausströmendes Blut färbte die bisher weißen Rosen rot. Adonis mußte hinab in das Reich der Toten. Aphrodite bat Zeus flehend, ihr Adonis zurückzugeben. Aber Persephone, die Göttin über das Reich der Toten, wollte den schönen Jüngling nicht mehr hergeben. So entschied Zeus, daß Adonis einen Teil des Jahres in der dunklen Welt der Persephone verbringen mußte, den anderen Teil aber im Lichte der Sonne bei Aphrodite.

In diesem Mythos, im Wechsel zwischen dunkler Unterwelt und heller Lichtwelt, erkennen wir deutlich den Hinweis auf das Gesetz der Polarität. Aber der zwischen dem Reich der Schatten und dem Reich des Lichts hin und her wandernde Adonis wird auch zum Symbol von Tod und Auferstehung beziehungsweise von Tod und Wiedergeburt. Das Fest des Adonis wurde begangen als Feier des Neuerwachens der Natur im Frühling. Somit ist die Rose auch ein Symbol der Fruchtbarkeit. Auch in der christlichen Symbolik ist die Rose das Symbol der Wiedergeburt und, speziell die rote Rose, das Symbol der göttlichen Liebe. In ihrer runden Form erinnert die Rose an einen Kreis, an die Rota, das Rad, dessen Bedeutung wir später, auch im Zusammenhang mit dem Bild des Magiers, kennenlernen werden.

Die weiße Lilie ist ein Symbol des Lichtes. Wegen der auffälligen Form ihres Stempels wird sie auch als Symbol der Sublimierung der phallischen Kraft gebraucht, die ja, ausgedrückt durch die aufrechte Haltung des Magiers und den Stab in seiner Hand, dieses Tarotbild beherrscht. Somit zeigt uns die Lilie, daß in der männlichen Kraft des Stabes und des Schwertes mehr Möglichkeiten liegen als reine Sexualität und scharfer Intellekt. Es ist Aufgabe des Magiers, die in uns selbst im Unbewußten verborgenen Möglichkeiten dieser Kräfte in das Licht des Bewußtseins zu heben. Auf diese Aufgabe weist uns auch das Gewand des Magiers hin, das die Farben Rot und Weiß wiederholt.

Am oberen Bildrand wird das Motiv des Blumengartens noch einmal aufgenommen. Aber die weißen Lilien fehlen; es sind die roten Rosen, die in langen Girlanden herunterhängen. Auch hier also das Gesetz »wie oben, so unten«. Willst du die obere, die göttliche Welt, erkennen, so blicke in dein Unbewußtes, denn beide Welten entsprechen sich.

Fassen wir die Botschaft des Bildes noch einmal kurz zusammen. Wir begegnen dem Magier als Symbol des Menschen in seiner männlichen Erscheinungsform, die sich vor allem ausdrückt in Stab und Haltung des Magiers, sowie im Schwert, das auf dem Tisch dem Magier am nächsten liegt. Der Magier ist der Mensch als Wollender und als Macher. Auf der Ebene der Materie, ausgedrückt durch den Tisch, soll der Mensch mit Hilfe der vier magischen Werkzeuge die Urkräfte, die ihm in seinem Unbewußten zur Verfügung stehen, ordnen und etwas damit vollbringen. Jedes Wollen ist ein Neubeginn, ausgedrückt durch die liegende Acht über dem Haupte des Magiers. Der Schlangengürtel zeigt den Umkreis an, in dem der menschliche Wille frei handeln kann. Als erstes Bild des Tarot gibt es uns auch den Schlüssel, nach dem andere Bilder entziffert werden können: Das erste hermetische Gesetz »wie oben so unten« und das Gesetz der Polarität.

II Die Hohepriesterin
(THE HIGH PRIESTESS)

Das zweite Bild zeigt uns eine Frauengestalt, die, in lange, weißblaue, fließende Gewänder gehüllt, auf einem Steinquader sitzt. Auf dem Kopf trägt sie einen kronenartigen Kopfschmuck, die Brust ist mit einem weißen Kreuz geschmückt, und im Schoß liegt eine halb im Gewand verborgene Rolle, auf der das Wort *Tora* geschrieben steht. Zu ihren Füßen ist eine große Mondsichel. Die Hohepriesterin sitzt zwischen zwei Säulen, einer schwarzen links, die den Buchstaben B trägt und einer weißen rechts, die mit dem Buchstaben J versehen ist. Zwischen beiden Säulen spannt sich ein Vorhang, auf dem Granatäpfel und Palmen abgebildet sind. Im Durchblick zwischen Säulen und Vorhang ist zu erkennen, daß sich im Hintergrund das Meer befindet. Die Haltung des Magiers auf Bild I ist aktiv, wollend, die Haltung der Hohepriesterin auf Bild II ist dagegen passiv, zurückhaltend. Die Aufmerksamkeit des Magiers ist auf die vor ihm liegenden vier magischen Werkzeuge gerichtet, der Blick der Hohepriesterin sucht die Verbindung mit demjenigen, der das Bild betrachtet, als ob sie etwas erwarten würde, das auf sie zukommt.

Lasse auch hier deinen Blick, ganz von deinen Empfindungen und Gefühlen gelenkt, über das Bild wandern. Erfasse zunächst einmal nur die äußeren Formen des Bildes, ohne dir darüber Gedanken zu machen, was sie wohl bedeuten könnten. Du wirst die Entdeckung machen, daß sich die Formen dieses Bildes aus zwei Gegensätzen aufbauen: aus hart und weich. Das Weiche wirst du in den fließenden Gewändern der Frau finden, in der Rundung der Mondsichel, im Blumenmuster des Vorhangs und in der Tiefe des dahinter verborgenen Meeres. Die Gestalt selbst und die beiden Säulen, die sie flankieren, verkörpern das Harte, ja fast Starre. Gib dich eine Weile diesen Empfindungsgegensätzen hin und achte wieder auf die Gefühle, die dadurch in dir wachgerufen werden. Erst wenn du diese Gefühle in dir gefunden hast, beschäftige dich weiter mit den Einzelheiten und Symbolen dieses Bildes.

Bereits die ganze Struktur des Bildes drückt aus, daß wir hier – im Gegensatz zur Einheit des ersten Bildes – die Zweiheit als gegensätzliche Pole vor uns haben. Diese Gegensätzlichkeit finden wir durch das ganze Bild wieder, im Hell-Dunkel der beiden Säulen, in der Starrheit der Frauengestalt selbst, und in der vielfältigen Weichheit der Gewänder, die sie umhüllen. Betrachten wir nun die beiden Säulen, zwischen denen die Hohepriesterin sitzt. Die beiden Buchstaben B und J geben uns den Hinweis, daß wir hier die beiden Säulen vor uns haben, die nach der Bibel (1. Kön. 7; 15–22, 2. Chron. 3,17) am Eingang zum Tempel des Salomo standen und die Namen Boas und Jachin trugen. Boas bedeutet »in Kraft« und Jachin »zu errichten«. Fügen wir einmal in Gedanken die beiden Wortbedeutungen zusammen, indem wir ihre Bedeutungen verbinden. Wenn wir etwas errichten, und dieses Errichtete ist mit Kraft ausgestattet, mit Stärke, dann erhalten wir als Synthese den Begriff Stabilität. Das ist eine wichtige Aussage zum Gegensatz der Polarität. Ein Pol allein kann für sich nicht bestehen. Soll etwas Dauer und Bestand, eben Stabilität, haben, dann ist dazu die ergänzende Vereinigung von zwei Gegensätzen notwendig. Der

Mann-Magier ist nur eine Seite des Menschen, der Mann allein kann von sich nicht behaupten, Mensch zu sein, sowenig wie die Frau dies für sich tun kann. Erst Mann und Frau zusammen ergeben den Menschen. Dieser Umstand wird auch in der Schöpfungsgeschichte der Bibel ausgedrückt, wenn es dort heißt (1. Mose 1,27): Und Gott schuf den Menschen nach seinem Bilde, nach dem Bilde Gottes schuf er ihn, als Mann und Weib schuf er sie. Für das Wort »Gott« steht im hebräischen Urtext das Wort Elohim. Nach der Struktur der hebräischen Sprache drückt das Wort Elohim eine Mehrzahl aus. Elohim ist also nicht ein Einzelwesen, sondern mindestens eine Zweiheit. Darum muß auch der Mensch diese Zweiheit ausdrücken, wenn er sich nach dem Bilde Gottes geschaffen sehen will. Bereits hier entdecken wir, daß kein Tarotbild für sich allein besteht. Jedes Bild hat eine nur ihm innenwohnende Botschaft, aber richtig zu reden beginnt der Tarot erst, wenn man die einzelnen Bilder miteinander in Beziehung bringt.

Diese Einheit in der Zweiheit wird also von den beiden Säulen Boas und Jachin ausgedrückt. Um diese beiden Säulen rankt sich ein ganzer Kranz von Legenden und Überlieferungen. Ein Zeichen dafür, daß wir in diesen beiden Säulen einem grundlegenden Prinzip begegnen, das für die kosmische Schöpfungsordnung wesentlich und bestimmend ist. Nach einer dieser Legenden sollen die beiden Säulen getrennt aufgefunden worden sein, die eine durch Hermes Trismegistos, die andere durch den griechischen Philosophen Pythagoras. Hermes ist mit der Magie und mit der Alchemie verbunden; Pythagoras gilt als Mathematiker, als Schöpfer der Zahlenmystik. Die Legende sagt nun aus, daß man, durch die Vereinigung all dessen, was mit den Namen Hermes und Pythagoras verbunden ist, einen Schlüssel in die Hand bekommt, der dazu geeignet ist, die Grundordnung unseres Kosmos zu enträtseln und faßbar zu machen.

Vereinigung von Gegensätzen ist auch die Aussage, die im Symbol enthalten ist, das die Hohepriesterin auf ihrer Brust trägt, im Kreuz. Das Kreuz als Zeichen der Vereinigung von zwei Gegensätzen gehört zu den Ursymbolen der Menschheit.

Diese Bedeutung hat es auch zum Grundsymbol des Christentums werden lassen. Aber seine vordergründige Verbindung mit dem Tod von Jesus Christus auf Golgatha hat im Einflußbereich der christlichen Kirche den Blick für all das, wofür das Kreuz steht, etwas eingeschränkt. Anhand von archäologischen Funden aus dem Libanon wissen wir heute, daß das Kreuz als Hinrichtungsinstrument nicht identisch mit der Symbolfigur des Kreuzes war. Die Strafe der Kreuzigung wurde an einem einfachen Pfahl vollzogen. Die heute allgemein bekannte Darstellung des gekreuzigten Jesus enthält als solche eine theologische Aussage. Durch seinen Opfertod hat Jesus Christus ein für allemal die göttliche mit der menschlichen Welt verbunden. Als Sohn Gottes, als göttliches Wort, Logos, das Fleisch geworden ist, hat er in gleichem Maße Anteil sowohl an der göttlichen als auch an der irdisch-menschlichen Welt. Darum ist das Kreuz als Symbol dieser Vereinigung auch das logische und einleuchtende Symbol des Christentums, auch wenn sich die Kreuzigungsszene auf Golgatha, historisch gesehen, anders abgespielt haben mag.

Das Symbol des Kreuzes kennt verschiedene bildliche Darstellungen. Das Kreuz mit gleichlangen Balken, die in der Mitte aneinander gefügt sind, wie es die Hohepriesterin auf der Brust trägt, ist das sogenannte Naturkreuz und bezeichnet die Vereinigung der Gegensätze in den Naturkräften. Das Kreuz, das wir aus der Darstellung der Kreuzigungsszene kennen, das sogenannte Kalvarienkreuz mit dem verlängerten vertikalen Balken, ist ein Symbol der Vereinigung von Gegensätzen durch das Opfer. Eine weitere bekannte Variante des Kreuzes ist das ägyptische Henkelkreuz. Es ist eine bildhaft verfremdete Darstellung der Vereinigung von Lingam und Yoni, des männlichen mit dem weiblichen Prinzip, aus dem immerfort neues Leben geboren wird. Dieses Kreuz wird somit zum Symbol des ewigen Lebens, des Lebens, das war, das ist und das sein wird.

Auf dem Kopf trägt die Hohepriesterin eine Krone, bestehend aus einer Kugel mit zwei sichelförmigen Hörnern. Diesem Kopfschmuck begegnen wir auch auf vielen bildlichen Darstellungen der ägyptischen Göttin Isis. Wir können daher annehmen, daß die Hohepriesterin des Tarot sehr viel mit dem Prinzip zu tun hat, das durch die Isis verkörpert wird. Isis hat sich aus der alten ägyptischen Göttin Hathor heraus entwickelt, deren Attribut Kuhhörner waren. In der Vorstellung der ägyptischen Mythologie war der Himmel eine riesige Kuh. Hathor, auch »Mutter des Horus« genannt, stand demnach in Verbindung mit dem Himmelsgewölbe, d. h. mit dem Kosmos. In der Vorstellung vieler Völker und Religionen ist die Kuh ein Ausdruck des weiblichen, mütterlichen Prinzips, das Nahrung und Schutz gibt. Die Annahme und Identifizierung mit dem weiblichen Prinzip bedeutet also Geborgenheit im Kosmos, der durch das Himmelsgewölbe symbolisiert wird, sich unter den mütterlichen Schutz seiner Ordnung stellen und von ihm Milch, d. h. die Nahrung empfangen, die der Mensch zum Leben benötigt. Die Kuhhörner in ihrer gebogenen Form sind gleichzeitig Darstellung und Symbol der Mondphasen. Somit erinnert der Kopfschmuck der Hohepriesterin an die wechselnden Mondphasen. Die Kugel stellt den Vollmond dar und die Hörner die Phasen des zunehmenden und abnehmenden Mondes. Der Wechsel der Mondphasen vollzieht sich in einem Rhythmus von 28 Tagen, dem gleichen Rhythmus, in den auch die Frau biologisch durch die Menstruation eingeordnet ist. Die große gelbe Mondsichel zu Füßen der Hohepriesterin führt diese Symbolik weiter. Dieses Bild des Mondes erinnert an die Darstellung der Jungfrau Maria mit dem Jesuskinde auf der Mondsichel, wie wir sie auf Bildern des Mittelalters häufig finden. Diese gemeinsame Symbolik läßt deutlich erkennen, daß die Jungfrau Maria der christlichen Kirche aus der ägyptischen Isis, bzw. Hathor, heraus gewachsen ist und im Christentum die gleichen Prinzipien vertritt.

Die Hohepriesterin verkörpert also das weibliche Prinzip, das seinerseits wiederum durch den Mond dargestellt wird. Diese Durchdringung und Vereinigung des Lunaren mit dem Weiblichen finden wir auch in den Farben des Gewandes der Hohepriesterin. Auf das weiche Fließende des Gewandes, das sich besonders bei den Füßen direkt in Wasser zu verwandeln scheint, wurde schon hingewiesen. An Wasser, das dem Weiblichen zugeordnete Element, erinnert uns auch die hellblaue

Farbe des Gewandes. Dieses helle Blau ist nicht einheitlich, sondern von strahlendem Weiß durchdrungen, von dem wir sicher annehmen dürfen, daß es die silberne Farbe des Mondes zum Ausdruck bringen soll.

Im Bild I, dem Magier, haben wir die Darstellung des Menschen in seiner männlichen Erscheinungsform gefunden, im Bild II erkennen wir den Menschen, wie er in seiner weiblichen Polarität als Frau zum Ausdruck kommt. So wie wir im Bild des Magiers die Zahl I, die Einheit, den Anfang, festgestellt haben, finden wir in Bild II überall die Darstellung der Zahl II, der Zweiheit.

Die Hohepriesterin sitzt auf einem Steinblock. Bereits bei der Betrachtung des Tisches in Bild I wurde festgestellt, daß der Tisch eine abgewandelte Darstellung des Kubus als Symbol der Materie ist. Hier, im zweiten Bild, finden wir nun den Kubus in seiner ursprünglichen Form. Damit wird zum Ausdruck gebracht, daß die Frau der Ursprünglichkeit dieser Materie näher verbunden ist als der Mann und daß das weibliche Prinzip im wahrsten Sinne des Wortes auf dem Element Erde beruht.

Im Schoße der Hohepriesterin liegt eine Rolle mit der Aufschrift *Tora*. Mit *Tora* wird im Judentum das Gesetz Gottes bezeichnet. Die *Tora*-Rolle, auf der das Gesetz Gottes aufgezeichnet ist, das seine Schöpfungsordnung ausdrückt, ist halb im Gewand der Hohepriesterin verborgen. Dieses Gesetz kann nur teilweise mit den Augen des Verstandes entziffert und verstanden werden. Wer es ganz erfassen will, kann es nur, wenn er in das Weibliche eindringt, es sich zu eigen macht, wenn er die Frau »erkennt«, sei es im partnerschaftlichen Du oder in den Wassertiefen der eigenen Seele.

Hinter der Hohepriesterin ist zwischen den Säulen ein Vorhang gespannt. Dieser Vorhang ist mit Palmen und Granatäpfeln verziert. Der Granatapfel hat zwei symbolhafte Bedeutungen: Er ist einerseits ein Sinnbild der Fruchtbarkeit und gleichzeitig ein Symbol der Fruchtbarkeit in Verbindung mit Defloration. Somit wird ohne weiteres erkennbar, daß der Vorhang, der durchschritten werden muß, wenn man zum Meer der Erkenntnis gelangen will, eine Darstellung des Hymens ist.

An dieser Stelle ist es vielleicht angebracht, etwas Grundsätzliches über die sexuelle Symbolik im Tarot zu sagen. Der Mensch nimmt gegenüber der Sexualität im allgemeinen zwei Grundhaltungen ein. Er verdrängt sie entweder und tabuisiert sie, indem Sexualität zu etwas wird, von dem man gewöhnlich nicht spricht oder dann nur in vorsichtigen Ausdrücken, die mehr oder weniger gewisse biologische Grundtatsachen verschleiern; oder die Sexualität wird zum »Sex«, der betont mit einem Eigenwert versehen wird und somit wiederum, diesmal in betont bejahender Form, in ein Ghettodasein verwiesen wird. Der Tarot sieht Sexualität ganz anders. Sexualität ist hier ein elementares Phänomen des menschlichen Lebens, das daher weder nach der einen noch nach der anderen Seite abgedrängt werden kann. Das ganze menschliche Leben ist in irgendeiner Weise von Sexualität durchdrungen. Wie könnte es auch anders sein, wenn man einmal das Gesetz der Polarität als wahr erkannt hat und versucht, seinen Erscheinungsformen in Natur und Umwelt nachzuspüren. Deshalb kommt im Tarot auch immer wieder eine mehr oder weniger direkte sexuelle Symbolik zum Ausdruck, denn warum sollte Scham oder Hemmung für etwas empfunden werden, das ein Bestandteil unserer Wirklichkeit ist? Gerade im Zusammenhang mit dem Gesetz der Polarität läßt sich vieles am besten mit sexuellen Begriffen ausdrücken, nicht zuletzt auch deshalb, weil Sexualität zu den stärksten und intensivsten Erfahrungen des Menschen gehört und deshalb auch am besten dazu geeignet ist, gewisse kosmische Grundgesetze unmittelbar erlebbar und begreifbar zu machen.

Das Meer, aus dem alles Leben kommt, ist nur zugänglich, wenn man die Säulen durchschreitet, d. h. die Polarität vereinigt. Dieser Vereinigung der Polarität sind wir schon im Symbol des Kreuzes auf der Brust der Hohepriesterin begegnet. Wir finden sie noch einmal auf dem Vorhang dargestellt, im Bild der Palme. Die Palme hat mehrere symbolische Bedeutungen. Von ihrer äußeren Gestalt her hat sie zunächst einmal die Form des Stabes mit der ganzen dem Stab innewohnenden Bedeutung. Die Palme ist auch ein Sinnbild des ewigen Lebens, der Auferstehung, des sich immer wieder erneuernden Lebens und hat gerade deshalb, auch in Verbindung mit der Vereinigung der Polarität, eine ganz besonders wichtige Bedeutung. Für C. G. Jung ist sie z. B. das Symbol der Seele, der Anima; und Anima in ihrer ganzen umfassenden Bedeutung ist auch das Thema dieses zweiten Tarotbildes.

Leben kann nur da entstehen und sich immer wieder erneuern, wo die Polarität vereint und überwunden wird, wo zwischen einem positiven und einem negativen Pol ein Kräfte- und Energiefluß stattfindet. Von der Spannung zur Entspannung finden, daraus neue Kräfte schöpfen, die sich wiederum im Aufbau neuer Spannungen manifestieren, das ist die Grundordnung unseres Lebens, der wir uns nicht entziehen können und nicht entziehen dürfen. Dieses Gesetz ist auch noch einmal ganz deutlich im Motiv des Vorhangs enthalten.

Im alten Ägypten war die Palme auch das Symbol des Lebensbaumes. Wenn wir nun die Anordnung der einzelnen Granatäpfel auf dem Vorhang genauer betrachten, finden wir eine Darstellung des Kabbalistischen Baums des Lebens. Die drei Granatäpfel oberhalb des Kopfes der Hohepriesterin bilden die drei Sephirot Kether, Chokmah und Binah. Der Kopf der Hohepriesterin entspricht der verborgenen Sephirah Daath. Auf der Höhe ihrer Schultern sind Chesed und Geburah angeordnet. Das Kreuz auf der Brust der Hohepriesterin bezeichnet die Stelle von Tipharet, und auf der Höhe ihrer Hüften sind Netzach und Hod. Der Schoß der Hohepriesterin, in dem die *Tora*-Rolle ruht, ist Jesod, und der Kubus, auf dem sie sitzt, nimmt die Stelle von Malkuth ein. Wer den Vorhang durchschreitet, kommt mit dem Grundgesetz des Lebens überhaupt in Berührung, auch im alten jüdischen Tempelkult, der mit dem hier Gesagten direkt in Verbindung steht. Einmal im Jahr ging der Hohepriester durch den Vorhang in das Allerheiligste, ein Raum in der Form eines Kubus, und sprach dort den sonst unnennbaren Namen Gottes aus, ein Zeichen der Verbundenheit oder Vermählung des Volkes Israel mit seinem Gott. Eine Anspielung auf diesen kultischen Brauch, und damit verbunden eine theologische Aussage, finden wir bei den Evangelisten

Markus, Matthäus und Lukas, wenn sie berichten, daß beim Tode von Jesus am Kreuz der Vorhang im Tempel mitten entzweigerissen sei. Die Hand der Hohepriesterin, die von Nezach her auf die *Tora* hinweist, erhält von da her nun eine besondere Bedeutung. Die *Tora* als Grundgesetz der göttlichen Schöpfungsordnung kann nicht nur mit dem Kopf und dem Verstand, sondern muß auch mit all dem, was Nezach verkörpert, im buchstäblichen Sinne begriffen, erfaßt werden.

In Ergänzung und Kontrast zu Bild I gibt uns Bild II Auskunft über den anderen Pol, die andere Seite des Menschen. Der Magier, der seinen Akzent auf Stab und Feuer setzt, ist Ausdruck des männlichen Menschen. Bild II mit der Betonung von Kelch und Wasser weist uns auf das Weibliche des Menschen hin. Der Mensch als Frau und Anima ist die statische Grundaussage dieses Bildes, die dynamische Aussage weist uns auf das Gesetz der Polarität und zeigt, daß Gegensätze, Spannungen und die Energie, die zum Ausgleich dazwischen fließt, eine Grundvoraussetzung des Lebens überhaupt sind. Die Säulenkapitelle in Form einer offenen Lotosblüte fassen diese Aussage noch einmal zusammen. Der Lotos ist aus den Urwassern entstanden, er wächst aus dem Wasser herauf, und seine geöffnete Blüte schwimmt auf der Oberfläche. Die Lotosblüte ist Träger der Sonne, und der Lotos, in dem die Sonne ruht, ist somit das Symbol der Vereinigung des Männlichen mit dem Weiblichen, ja ein Sinnbild der Vereinigung und damit Überwindung des Gesetzes der Polarität überhaupt.

Lege an dieser Stelle das Buch wieder eine Weile beiseite. Wir sind nun so weit, daß wir mit dem Tarot an einer ersten Aufgabe arbeiten können. Nimm diese beiden Karten, Magier und Hohepriesterin, und lege sie irgendwohin, wo du sie möglichst oft sehen kannst. Spüre nun dem Gesetz der Polarität nach und versuche in der Welt außerhalb von dir, in der Natur, im Kosmos, in deinem Alltagsleben, dieses Gesetz aufzufinden und zu erfassen. Selbst in den banalsten Dingen wirst du die Gültigkeit dieses Gesetzes wiederfinden. Mache diese kleine

Meditation, es braucht nicht lange zu sein, draußen, während eines Spazierganges oder am Abend vor dem Schlafengehen. Schon dieser erste kleine Schritt auf unserem Wege, die Welt neu zu betrachten, wird für dich ein Erlebnis sein, und du wirst eine wesentliche Bewußtseinserweiterung erfahren. Dann gehe einen Schritt weiter: Wo und wie finde ich die Polarität in mir selbst? Nicht nur den Gegensatz männlich-weiblich, das ist nur eine Form. Versuche herauszuspüren, wo in dir Spannungen zwischen einem positiven und einem negativen Pol sind. Fleiß – Trägheit vielleicht? Ausgelassenheit – Depression? Haß und Liebe? Du wirst viele Möglichkeiten finden. Fühle dich in diese Spannungen hinein und stelle dich ihnen. Sie sind ein Teil von dir, du bist sowohl Magier als auch Hohepriesterin. Dann versuche herauszufinden, was du tun kannst, um diese Spannungen zu lösen, um in dir selbst die Gegensätze auszugleichen. Wo stehe ich? Tendiere ich mehr nach dem einen Pol oder mehr nach dem anderen? Was kann ich tun, um aus dem Gleichgewicht geratene Kräfte wieder in die Balance zu bringen? Betrachte dabei immer wieder die beiden Bilder und ihre Symbole. Indem du dich mit diesen Bildern intensiv beschäftigst, wirst du die Erfahrung machen, daß dein Unbewußtes plötzlich zu sprechen anfängt, daß du über diese Bilder mit deinem Unterbewußten in Verbindung treten kannst. Eine solche kleine meditative Übung über das Gesetz der Polarität ist ein erster Anfang dazu. Vielleicht wirst du plötzlich die Entdeckung machen, daß diese beiden Bilder für dich ganz persönlich zu sprechen beginnen, daß du Dinge siehst, die wir in unserer gemeinsamen Betrachtung nicht gefunden oder nicht erwähnt haben. Du kannst diese beiden Bilder immer differenzierter ausdeuten, und du wirst plötzlich entdecken, daß, indem du dies tust, du dich selbst tiefer kennenlernst, nicht mehr nur die Bilder. Daran wirst du zum ersten Mal entdecken, was eigentlich Tarot ist, und welcher Reichtum noch auf dich wartet, damit du ihn für dich nutzt.

III Die Herrscherin
(THE EMPRESS)

Auf Bild III erblicken wir wieder eine weibliche Gestalt, die als Herrscherin auf reich verzierten Kissen ruht, umgeben von einer üppig sprießenden Landschaft. Schon ein erstes Betrachten dieses Bildes läßt uns sein Grundthema erkennen: Es heißt Fruchtbarkeit, Kreativität. Obgleich wir auch hier eine Frauengestalt in sitzender Haltung vor uns haben, so ruft doch die Ausstrahlung von Bild III ganz andere Gefühle und Empfindungen in uns wach als Bild II, das den Eindruck von Passivität, Statik vermittelt und uns die Hohepriesterin in einer abwartenden Haltung zeigt. Bild III indessen strömt Dynamik aus, das Leben ist in voller Entfaltung und Bewegung begriffen. Auf dem Gewand der Herrscherin finden wir wieder das Motiv der Granatäpfel, das uns bereits aus Bild II als Symbol der Fruchtbarkeit bekannt ist. Offensichtlich zeigt Bild III die gleiche Frau wie Bild II, aber sie hat eine bemerkenswerte Veränderung erfahren. Das Durchschreiten des Vorhanges, die Überwindung der polaren Gegensätze, die Vereinigung des Männlichen mit dem Weiblichen hat aus der Hohepriesterin eine Herrscherin werden lassen. Die Herrscherin wirkt reifer als die Hohepriesterin; trotz ihrer sitzenden Haltung strahlt Aktivität von ihr aus. Die Herrscherin ist die zur Mutter gewordene Frau. Aber es wäre allzu einfach, das Grundthema Fruchtbarkeit nur im Sinne der biologischen Fruchtbarkeit und Fortpflanzung zu betrachten, unter dem Aspekt Mutter und Kind. Dies ist nur eine Aussage, die das Bild vermittelt. Die sprießenden Kornähren, die das graphische Fundament des Bildes darstellen, verweisen uns auf die allgemeine Kreativität der Natur. Das Korn war zu allen Zeiten bei den Völkern ein Symbol der natürlichen Fruchtbarkeit der Erde. In der antiken Mythologie stand das Korn in Verbindung mit dem Mythos von Demeter und Persephone.

Persephone (auch Kore genannt und in der römischen Götterwelt unter dem Namen Proserpina bekannt) war die Tochter von Demeter, der Göttin des Kornes und der Erdfruchtbarkeit. Sie hatte sich geschworen, Jungfrau zu bleiben. Das erregte den Zorn der Venus, der Göttin der Liebe, und sie schickte Amor aus, um Pluto, den Gott der Unterwelt, mit einem Pfeil zu verwunden, damit er in Liebe zu Persephone entbrenne. Gleichzeitig wollte Venus damit auch ihre Herrschaft über das Reich der Schatten ausdehnen. Als eines Tages Persephone zusammen mit ihren Gespielinnen auf einer Wiese Blumen pflückte, öffnete sich plötzlich der Boden, und Pluto erschien mit einem Wagen und entführte sie in sein Reich. Verzweifelt suchte Demeter ihre Tochter. Als sie von der Sonne, die alles sah, vernommen hatte, wo ihre Tochter war, zog sie sich voll Schmerz zurück; mit ihr schwand alle Fruchtbarkeit von der Erde, es herrschte große Not. Pluto hatte der Persephone einen Granatapfel zu essen gegeben, und damit war sie an die Unterwelt gebunden. Da bestimmte Zeus, daß ein Drittel des Jahres, während der Zeit des Blühens und Reifens, Persephone bei ihrer Mutter auf der Erdoberfläche zubringen durfte, ein Drittel aber, in der Zeit des Winters, mußte sie bei ihrem Gatten Pluto bleiben.

Der Sage nach war Demeter auch die Stifterin der großen Mysterien von Eleusis. Zur Einweihung in diese Mysterien hatten nur wenige Auserwählte Zutritt, und diese mußten strengstes Stillschweigen geloben, so daß man heute über den Inhalt dieser Mysterien nur auf vage Vermutungen angewiesen ist. Offenbar standen Demeter und Persephone im Mittelpunkt dieser Mysterien, die wahrscheinlich die Botschaft von Tod und Wiedergeburt als Thema hatten und den Eingeweihten ein Wissen über das persönliche Wiederauferstehen nach dem Tod vermittelten.

Die Kornähren zu Füßen der Herrscherin und die Granatäpfel auf ihrem Gewand zeigen uns, daß auch dieses Bild mit dem Mysterium von Demeter und Persephone verbunden ist. Dieses Mysterium weist in seiner hellen, lichten Seite auf die tröstliche Gewißheit hin, daß nach jedem Tod eine Neuwerdung und Wiedergeburt erfolgt, so wie aus dem Samenkorn, das man in die dunkle, kalte Erde legt, die Kornähre entsprießt und aus dem dunklen Leib der Frau das Kind geboren wird. Dieser Mythos hat aber auch eine andere, polare, dunkle Seite, die sagt, daß keine Neu- und Wiedergeburt erfolgen kann, wenn nicht vorher Tod und Verwandlung vorausgegangen sind.

Die Gestalt auf unserem Bild gebietet über beide Aspekte, sowohl den lichten als auch den dunklen. Erst das macht die Frau wirklich zur Herrscherin, denn sie ist trotz ihrer lichten, kraftvollen Erscheinung auch ein Abbild der großen, dunklen, allesverschlingenden Urmutter, der zu verfallen eine immer vorhandene Gefahr für unsere Psyche bedeutet.

Aber nicht nur die natürliche Fruchtbarkeit ist Thema dieses Bildes, sondern eine Fruchtbarkeit im weitesten Sinne, wie sie sich auch in der menschlichen Kreativität, in der Handfertigkeit äußert. Das erkennen wir am üppigen Lager, auf dem die Herrscherin ruht. Es ist nicht mehr der einfache Kubus von Bild II, sondern das Lager besteht aus reich verzierten Kissen, die mit besonderem Kunstsinn von Menschenhand angefertigt wurden. Der Mensch als Magier ist also dazu angehalten, die Natur nicht nur unter dem Blickwinkel der Nützlichkeit und des Existenzkampfes zu verändern, sondern auch im Sinne der Schönheit und der künstlerischen Harmonie. Auf dem Schild, der am Lager der Herrscherin anlehnt, ist das Symbol der Venus abgebildet. Venus ist allgemein bekannt als Göttin der

Liebe und der Schönheit. Ursprünglich war sie eine altitalienische Gartengöttin, deren Name vom lateinischen »venire«, d. h. kommen, sprießen, abgeleitet ist. Erst später vereinigte sie sich mit der griechischen Aphrodite und wurde damit die Göttin der Liebe. Auf diesen etwas weniger bekannten Aspekt der Venus ist zweifellos in diesem Bild der Hauptakzent gelegt. Die Landschaft, in der die Herrscherin thront, ist ja nicht mehr die wildwachsende Vegetation, sondern ein von Menschenhand angelegter und gepflegter Garten. Auch der Wald im Hintergrund ist eindeutig von menschlicher Hand angelegt. Er besteht aus zwei Gehölzen, aus Zedern und einer Linde. Beide Bäume sind der Venus geweiht. In manchen Märchen erscheint die Linde auch als der Baum, der neben dem Quell wächst, aus dem das Lebenswasser quillt. Eine Linde wurde in früheren Zeiten bei der Geburt eines Mädchens gepflanzt.

Für Astrologen ist Venus das Prinzip der Harmonie, des Ausgleichs und der künstlerischen Gestaltung. Dieses Venusprinzip ist bestimmend für das ganze Bild III. Nicht umsonst lehnt das Wappenschild mit dem Venus-Symbol so auffallend am Lager der Herrscherin. Daß Venus am Werk war, zeigt sich in allen Veränderungen, die sich seit Bild I und Bild II ergeben haben. Der wildwuchernde Garten von Bild I hat bewußte Form und Gestalt bekommen. Seine Gewächse dienen den körperlichen und seelischen Bedürfnissen des Menschen, der dadurch zeigt, daß er seine magischen Werkzeuge wohl anzuwenden weiß. Auch das üppige Lager, auf dem die Herrscherin thront, legt davon Zeugnis ab. Der Mensch hat gelernt – unter dem selben Venusprinzip –, daß Nützlichkeit mit Schönheit verbunden werden kann. Seit archaischen Zeiten verfertigt der Mensch nicht nur Werkzeuge, die ihm nützlich sind, sondern pflegt sie auch mit schmückenden Ornamenten zu verzieren. Kunst, und damit Kultur, kann nur entstehen, wenn sich aktive dynamische Kraft und passive statische Materie miteinander verbinden. Am deutlichsten ist dieses Gesetz im Werk des Bildhauers zu finden, der den rohen Stein oder das Stück Holz nach seinen Gedanken und Ideen verändert. Die schönsten und besten Gedanken können ihre Wirkung niemals entfalten, wenn sie nicht der Materie von Papier und Druckerschwärze oder der Materie der Luft, die die Schallschwingungen aus dem Kehlkopf weiterträgt, anvertraut werden können. Selbst die Musik, die scheinbar körperlose Kunst, braucht diese Materie, damit ihre Klänge vernehmbar werden. Das Prinzip der Venus, das nichts anderes bedeutet als das Gesetz der Polarität in seiner astrologisch-mythologischen Form, regiert unsere Welt und den Kosmos.

Daß dem so ist, sagt auch dieses Bild. In der rechten Hand erhebt die Herrscherin ein Zepter mit der Weltkugel. Auf ihrem Kopf trägt sie ein Diadem mit zwölf Edelsteinen. Die Weltenkugel steht für unsere Erde, auf der wir leben, und das Diadem mit den zwölf Edelsteinen ist ein Sinnbild des Zodiak, des Tierkreises mit den zwölf Zeichen. Immer, wenn im Tarot ein Symbol des Zodiaks auftaucht, ist dies ein Zeichen dafür, daß die Aussage des betreffenden Bildes kosmisch, d. h. über unsere sichtbare und faßbare Welt hinaus, Geltung hat. Der Tierkreis, die Ekliptik, ist der gedachte Kreis, in dem die Sonne während des Verlaufs eines Jahres scheinbar ihre Bahn zieht. Auch hier, wie noch öfters, müssen wir uns aus den Denkkategorien unseres Raketen- und Atomzeitalters auf die Denk- und Empfindungskategorien des archaischen Menschen mit den Möglichkeiten, die ihm vor Jahrtausenden zur Verfügung standen, zurückziehen. Für diesen archaischen Menschen war der Tierkreis die natürliche Kontaktstelle zum Kosmos. Der Tierkreis war das vom Menschen erdachte Ordnungssystem, das es ihm erlaubte, das für damals buchstäblich sich jenseits des Horizontes abspielende kosmische Geschehen zu erkennen und zu fassen. Somit wird der Tierkreis auf ganz natürliche Weise zum Symbol des Kosmos überhaupt.

Auch der Wasserfall im rechten Hintergrund des Bildes ist ein weiteres beredtes Symbol, das die Aussage dieses Bildes bekräftigt. Das Motiv eines Wasserfalles findet sich auffallend häufig in der chinesischen Landschaftsmalerei. Dies ist nicht weiter verwunderlich, wenn man bedenkt, daß der Wasserfall in China als Symbol des Gegensatzpaares Yin und Yang gesehen wird, das unter zweierlei Aspekten sichtbar wird. Zunächst einmal ist dieser Gegensatz in den zwei Ebenen zu finden, zwischen denen sich der Wasserfall bildet. Wir erkennen diesen Gegensatz ferner in der Bewegung des stürzenden Wassers und in der Ruhe und Statik des Felsen, über den sich der Wasserstrom ergießt. Aber auch im Wasserfall selbst ist dieser Gegensatz sehr klar ausgedrückt, indem sich das Wasser, ein weibliches Element, wie wir wissen, im Sturz über den Felsen mit der Dynamik der Schwerkraft verbindet, deren Wirkung wir vom Stab her bereits kennen. In diesem letzten Aspekt dieses Symbols ist die Vereinigung von zwei Kräften am deutlichsten und dichtesten zu erkennen. Somit wird Bild III zum Zeichen der zusammengeführten Polarität, der Vereinigung von Gegensätzen, durch die etwas Neues, ein Drittes bewirkt wird. Auch dies ist im Bilde des Wasserfalles zu erkennen, denn für das Wasser, das, von der Dynamik der Schwerkraft getrieben, über den Felsen hinausstürzt, gibt es kein Zurück. Es fällt auf eine neue Ebene und hat auf dieser neuen Ebene seinen Lauf fortzusetzen. Nach zwei Bildern, die das männliche und das weibliche Prinzip verkörpern, steht das Bild »Die Herrscherin« als drittes, daraus hervorgehendes Bild.

Auf dem Gewand der Herrscherin ist noch einmal das Motiv der Granatäpfel aufgenommen, des Symbols der Vereinigung des Männlichen und Weiblichen durch die körperliche, sexuelle Vereinigung. Das Gewand selbst ist in seiner weiten Form so gehalten, als sollte es die Körperform der Herrscherin möglichst verhüllen und verbergen. Der Umstand, der durch dieses Gewand verborgen werden soll, ist ihre Schwangerschaft. Hier erkennen wir, daß die Herrscherin zugleich auch die Mutter ist, die etwas Neues und Drittes, das aus der Vereinigung von zwei Gegensätzen hervorgegangen ist, bei sich bewahrt und verbirgt, bis es, wenn die Zeit da ist, durch den Akt der Geburt sichtbar wird. Auch diesen Geburtsvorgang selbst erkennen wir wieder im Bild des Wasserfalles; denn durch die Geburt stürzen auch wir, einer Kaskade gleich, von einer Ebene auf eine andere, neue, zwischen denen es kein Zurück und deshalb auch keine natürliche Verbindung mehr gibt. So wenig wie das Wasser, wenn es einmal vom Felsen hinuntergestürzt ist, in flüssiger

Form zu diesem zurückkehren kann, sowenig können wir Menschen, wenn wir einmal geboren sind, in den Mutterleib zurückkehren. Unser Weg führt, wie derjenige des Wassers, nur noch in eine Richtung voran.

Betrachten wir dieses Bild noch einmal unter dem neu gewonnenen Aspekt der Mütterlichkeit. Erstaunt werden wir nun feststellen, daß alle Symbole in diesem Bild auch für die Mütterlichkeit stehen können: das Korn – Demeter, die Mutter der Persephone –, das wie alle Pflanzen aus der Erde hervorkeimt; das Lager, auf dem die Herrscherin ruht, das sie materiell trägt; die Linde, die am Quell des Wassers des Lebens wächst.

Feuer war das Element, das in Bild I seine dynamische Kraft entfaltete. Bild II steht unter dem Zeichen von Wasser, und in Bild III finden wir das Element Erde, der dunkle Schoß, aus dem alles Leben hervorquillt.

In Bild III lernt die Frau ihre magischen Werkzeuge kennen und gebrauchen. Dieses Bild steht daher in enger Verbindung zu Bild I. Die Frau wird dadurch kreativ im weitesten Sinne, nicht rein auf die biologische Fortpflanzung beschränkt, sondern den ganzen Lebensbereich umfassend. Frau und Mutter sein heißt Trägerin der Kreativität im weitesten Sinne sein, einer Kreativität, die ganz besonders mit dem Element Erde verbunden ist. Die dynamische, erzeugende Kraft des Magiers allein nützt nichts, wenn sich das von dieser Kraft Erzeugte nicht in der Materie, im Element Erde, manifestieren kann. Erde allein kann nicht zum Träger des Lebens werden, sofern sie nicht die Kraft des Magiers empfängt, durch die sie belebt wird. Indem die Frau mit der aktiven Kraft des Magiers in Berührung kommt, wird sie selbst aktiv und zur Herrscherin. Das mag auf den ersten Blick seltsam erscheinen, wenn wir die lässig ruhende Haltung der Herrscherin auf diesem Bild näher betrachten, aber du solltest dich damit vertraut machen, die Begriffe aktiv und passiv nicht so sehr mit Tun und Nichttun zu verbinden, als vielmehr unter dem Blickpunkt des Austausches von Kräften zwischen einem aktiven und einem passiven Pol. Nur auf dieses Fließen der Kraft kommt es an. Der Pol, von dem Kraft ausgeht, ist aktiv, der Pol, der Kraft aufnimmt, ist passiv. Es ist für das Gesetz der Polarität gleichgültig, ob diese Kraft mehr ausgestoßen oder mehr angezogen wird. Wer etwas gibt, ist aktiv, auch wenn dieses Etwas ihm entrissen wird, gegen seinen Willen, und wer etwas nimmt, ist passiv, und es macht keinen Unterschied, ob man etwas empfängt oder sich nimmt. Darum verkörpert auch die Frau, selbst in ihrer statischen Haltung auf diesem Bild, die Aktivität. Auch der Akt der Geburt ist, selbst wenn er von der Gebärenden her gesehen erlitten wird, etwas Aktives, und aktiv auch jede Kreativität, selbst wenn sie in der Zurückgezogenheit und Stille geschieht.

An dieser Stelle wollen wir einmal den Gang unterbrechen und uns einen Blick zurück gestatten auf das kleine Stück Weg, das wir miteinander zurückgelegt haben. Wir haben ein aktives Prinzip gefunden, dessen Element das Feuer ist und bildhaft symbolisch durch den Stab dargestellt wird. In Bild II entdeckten wir den Gegenpol dazu, weiblich passiv, das Element Wasser, dessen Symbol der Kelch ist. Beide Bilder sind die Darstellung je eines Pols, zwischen denen ein Energie- oder Kraftfluß stattfindet, der durch das gegensätzliche Spannungsverhältnis aktiv-dynamisch-männlich etc. sowie passiv-statisch-weiblich etc. verursacht wird. Durch diesen polaren Spannungsausgleich wird ein Drittes und Neues erzeugt, wie ja auch aus der Vereinigung des Männlichen mit dem Weiblichen das Neue, das Kind, entsteht, das ja auch in Bild III in der Schwangerschaft der Herrscherin zum Ausdruck kommt.

In den ersten drei Bildern des Tarot werden uns das Gesetz der Polarität und seine Auswirkungen vor Augen geführt. Dieses Gesetz der Polarität bestimmt unsere ganze Existenz, es ist ein Grundgesetz des Kosmos überhaupt. Wir werden es auf allen Ebenen, die uns zugänglich und erfaßbar sind, wiederfinden. Nach dem anderen großen hermetischen Gesetz »Wie oben, so unten« dürfen wir auch vermuten, daß seine Gültigkeit auch in Bereiche hineinreicht, die uns nicht ohne weiteres zugänglich sind. So finden wir die Gültigkeit dieses Gesetzes auch z. B. im Wechsel von Tag und Nacht, in der Dämmerung, die als Drittes Bestandteil sowohl des Hellen als auch des Dunklen ist, genauso wie auch das Kind in seiner genetischen Erbmasse vom Vater wie von der Mutter bestimmt wird. Auch im Wechsel der Jahreszeiten können wir dieses Gesetz beobachten, in der Polarität des Sommers und des Winters und den dazwischenliegenden Jahreszeiten Frühling und Herbst, die je als dritter Teil Bestandteile von beiden Polen aufweisen. Im Frühling drängt und keimt die Natur ungestüm zum Licht hin, zur Wärme, aber die Schatten des Winters sind noch lange Zeit wirksam und halten diesen Aufbruch der Natur in seinen natürlichen Grenzen. Im Herbst wiederum, in der Erntezeit, kommt dieses Aufblühen und Werden der Natur zu seinem krönenden Abschluß, aber in dieser Fülle der Natur macht sich die Kälte des kommenden Winters bereits bemerkbar, und das Licht des Tages nimmt allmählich ab.

Gehe selbst weiter diesen Gedanken und den damit verbundenen Erkenntnissen nach. Spüre sie auf, betrachte sie und lerne die Welt in vielleicht für dich neuen Zusammenhängen zu betrachten. Erlebe dieses Gesetz des I plus II gleich III (I + II = III) auch in dir selbst und lerne, dich als fest eingefügten Bestandteil dieser kosmischen Ordnung zu fühlen.

IV Der Herrscher
(THE EMPEROR)

Bild IV wechselt wieder hinüber zur männlichen Polarität. Zeigte uns Bild III die Herrscherin, begegnen wir nun dem Herrscher. Aber dies ist nicht der einzige Gegensatz zwischen Bild III und IV. Das Bild des Herrschers läßt in uns ganz andere Eindrücke und Gefühle wach werden, als wir beim Betrachten von Bild III empfunden haben. Strömt das Bild III Wärme, Leben, Dynamik aus, so finden wir in Bild IV im Gegensatz dazu das Statische, ja, vielleicht sogar etwas Kältendes, Starres. Der Herrscher sitzt, in das Ornat eines mittelalterlichen Kaisers gekleidet, auf einem steinernen Thron, der mit Widderköpfen verziert ist. Im Hintergrund erhebt sich ein hohes Felsengebirge. Der in Bild I noch strahlend gelbe Himmel ist wie von einem Gitterwerk verdunkelt. Unschwer erkennen wir auch, daß wir hier wiederum, wenn Bild III als Darstellung der Frau und Manifestation der weiblichen Polarität Elemente von Bild I enthält, in der Darstellung der männlichen Polarität, von der äußeren Gestaltung her, an das Bild II erinnert werden. Zwischen II und IV scheint ebensosehr eine Verbindung zu bestehen, wie zwischen I und III. Wir wollen das zunächst einmal lediglich festhalten, ohne uns noch näher damit zu beschäftigen, was es möglicherweise bedeuten könnte und welche Aussage und Information uns damit vermittelt werden soll.

Um die tiefere Bedeutung dieses Bildes zu entschlüsseln, wollen wir einmal das erste hermetische Gesetz, das Gesetz der Analogie anwenden. Wir haben festgestellt, daß die Frau in der Reihe der ersten drei Bilder des Tarot auf zwei Bildern dargestellt ist. In II als Hohepriesterin und in III als Herrscherin. Beide Bilder zeigen stets die Frau als solche, aber in verschiedenen Erscheinungsformen oder Manifestationen. Nach dem Gesetz der Analogie können wir jetzt darauf schließen, daß es für den Mann auch zwei verschiedene Manifestationen geben muß und daß diese zweite Manifestation auch innerhalb der ersten Kartenbilder zu finden ist. Von Bild II zu Bild III hat die Frau die Entwicklung von der Jungfrau zur Mutter durchgemacht. Wenn wir diesen Evolutionsschritt analog auch den Bildern I und IV zugrundelegen, dann zeigt uns Bild IV den Mann als Vater.

Gehen wir einen analogen Schritt weiter: In Bild III haben wir die Herrscherin in einer Umgebung vorgefunden, die bildhaft genau ihrem Thema der Kreativität entsprach, ausgedrückt durch die üppige Gestaltung von Landschaften und Gegenständen. Also dürfen wir analog darauf schließen, daß uns die Umgebung auf dem Bild des Herrschers zeigt, was Aufgabe und Funktion des Vaters ist.

Der Herrscher sitzt auf einem steinernen Thron, dessen Armlehnen mit Widderköpfen geschmückt sind. Das gleiche Motiv begegnet uns auf den beiden obersten Ecken des Thronsessels und zuoberst auf der Krone. Wir haben also fünfmal Widder in einer ganz bestimmten Anordnung: viermal Widder auf dem Thronsessel und einmal Widder auf dem Haupte des Herrschers.

Das Zeichen Widder steht am Anfang des Tierkreises. Im Frühling, am Tag der Tag- und Nachtgleiche, der Äquinox, erreicht die Sonne im Kreise der Ekliptik 0°-Widder, den sogenannten Frühlingspunkt. Damit beginnt ein neues, kosmisches

Jahr, ein neuer Zyklus des Werdens und Vergehens, des Heller- und Dunklerwerdens, ein neuer Zyklus mit dem Gegensatz von warm und kalt der Jahreszeiten, mit dem ganzen Rhythmus, in dem unser irdisches Leben eingebettet ist und der durch die Symbolik des Tierkreises erkennbar und faßbar gemacht wird. Der Tierkreis, die Ekliptik, ist das Mittel, womit der Ablauf dieses kosmischen Rhythmus gemessen und jederzeit eine entsprechende Standortangabe abgegeben werden kann. So ist der Tierkreis an sich: ein Symbol der Ordnung.

Ordnung und ordnende Kraft ist denn auch das Thema des IV. Tarotbildes. Die Figur des Herrschers, wie er uns auf diesem Bild auf dem Thron sitzend begegnet, verkörpert auch schon als solche dieses Prinzip der Ordnung und der ordnenden Kraft. Die Kleidung und die Zuordnungen des Herrschers auf diesem Bild zeigen uns allerdings, daß wir es hier nicht mit einem kosmischen Herrscher zu tun haben, sondern mit einem Herrscher in weltlichen Belangen. Es geht also um die spezifisch menschliche soziale Ordnung in der Welt. Das Leitwort des Mannes als Magier ist: »Ich will«, und das Leitwort des zum Herrscher gewordenen Magiers heißt: »Ich vollbringe«. Es ist also die Aufgabe des Herrschers, der Welt mit Hilfe seiner magischen Werkzeuge die rechte und richtige Ordnung zu geben. Diese Ordnung ist Voraussetzung und Bedingung dazu, daß der Mensch in dieser Welt überhaupt leben, gedeihen und sich fortpflanzen kann, oder anders gesagt, daß das Prinzip, das in Bild III der Herrscherin zugeordnet ist, sich überhaupt manifestieren und realisieren kann. So muß der Magier notwendigerweise auf seinem Evolutionswege zum Herrscher werden. Er muß sich der Kräfte bedienen, wie sie in der Tat seit alters dem Tierkreiszeichen Widder zugeschrieben werden und die mit folgenden Schlüsselwörtern umschrieben werden können: bestimmend, drängend, führend, zielbewußt, kühn, aber auch vom anderen Pol her gesehen als durchsetzend, herrschsüchtig, rücksichtslos.

Das Chaos ist lebensfeindlich. Nur wo die widersprüchlichen und divergierenden Kräfte, die im Chaos zweck- und ziellos vorhanden sind, aufgenommen, geordnet, in ihren Gegensätzen ausgeglichen und zu einer gemeinsamen Bestimmung gebündelt werden, kann Leben gedeihen und durch die Zeiten hindurch auch Bestand haben. Dies zeigt sich nun auch im Zepter, das der Herrscher in seiner rechten Hand hält und das die Form des ägyptischen Henkelkreuzes hat. Wie jedes Kreuz, hat auch das Henkelkreuz den primären Symbolgehalt einer Vereinigung von Gegensätzen, aber als crux ansata, wie das Henkelkreuz auch genannt wird, wird es ganz speziell auch zum Ausdruck des Lebens, das war, das ist und das sein wird.

Schenk dir auch hier, an dieser Stelle wieder Zeit, um das eben Erfahrene ganz in dein Innerstes aufzunehmen. Betrachte das Prinzip der Ordnung in der Welt, vollziehe in deinen Gedanken die große, kosmische Ordnung nach, suche die gleichen Prinzipien in deiner Umgebung und finde sie vor allem in deinem eigenen persönlichen Leben. Erlebe daran das Prinzip des »Wie oben, so unten« und erfahre dich, wie du, als der Mensch, der du eben bist, in diese große Ordnung eingebettet bist. Gib dir Rechenschaft darüber, ob du dich organisch in diese Ordnung einfügst, oder ob du ihr entgegenwirkst, dich dagegen stemmst, und gegen den kosmischen Strom schwimmst. Gib dich ganz den Gedanken und Empfindungen hin, die dich jetzt, bei dieser Betrachtung, bewegen, und versuche, sie als einen Teil von dir zu akzeptieren und zu integrieren, gleichermaßen mit ihnen eins zu werden. Kurz gesagt, erlebe und finde das Prinzip des IV. Tarotbildes, des Herrschers, des Ordners, in dir selbst.

Der zum Vater gewordene Mann sieht sich also mit der Aufgabe konfrontiert, eine Ordnung zu schaffen und zu etablieren, in der die von der Herrscherin ausgehende Kreativität und Fruchtbarkeit als Leben gedeihen und bestehen kann. Aber auch hier macht sich sofort wieder das Gesetz der Polarität bemerkbar. Ordnung ist Ausgangspunkt und Voraussetzung für Leben und Gedeihen, ist die Grundbedingung überhaupt, daß der Mensch in dieser Welt seinen Weg gehen kann. Es ist ein immerwährendes Bemühen, die destruktiven Energien des

Chaos zurückzudrängen und einzudämmen. Wo dies erfolgreich geschieht, da wird im wahrsten Sinne des Wortes Lebensraum geschaffen. Dieser Lebensraum zeigt sich auch sehr deutlich in den Widderköpfen, die am Thronsessel in einer rechteckigen Form angeordnet sind. Sie nehmen den Platz der vier Ecken der Welt ein, der vier Himmelsrichtungen, Ost, Süd, West und Nord. Wenn wir das Widdersymbol auf der Krone des Herrschers dazunehmen, so haben wir auf diesem Bild insgesamt fünfmal Widder. Die Zahl fünf auf einem Bild, das der Vierheit gewidmet ist, mag uns auffallen. Es ist nicht das erste Mal, daß sie uns begegnet. Wir erinnern uns an den fünfstrahligen Stern, das Pentagramm, wie es auf der Münze des Magiers in Bild I abgebildet ist. Das Pentagramm ist ein wichtiges Symbol für die vier Elemente, Feuer, Wasser, Luft, Erde, die ergänzt werden durch ein fünftes, den Geist oder Äther. Jeder Spitze des Pentagramms ist eines dieser Elemente zugeordnet, wie aus der Abbildung hervorgeht. Nun ist aber, rein vom Graphischen her, der Zusammenhang der fünf Widderköpfe mit dem Pentagramm nicht so offenkundig, schon aus der Tatsache heraus, daß sich das Widdersymbol auf dem Haupte des Herrschers tiefer als die beiden Widderköpfe auf den Ecken der Lehne des Throns befindet. Allein durch die Verbindung der fünf Widderköpfe durch die Linien erhalten wir kein Pentagramm, und doch weist uns die Zahl fünf darauf hin, daß hier eine Verbindung bestehen muß.

Bevor du weiterliest, mache dich mit diesem Gedanken vertraut und versuche unter Anwendung des Analogiegesetzes, dieser angedeuteten Verbindung näherzukommen. Je mehr du diesen immer wiederkehrenden Rat befolgst, desto mehr und tiefer wirst du in das Wesen des Tarot und seiner Gesetze eindringen und um so mehr werden die Bilder beginnen, ganz persönlich zu dir zu sprechen.

Die sich auf dem Tisch des Magiers in Bild I befindlichen Gegenstände, die vier magischen Werkzeuge, die ihm zur Verfügung stehen, sind den vier Elementen zugeordnet. Auf seinem Wege wird der Magier die vier Werkzeuge nicht einfach hinter sich gelassen haben. Es liegt deshalb nahe, sie auch in irgendeiner Form auf diesem Bild wiederzufinden. Wir gehen daher kaum fehl mit der Annahme, daß wir in diesen vier Widderköpfen am Thron des Herrschers eine Darstellung dieser vier magischen Werkzeuge vor uns haben. Ferner haben wir festgestellt, daß es Aufgabe des Herrschers ist, diese materielle Welt zu ordnen und ihr eine Gestalt zu geben, in der das Leben in seiner mannigfaltigen Form Platz finden kann. Wir haben ferner auch festgestellt, daß dazu die Kraft des Widders, gemäß seinem astrologischen Prinzip, notwendig ist. Dann würde dies bedeuten, daß der Herrscher seine vier magischen Werkzeuge widdergemäß, also mit der Kraft des Widders, einsetzen muß, um diese von ihm verlangte Ordnung herzustellen und durchzusetzen. Auf Bild I befindet sich das Pentagramm auf der Münze, die dem Element Erde zugeordnet ist, die unter den vier Elementen die dichteste Form aufweist. Der steinerne Thron mit den vier Widderköpfen steht seinerseits auch in enger Verbindung zu diesem Element Erde. Daran erkennen wir, welch harte Arbeit vom Herrscher gefordert wird und daß sie vor allem auf der Ebene der materiellen Welt zu vollziehen ist. Die Gefahr ist groß, daß bei dieser Arbeit das Irdisch-Materielle die Oberhand gewinnt und behält. Darin verbirgt sich auch die andere Polarität, die andere Seite dieses Bildes, das uns den Herrscher eingeengt und eingezwängt in seinem steinernen Thron zeigt, umgeben und dominiert von den magischen Werkzeugen in einer Art und Weise, die andeutet, wie groß die Gefahr ist, daß nicht er, der Herrscher, sie beherrscht, sondern daß er von ihnen beherrscht und bestimmt wird. Zum wahren Herrscher, der souverän die Aufgabe vollzieht, die ihm in diesem Bilde gegeben ist, kann er nur werden, wenn er buchstäblich über sich selbst hinauswächst, so daß sich sein Kopf, symbolisch gesehen, nicht mehr unterhalb der beiden oberen Widderköpfe befindet, sondern daß das Widdersymbol auf seiner Krone wirklich die oberste Spitze des angedeuteten Pentagramms bilden kann. Im übertragenen Sinne bedeutet dies, daß der Geist, der Äther, über die vier Elemente der Materie hinauswachsen muß. Ordnung ist nur dann fruchtbar und positiv, wenn sie vom Geist durchdrungen und gelenkt wird. Eine Ordnung, die von materiellen Gesichtspunkten allein gelenkt und bestimmt wird, wirkt einengend und beengend. Sie macht den Menschen nicht zum Souverän der Ordnung, sondern zu ihrem Opfer. Dies ist eine Gefahr, der die Menschheit in ihrer Geschichte immer wieder ausgesetzt ist. Wie manches Ideal, dessen Realisierung zum Fortschritt und zur Befreiung der Menschheit versucht wird, endet in der Unterdrückung und dem Machtanspruch der Institution. Die lebensfeindliche Institution ist der andere, negative Pol dieses Bildes. Zwischen diesen beiden Polaritäten, dem unrealistischen Ideal und der versteinerten, lebensfeindlichen Institution, hat der zum Herrscher gewordene Magier seinen Weg zu finden, den Weg zur Mitte hin, zum Kompromiß. Jede Ordnung erfordert den Kompromiß, bedeutet irgendwo Beschränkung. Der Thron des Herrschers ist selbst ein Abbild dieser von Menschen geschaffenen Ordnung und des dazu notwendigen Kompromisses. In seiner kubischen, eckigen Form bringt er uns die Grenzen dieser Ordnung zum Bewußtsein. In der Art, wie der Herrscher auf seinem Thron sitzt, zeigt sich, daß der Mensch auch zum Gefangenen seiner Ordnung werden kann. Die Berge im Hintergrund beengen den weiten Blick zum Horizont. Sie rufen gleichzeitig in Erinnerung, daß irdische menschliche Ordnung immer auch mit einem starken Anwachsen der »Welt«, der Materie und der menschlichen Gebundenheit daran verknüpft ist.

Der Thronsessel des Herrschers steht nicht auf der Erde, sondern auf einem steinernen Kubus. Auch darin erkennen wir, daß menschliche Ordnung immer die Möglichkeit hat und in der Gefahr steht, sich der Erde, der Natur und damit dem Natürlichen zu entfremden. Der Mensch kann den Blick für die natürliche Ordnung, für das Naturverbundene verlieren und der Gefahr erliegen, seine eigene menschliche Ordnung wie diesen steinernen Kubus, samt Thronsessel, der Natur überzustülpen und damit das natürliche Gewachsene zu ersticken. Die Natur des Kompromisses zeigt sich auch in der Erscheinung des Himmels. Das ursprünglich strahlende, feurige Gelb von Bild I ist überschattet von senkrechten Strichen. Darin begegnen wir auch hier dem Gesetz der Dreiheit, das Helle und das Dunkle verbinden sich und durchdringen einander und werden so zur Dämmerung, die weder ganz Licht noch ganz Dunkel ist, weil sie Anteil von beiden hat, eben ein Kompromiß ist. In seiner rechten Hand trägt der Herrscher das Zepter in Form des Henkelkreuzes als Zeichen des immerwährenden und sich ständig erneuernden Lebens, seine linke Hand umfängt den Reichsapfel als Symbol der Welt. Um diese Welt zu einem Ort zu gestalten, in der ständig sich erneuerndes Leben möglich ist, dazu ist Kraft, ist Energie nötig. Es gibt ein astrologisches Gesetz, das lautet: Im Widder regiert Mars. Mars ist das Prinzip der Kraft, der Energie schlechthin, und Kraft, Energie ist notwendig, damit der Herrscher die ihm gestellte Aufgabe vollbringen kann. Über seiner eisernen Rüstung trägt der Herrscher ein rotes Kleid. Die Farbe rot und das Metall Eisen sind beide als Attribute dem Mars, dem marsischen Prinzip zugeordnet. Damit wird angedeutet, daß der Herrscher, um seine Aufgabe zu vollbringen, sich mit marsischer Kraft und Energie ausrüsten muß. Auch die goldene Krone auf seinem Haupt fügt sich hier organisch ein, denn Gold ist ein Ausdruck des Elementes Feuer, und im Tierkreis, den wir als ordnendes Element kennengelernt haben, ist Widder ein Feuerzeichen, Ausdruck der belebenden, dynamischen Kraft.

Als Herrscher und Patriarch ist es Aufgabe des zum Vater gewordenen Magiers, in der Welt die Ordnung des Staates und der Familie zu errichten, die allein die Gewähr dafür bietet, daß sich getreu dem Symbol seines Zepters das Leben immerwährend behaupten und weiterentwickeln kann. Aber gleichzeitig wird er mit der großen Widersprüchlichkeit konfrontiert, die untrennbar mit jeder Ordnung und Institution verbunden ist. Das Symbol des Widders zeigt uns auch, daß wir es hier wirklich mit dem zum Herrscher gewordenen Magier Hermes zu tun haben. Als griechischer Hirtengott wird Hermes oft mit einem Lamm über den Schultern dargestellt. Diese Gestalt des guten Hirten hat dann bis tief in das Christliche hinein ihre Auswirkungen gehabt.

V Der Hierophant
(THE HIEROPHANT)

Das fünfte Bild trägt den Titel »Der Hierophant«. Als erstes fällt uns sicher die große Ähnlichkeit mit Motiven auf, die wir schon von anderen Bildern her kennen. Von neuem begegnen uns zwei mächtige Säulen, wie bei der Hohepriesterin, die sich rechts und links vom Hierophanten erheben. Der Hierophant sitzt auf einem Thron, wie der Herrscher auf Bild IV. Neu ist aber, daß der Hierophant nicht, wie bisher, die einzige menschliche Gestalt ist, sondern daß sich außer ihm noch zwei weitere auf diesem Bilde befinden.

Um die Bedeutung dieses Bildes zu erkennen, beginnen wir am besten bei den Elementen, die uns bereits vertraut sind. Zunächst sind das einmal die beiden Säulen. Sie erheben sich an der gleichen Stelle wie in Bild II, und doch weichen sie in wesentlichen Dingen von jenen beiden Säulen ab. Im Gegensatz zu Bild II sind die beiden Säulen von Bild V von gleicher Farbe; ihr Kapitell ist mit einem anderen Motiv geschmückt. Dies sind bedeutsame Unterschiede, die wir wohl beachten müssen. Obwohl wir es wiederum mit zwei Säulen zu tun haben, sind es doch nicht die gleichen wie auf Bild II. Dort sind die Säulen Ausdruck des Gesetzes der Polarität, von zwei einander entgegengesetzten, aber sich ergänzenden Polen oder Kraftzentren. Dieses Anderssein ist ausgedrückt durch die Farben weiß und schwarz. Hier, auf unserem Bild V, haben wir es, wie durch die Säulen ausgesagt wird, offensichtlich auch wieder mit der Polarität zu tun, doch handelt es sich grundsätzlich um eine andere Polarität, da ja die beiden Säulen keinerlei Farbkontrast aufweisen. Halten wir das zunächst einmal fest.

Der Sitz des Hierophanten ist ein Thronsessel, der demjenigen von Bild IV ähnelt, der aber in wichtigen Einzelheiten vom Sitz des Herrschers abweicht. In Bild IV haben wir den Thronsessel in Verbindung mit dem Prinzip der Ordnung kennengelernt. Nach dem Gesetz der Analogie können wir also daraus schließen, daß wir es auch hier mit irgendeiner Ordnung zu tun haben, die sich aber in wichtigen Dingen von der Ordnung von Bild IV unterscheidet. So wie der Herrscher Träger und Verkörperer der sozialen, politischen Ordnung von Bild IV ist, so ist offenbar auch der Hierophant Repräsentant einer Ordnung, aber im neuen Sinne von Bild V.

Hierophant war der Titel der Vorsteher der alten Mysterien, übersetzt bedeutet er: »Einer, der heilige Dinge erklärt.« Auf manchen Tarotbildern wird das fünfte Bild mit dem Begriff »Der Papst« bezeichnet, doch das scheint mir unzutreffend. Zwischen einem Hierophanten und einem Papst bestehen grundlegende Unterschiede. Der Hierophant steht den Mysterien vor, der Papst einer Kirche. Aufgabe des Hierophanten war und ist es, einen Suchenden durch die Mysterien zu geleiten, ihm in seinem Streben nach Erkenntnis behilflich zu sein und ihn auf den dafür nötigen Weg zu führen. Besonders der einzelne Mensch ist daher dem Hierophanten anvertraut. Er soll ihn nicht zum Sklaven irgendeines Dogmas erziehen, sondern ihm den Weg zeigen, wie er ein freier Mensch auf dem Pfade der Erkenntnis werden kann. Dem Hierophanten ist das Heil des Einzelnen anvertraut, dem Papst das Heil des Ganzen, der Struktur, der Institution. Der Hierophant setzt seine Autorität ein, um den Neophyten zur richtigen Zeit auf den richtigen

Pfad zu lenken und ihn zu begleiten. Der Papst braucht Autorität, um zu wachen und zu bewahren. In diesen beiden Auffassungen zeigt sich auch die Besonderheit von Mysterium und Kirche. Die Mysterien sind der Weg der Individuation, samt der damit verbundenen persönlichen Verantwortung. Die Kirche bietet Geborgenheit, nicht durch die Forderung nach Erkenntnis, sondern durch den Glauben, mit dem Preis der persönlichen Einordnung und Unterordnung in ein größeres Ganzes.

Es lohnt sich, über die Beziehungen und Unterschiede von Mysterium und Kirche etwas länger nachzudenken. Die damit verbundenen Fragen sind wesentlich und bedenkenswert und könnten für dich persönlich wichtiger werden als du denkst. Versuche auch herauszufinden, wo genau die Grenzlinie zwischen Mysterium und Kirche liegt und warum so häufig aus Mysterien Kirchen hervorgingen und so selten, fast nie, der umgekehrte Weg betreten wurde.

Die zwei Säulen an der Seite des Hierophanten haben beide die gleiche, einheitliche Farbe. Sie sind also nicht mehr Ausdruck einer gegensätzlichen, polaren Kraft wie bei II, sondern zeigen jetzt zwei Aspekte ein und derselben Kraft. Das Kapitell der Säulen ist mit einer Eichel verziert. Eicheln sind die Samen der Eiche, eines Baumes, der Kraft, Majestät und Geheimnis im besonderen ausstrahlt. In der Mythologie ist der Gott, dem die Eiche als Sinnbild zugeordnet ist, der ursprüngliche Gott, aus dem heraus alles seinen Anfang erhält. Nicht selten dienten diesem Eichengott Priesterkönige in der Art des Hierophanten. Wenn nun der ausgewachsene Eichbaum in naher Beziehung zu diesem Ursprünglichen steht, so ist die Eichel, der Samen, aus dem dieser Baum herauswächst, gewissermaßen der Ursprung dieses Ursprungs, und enthält in sich komprimiert und konzentriert alle Kraft, die in der Eiche zur vollen Entfaltung kommt. Diese Kraft, die durch diese beiden Säulen verkörpert wird, hat also ihre Herkunft im Innersten des Göttlichen. Aber warum denn zwei Säulen? Würde nicht eine genügen, um das Ursprüngliche, das Zentrale dieser Kraft darzustellen?

Wenden wir uns nun den beiden Gestalten zu, die zu Füßen

des Hierophanten knien. Ihre Haltung zeigt uns, daß sie vom Hierophanten etwas erbitten oder entgegennehmen. Der Hierophant ist nämlich derjenige, der den Sinn und Inhalt der Mysterien offenbart und dem alle Lehre und alle Weisheit bekannt ist. Durch ihn werden sie demjenigen, der die Einweihung sucht, mitgeteilt und enthüllt. Die zwei Gestalten sind solche Suchende, die um Zulassung zu den Mysterien bitten oder vom Hierophanten darin unterwiesen werden. Trotzdem sie beide die gleiche Haltung einnehmen, sind sie nicht gleich, was sich an den verschiedenartigen Gewändern zeigt, die sie tragen. Diese Gewänder sind mit Rosen und Lilien geschmückt, den gleichen Blumen, die wir vom wild wuchernden Garten des Magiers in Bild I her kennen. Dort haben wir ihre Symbolik eingehend betrachtet. Vergegenwärtige sie dir noch einmal und versuche, als erste selbständige Aufgabe, diese Symbolik mit dem Inhalt von Bild V in Verbindung zu bringen und dir eine eigene Meinung darüber zu bilden, warum wohl gerade diese Blumen auf den Gewändern der nach Einweihung Suchenden zu finden sind. Einweihung und Bewußtseinserweiterung zu erlangen trachten heißt, den Kontakt zu dieser innerlichsten, göttlichen Kraft suchen und mit ihr in Berührung zu kommen. Nun bleibt aber die Berührung mit der göttlichen Kraft nicht ohne Folgen. Der Eingeweihte wird von dieser Kraft geprägt.

Der Vorgang ist vielleicht vergleichbar mit einem Blatt Papier, das mit Schriftzeichen versehen wird. Das Papier bleibt in seiner materiellen Beschaffenheit Papier, doch ist es durch die Schriftzeichen und die Gedanken, die ihm aufgesetzt und anvertraut worden sind, zu etwas ganz anderem geworden. Genauso verhält es sich mit der Einweihung.

Schriftzeichen an sich sind absolut wertfrei. Man kann sie aber beliebig kombinieren, und die Bedeutungen, die man ihnen zuordnet, können sehr voneinander abweichen, so weit, daß sie sogar einen total entgegengesetzten Sinn ergeben. So können die vom Papierblatt abgelesenen und abgeleiteten Ideen und Gedanken etwas Positives, Kreatives auslösen, aber sie können auch genau das Gegenteil, also einen negativen, destruktiven Effekt zur Folge haben, obwohl beidemal die gleichen Schriftzeichen gebraucht werden. Genauso verhält es sich auch mit der Kraft, die durch die Eichel symbolisiert wird. Ihrem Wesen nach ist sie einfach Kraft, beziehungsweise Energie. Eine Kraft aber kann gegensätzlich angewendet und gerichtet werden, positiv aufbauend oder negativ niederreißend wirksam sein. Welche Wirkung entfaltet wird, hängt weitgehend vom Träger, vom lebendigen Träger dieser Kraft ab, und der Mensch ist eben mehr als bloß ein Stück Papier. Spirituelle Entwicklung heißt, in Berührung mit einer göttlichen Kraft kommen. Somit gibt es auch in der spirituellen Entwicklung des Menschen zwei Wege, die er einschlagen kann.

In der populären Esoterik werden diese beiden Wege meistens mit dem Namen weiße beziehungsweise schwarze Magie bezeichnet. Aber was ist weiße und was ist schwarze Magie? Wir haben hier eine alte Streitfrage der Menschheit vor uns. Eine weit verbreitete Antwort darauf lautet: »Weiße Magie ist, was dem Guten dient, schwarze Magie ist, was das Böse unterstützt.« Damit mag eine Antwort gegeben sein, aber zugleich taucht eine neue Frage auf: »Was ist gut, was ist böse?« Man mag sich noch so bemühen, im Rahmen der weißen Magie zu bleiben und das Gute nach Kräften zu fördern, aber schon das Sprichwort weiß: »Des einen Freud, des andern Leid.« Ob etwas zum Vor- oder Nachteil gereicht und deshalb subjektiv gut oder böse empfunden wird, das hängt weitgehend vom individuellen Standpunkt ab. Ein Mensch, der so genau zu wissen vermeint, was wirklich gut und was wirklich böse ist, der scheint mir effektiv im Zentrum der schwarzen Magie angesiedelt zu sein, indem er sich selbst als allwissend und allmächtig postuliert. Vielleicht müssen wir diese Frage doch etwas differenzierter und anders betrachten. Es lohnt sich, an dieser Stelle etwas eingehender dabei zu verweilen, weil wir hier auf ein Gebiet und ein Problem gestoßen sind, das die Menschheit seit jeher brennend interessiert hat.

Die gleiche Farbe der beiden Säulen hat uns darauf hingewiesen, daß wir es hier trotz der Zweiheit der Säulen mit einer einzigen Kraft zu tun haben, deren Ursprung im Göttlichen zu suchen ist. Kraft ist dazu da, um etwas zu bewirken. Wer über

Kraft gebietet, hat die Möglichkeit, mit Willen und bewußt etwas zu verändern, womit auch das definiert ist, was wir Magie nennen. Dem Gesetz der Polarität zufolge kann nun aber eine solche Veränderung sowohl in einem als auch im anderen Sinne vorgenommen werden. Wer die Fähigkeit hat, über diese Kraft zu verfügen und ihr zu gebieten, hat die Wahl, entweder den einen oder den andern Pol zu stärken. Nun ist aber keiner der beiden Pole an sich gut oder böse. Beide Kraftzentren müssen vorhanden sein, um einander auszugleichen und sich im Gleichgewicht zu halten. Das Prinzip des kosmischen Gesetzes ist, die Harmonie innerhalb der Polarität zu bewahren. Ist dieses Gleichgewicht beeinträchtigt, geraten die Dinge aus der Balance: dann können Folgen eintreten und Phänomene, die wir dem Gebiet des Bösen und des Negativen zuzuordnen gewillt sind, denn wo Dinge aus dem Gleichgewicht geraten, ist die Kraft notwendig, um sie wieder in die ihnen zustehende Balance zu bringen, um die Gegensätze wieder aufzuheben. Vielleicht können wir nun sagen, daß, wenn Kraft eingesetzt wird, um den Ablauf der kosmischen Gesetzmäßigkeit in Ordnung zu bringen und in Ordnung zu halten, dies ein Unterfangen der weißen Magie ist. Wird aber die Kraft eingesetzt, um aus irgendwelchen Überlegungen und Zielen heraus das Gleichgewicht des kosmischen Kräftespiels zu stören und aus der Balance zu bringen, um eines für den Magier erhofften Vorteils willen, dann könnte es sehr wohl sein, daß dies eine Tat der Schwarzen Magie ist. Somit wäre das Kriterium für weiße oder schwarze Magie darin zu finden, ob es die Gesetzmäßgikeit, die Balance des kosmischen Kräftespiels anerkennt und sich danach richtet, oder ob versucht wird, dieses kosmische Kräftespiel nach irgendeiner Seite hin aus der Balance zu bringen. Je nach den Auswirkungen wird ein und dieselbe Kraft einmal als weiß und gut, ein andermal als schwarz und böse empfunden. Die weiße Magie dient der Aufrechterhaltung und Wiederherstellung der kosmischen Ordnung, die schwarze Magie erstrebt und riskiert eine Veränderung in Richtung auf das Chaos. Somit arbeitet sie gegen die göttliche Schöpfungsordnung, da ja Gott die Welt aus dem Tohuwabohu heraus schuf, wie im biblischen Schöpfungsbericht erzählt wird.

Die Botschaft der beiden Säulen ist also die, daß eine Kraft auf zweierlei Art gebraucht werden kann. Die beiden Gestalten zu Füßen des Hierophanten sind Symbolfiguren für zwei spirituelle Entfaltungsmöglichkeiten des Menschen. Daß es hier um Spiritualität geht, erkennen wir an der Scheiteltonsur. Die Tonsur, die Kahlscherung des Scheitels, ist ein Zeichen des Mönchtums als besonders hochstehende Form spiritueller Entwicklung innerhalb der christlichen Tradition. Die Stelle, die bei der Tonsur geschoren wird, ist in der östlichen Tradition auch der Sitz des Scheitelchakras. Dieses Chakra entfaltet sich, wenn der höchste spirituelle Grad erreicht wird. Indem die beiden Gestalten die Tonsur aufweisen, wird ausgedrückt, daß sie einen hohen Stand an spiritueller Möglichkeit und Fähigkeit besitzen. Sie sind, im wahrsten Sinne des Wortes, Magier, die über die kosmischen Kräfte gebieten können, wenn sie durch den Hierophant eingeweiht werden. Aber, obgleich diese Magier einer zur rechten und einer zur linken Hand des Hierophanten angesiedelt sind, so sagt das allein nichts darüber aus, welcher nun der weißen und welcher der schwarzen Magie zugetan ist. Beide haben beide Möglichkeiten vor sich.

An dieser Stelle wollen wir uns wieder einmal des Lebensbaumes erinnern mit seinen drei Säulen. Wenn wir unser Bild daraufhin näher betrachten, so werden wir sofort merken, daß wir es hier offensichtlich mit einer schematischen Darstellung des Lebensbaumes zu tun haben, dessen mittlere Säule von der Gestalt des Hierophanten verkörpert wird. Die beiden Säulen entsprechen dann der rechten und linken Säule des Lebensbaumes, die die männliche beziehungsweise die weibliche Kraft verkörpern.

Schließe nun für einen Moment deine Augen und vergegenwärtige dir vor deinem inneren Blick so deutlich wie möglich das Bild V in dreidimensionaler, plastischer Form. Stelle dir vor, daß dieses Bild V ein Kraftfeld ist, ein Parallelogramm mehrerer Kräfte, die in den Säulen, den beiden Gestalten und im Hierophanten manifestiert sind. Versuche dir nun diese verschiedenen Kraftströme auszumalen, die von diesen Bildelementen ausgehen und wie sie aufeinander einwirken. Um zu erkennen, welche Kräfte die beiden Gestalten aussenden, halte dich an die Bildmotive ihrer Kleidung und an das, was du von Bild I bereits darüber weißt. Ferner wirst du vielleicht bereits entdeckt haben, daß auch die Kleidung des Hierophanten aus den Farben Rot, Blau und im innersten Weiß zusammengesetzt ist. Erlebe nun in deinem Inneren so intensiv wie möglich, wie die verschiedenen Kraftlinien der Bildelemente einander beeinflussen und was dabei geschieht und als Resultat herauskommt.

Du wirst herausfinden, daß Kraftlinien zwischen den Säulen, zwischen den Gestalten und von den Gestalten zu den Säulen zirkulieren und ein Quadrat bilden, in dessen Mitte die Gestalt des Hierophanten sitzt, der, ausgedrückt durch seine Kleidung, Anteil hat an beiden Kräften, der roten wie der blauen, die sich zu einer dritten, neuen Kraft vereinigen, die durch die Farbe Weiß ausgedrückt wird. Weiß ist ja das Zusammenfallen aller Spektralfarben. Zu dieser weißen Kraft gelangen, das ist das Ziel und das Bestreben jeder spirituellen Bemühung und Bewußtseinserweiterung. Dies ist auch die Botschaft, die der Hierophant den zu seinen Füßen knienden Gestalten verkündet. Als Symbol dieses Weges laufen, von den beiden Gestalten her zum Hierophanten, zwei Bänder aus schwarz-weißen Rechtecken, die von je zwei Symbolen des keltischen Naturkreuzes begleitet sind. Die gedanklich weitergeführten Linien dieser beiden Wege vereinigen sich im kleinen Viereck auf dem untersten Ende der langen weißen Stola des Hierophanten. Auf dieser Stola sehen wir noch drei weitere Kreuze, andere als die Kreuze auf dem Podest, denn diese zwei Kreuze auf der Stola sind Kalvarienkreuze mit verlängertem senkrechtem Balken, Symbole der Vereinigung von Gegensätzen durch das Opfer. Die beiden Gestalten werden also auf einen Weg gerufen, auf dem die Auseinandersetzung mit den Kräften der Polarität zur Aufgabe gestellt ist. Dies kommt in den zwei Bändern mit den schwarz-weißen Vierecken zum Ausdruck. Darüber hinaus ist es Ziel und Aufgabe auf diesem Weg, zu einer Vereinigung und Synthese dieser polaren Gegensätze zu gelangen. Dies bezeugen die Kreuze, die diesen Weg zu einem eigentlichen Stationenweg machen. Zuerst geht es um den Ausgleich der Gegensätze mittels der Kräfte in der Natur. Aber mit der Erreichung der mittleren Säule gelangt man auch auf eine höhere Ebene, was sich auch in der Verwandlung des Kreuzsymbols, vom Naturkreuz zum Kalvarienkreuz, dem Zeichen des Opfers, verdeutlicht. Die Erreichung dieser höheren Ebene geht nicht ohne Opfer ab. Es muß etwas geopfert, auf etwas verzichtet werden, um dadurch bereit und fähig zum Empfang von etwas Neuem zu werden, was durch die weiße Farbe hervorgerufen wird.

Diese wenigen Worte enthalten natürlich längst nicht alles, was in diesem Bild verborgen und zu ergründen ist, und sie dürfen es auch nicht enthalten, denn hier ist nun ein Punkt erreicht, wo erstmals jeder berufen ist, seinen eigenen, persönlichen Weg zu finden und zu gehen. Noch einmal sei eindringlich daran erinnert, daß es kein Dogma des Tarot gibt. Der Tarot spricht zu jedem einzelnen Menschen dessen eigene, persönliche Sprache und sagt ihm das, was nur ihn allein angeht. Es ist deshalb nötig, daß du dich lange und eingehend anhand der bereits gelernten Methoden mit diesem Bild V beschäftigst. Versuche herauszufinden, wie für dich dieser Weg zur mittleren Säule aussieht und welche Probleme und Forderungen auf diesem Wege für dich persönlich gestellt sind. Welche Gestalt bist du, die rechte oder die linke? Je nachdem wird dein Weg ein anderer sein. Aber wo du auch deinen Ausgangspunkt nimmst, das Ziel wird das gleiche sein: Du gehst den Weg zur Erkenntnis. Von der Erfahrung und Auseinandersetzung mit den Kräften der Natur aus gelangst du, wenn du bereit bist, Opfer zu bringen um eines höheren Zieles willen, auf diesen Weg der Erkenntnis. Er ist lang und nach unseren menschlichen Maßstäben ohne Ende.

Betrachte das merkwürdige Zepter, das der Hierophant in seiner linken Hand hält. Es ist ein vierfaches Kreuz aus vier Balken, in dem jeder Querbalken eine Ebene über der andern darstellt. Es ist Symbol für die vier kabbalistischen Welten: Assiah, Jetzirah, Aziluth und Briah. Mehr über diese vier kabbalistischen Welten zu sagen würde weit über das hinausführen, was wir uns für das erste vorgenommen haben. Wenn du aber auf deinem Weg zur Erkenntnis beharrlich und beständig vorwärtsschreitest, dann wirst du eines Tages auch erfahren und erkennen, was damit gemeint ist. Bis dahin sei dir dieses Kreuz ein Sinnbild dafür, daß der Weg der Erkenntnis lang ist und in immer neue, andere Dimensionen hineinführt.

Wir wollen miteinander einen Blick zurückwerfen auf den Weg, den wir bereits hinter uns gebracht haben. Fünf Bilder haben wir miteinander betrachtet, und ich hoffe, auch gemeinsam erlebt. Der Mensch in seiner männlichen Erscheinung tritt mit dem Impuls des Denkens und des Wollens vor die Welt, die sich ihm in Form der vier magischen Werkzeuge darbietet. Der Mensch vereinigt sich mit dem anderen Pol seiner selbst, der sich ihm in der Erscheinung des Weiblichen und des Unbewußten darbietet. Aus dieser Verbindung der Elemente Feuer und Wasser manifestiert sich die materielle Welt. Sie versetzt den Menschen in die Aufgaben von Mutter und Vater, durch Einbeziehen der Elemente Erde und Luft. Das fünfte Bild konfrontiert den Menschen mit seinen geistigen und spirituellen Möglichkeiten, die ihm ebenso als Aufgabe übertragen sind wie seine materiellen Belange.

Erst mit Bild fünf steht der Mensch als Ganzes da, wird er zu dem, was ihn in der Schöpfungsordnung des Kosmos einzigartig macht. Es ist dies die Vereinigung aller vier Elemente in sich, unter Hinzufügung des fünften, des Geistes, des Äthers. Erst jetzt, an dieser Stelle, erkennen wir die volle Bedeutung des Zeichens, das auf der Münze in Bild I aufgezeichnet ist. Das Pentagramm ist das Symbol dieser fünffachen Ganzheit des Menschen. Alles in der Natur und im Universum hat teil an diesen fünf Elementen, aber nur im Menschen sind sie alle gleichermaßen vereinigt. Willst du die Natur und die kosmische Schöpfungsordnung erkennen, so blicke in dich selbst und erkenne dich als Menschen, und du wirst erfahren, daß du ein Mikro-Kosmos bist, ein geschlossenes Ganzes, das ein Abbild jenes großen, überdimensionierten Ganzen ist, das in seiner ganzen Ausdehnung zu betrachten und zu erfassen uns niemals möglich ist. Das bedeutet: Willst du die kosmische Schöpfungsordnung kennenlernen, so erkenne dich selbst, im Wissen darum, daß du ein kleineres Abbild jenes großen Ganzen bist. Willst du dich selbst kennenlernen, so blicke nach außen in die Natur, erfasse die Gesetze, die in ihr gültig sind, denen sie unterstellt ist, und du wirst die gleichen Kräfte und Ordnungen finden, die deine Existenz, dein Leben als Mensch bestimmen. Dies ist ja die Botschaft des alten Spruches »Mensch, erkenne dich selbst«, der über dem Eingang des Apollotempels zu Delphi stand. Nichts anderes ist auch die Botschaft der zwei gekreuzten Schlüssel zu Füßen des Hierophanten. Sie sind die Schlüssel, die Himmel und Hölle aufschließen, die dir Einblick verschaffen in die zwei Polaritäten, auf denen alles kosmische Geschehen gegründet ist.

Blicke nun auf die rechte Hand des Hierophanten, die zum Gruß erhoben ist. Drei seiner fünf Finger zeigen nach oben, zwei nach unten. Später, wenn wir Bild IX betrachtet haben, kehre an diese Stelle zurück und versuche dann herauszufinden, was dieses Zeichen bedeuten könnte. Du bist den fünf Elementen deiner selbst begegnet, du bist Mensch geworden und als Mensch fähig, nun deinen Weg durch die Bilder des Tarot selbständig weiterzugehen. Hier rate ich dir wieder, das Buch für eine Weile aus der Hand zu legen und dich noch einmal ganz eingehend in das Durchlebte und Erkannte zu vertiefen. Laß das bisher Aufgenommene in dir wachsen und sich vertiefen, bevor du den Weg weitergehst. Werde dir deines Menschseins bewußt!

VI Die Liebenden
(THE LOVERS)

Bild VI erinnert in seiner Gestaltung recht stark an Bild V. Der Engel nimmt den Platz des Hierophanten ein, der Mann und die Frau stehen für die beiden Gestalten, die vor dem Hierophanten knien, während die beiden Bäume hinter den menschlichen Figuren die Stelle der zwei Säulen einnehmen. Wir dürfen daraus schließen, daß Bild VI in seiner Thematik sehr eng mit Bild V verbunden ist. Ein wesentlicher Unterschied besteht allerdings darin, daß die menschlichen Gestalten im Vordergrund des Bildes nackt sind. Bisher haben wir die menschlichen Figuren auf den Tarot-Bildern nur in bekleidetem Zustand angetroffen. Zum ersten Mal stehen sie uns nun in ihrer unverhüllten Gestalt gegenüber. Diese Nacktheit entspringt nicht einer Laune des Zeichners, sondern Nacktheit hat im Tarot immer eine ganz bestimmte zentrale Bedeutung. Wenn eine menschliche Gestalt im Tarot nackt abgebildet wird, dann ist damit der Mensch in seiner Totalität, der Mensch an sich gemeint. In den bisherigen Bildern sind wir immer nur einem Teilaspekt des Menschen und seines Wesens begegnet, so in Bild I dem Menschen in seiner männlichen Erscheinungsform, in Bild II dem Menschen als Frau, in Bild III dem Menschen mit seiner Aufgabe der Mutterschaft und in Bild IV dem Menschen in seiner Funktion als Vater. Bild V wiederum zeigte uns die spirituelle Potenz des Menschen, den Geist oder Äther, und das Privileg des Menschen, in diese Sphäre eindringen zu können. Erst die Bilder I bis V, als Ganzes zusammengenommen, sind ein Abbild des Menschen an sich. Deshalb ist es logisch und einleuchtend, daß wir erst hier auf Bild VI dem Menschen in seiner Ganzheit, das heißt, dem nackten Menschen begegnen können. Aufmerksame Betrachter haben sicher sehr rasch zu diesem Bild die Assoziation zum Mythos von Adam und Eva gefunden. Dies rührt nicht nur vom Aufbau des Bildes und der Haltung der beiden menschlichen Gestalten her, die auffallend an Darstellungen des Paradiesmythos auf alten Gemälden und Altarbildern erinnern, sondern hat auch Bezug zu direkten Attributen des Mythos von Adam und Eva, wie die Nacktheit, die Schlange, der Baum, die Frucht und der Engel, Elemente, die alle auf diesem Bild vorhanden sind.

Waites Darstellung weicht erheblich von der Gestaltung ab, die andere Tarotkarten diesem Bild geben. Das klassische Motiv des sechsten Tarot-Bildes ist ein Jüngling, der zwischen zwei Frauen, entweder einer dunklen und einer hellen oder einer schönen und einer häßlichen, wählen muß. Diesbezüglich tragen andere Versionen dieses sechsten Bildes denn auch den Namen »Die Entscheidung«. Waite aber war offensichtlich bemüht, durch dieses sechste Bild eine etwas kompliziertere und reichhaltigere Thematik und Aussage zu vermitteln, weshalb er den biblischen Mythos vom Paradies, Adam und Eva und den Sündenfall mit hinein verwob.

Wenn du das Bild genauer anschaust, wirst du leicht feststellen, daß es einen schichtartigen, formalen Aufbau aufweist. Zuoberst ist die strahlende Sonne, dann folgt die Gestalt des Engels, unter dem sich eine Wolkenschicht ausbreitet, und zuunterst ist die Erde mit dem Berg und den beiden menschlichen Gestalten vor den zwei Bäumen.

Betrachte zunächst einmal die beiden Bäume. Du wirst rasch

sehen, daß sie von verschiedener Gestalt und Größe sind. Wenn wir uns nun vor Augen halten, daß wir es hier mit dem Mythos von Adam und Eva zu tun haben, dann besteht die Möglichkeit, daß uns die Bibel, in der diese Erzählung enthalten ist, auch Aufschluß geben kann über die Bedeutung dieser beiden Bäume. Wir finden dort in der Tat im 1. Buch Moses, im 2. Kapitel. Vers 9, den Satz: »Und Gott der Herr ließ allerlei Bäume aus der Erde wachsen, lieblich anzusehen und gut zu essen, und den Baum des Lebens mitten im Garten und den Baum der Erkenntnis des Guten und des Bösen.« Wir entdecken hier also diese beiden Bäume wieder. Ich möchte dir nun empfehlen, in der Bibel die Geschichte von der Weltschöpfung, von Adam und Eva und dem Sündenfall aufmerksam und genau durchzulesen (1. Buch Mose, Kapitel 1 bis 3). Jetzt wirst du mit Leichtigkeit ableiten können, daß der Baum hinter dem Rücken der Eva der Baum der Erkenntnis des Guten und des Bösen ist, und der Baum mit den seltsamen Blättern, vor dem Adam steht, der Baum des Lebens. Vielleicht ist dir bereits der Gedanke gekommen, daß die Anzahl der Blätter sicher nicht ohne Bedeutung ist. Du wirst sie zählen in der Erwartung, analog der zehn Sephirot des Baumes des Lebens auch zehn Blätter zu finden. Aber entgegen deiner Annahme erhältst du die Zahl zwölf. Eine solche signifikante Abweichung muß ihre ganz besondere Bedeutung haben. Was sagt die Zahl zwölf aus? Jetzt erinnerst du dich wahrscheinlich daran, daß wir die Zwölfheit bereits einmal in Bild III im Diadem der Herrscherin angetroffen haben. Wir haben dort festgestellt, daß die Zahl zwölf immer eine Beziehung zum Tierkreis, zum Zodiak, herstellt, und daß damit die Aussage des betreffenden Bildes eine allumfassende, also kosmische Gültigkeit hat. Wenn du nicht mehr ganz sicher bist, dann lies die entsprechende Stelle nach. Dann übertrage diese Kenntnisse auf den Baum des Lebens. Was könnte wohl damit gemeint sein? Es gibt viele Möglichkeiten. Nimm dir Zeit, dich mit ihnen auseinanderzusetzen und sie durchzudenken. In welcher Weise können der Baum des Lebens und der Begriff des Allumfassenden, Kosmischen, miteinander in Beziehung gebracht werden? Welche Schlüsse können sich daraus ziehen lassen? Wenn du auch hier unsicher bist, dann lies noch einmal nach, was über den Baum des Lebens gesagt wird.

Vom Baum des Lebens wissen wir, daß er eine Veranschaulichung des Strömens der göttlichen Kraft von Kether zu Malkuth ist. Die zodikale Zahl zwölf legt uns nahe, daß dies allumfassend zu verstehen ist, daß wir uns in gewisser Weise das Universum und den Kosmos als einen einzigen großen Baum des Lebens vorstellen können. Der Baum des Lebens ist ein magisches Bild, dazu bestimmt, ein Grundprinzip des Universums faßbar und damit der Erkenntnis zugänglich zu machen. Der Baum des Lebens mit seinen zwölf Blättern steht hinter dem Manne. Damit soll vielleicht bezeugt werden, daß die Erkenntnis dessen, was der Baum des Lebens beinhaltet, vor allem mit den Mitteln des Verstandes und des Denkens erreicht, also mit den magischen Waffen vollbracht werden soll, die dem männlichen Teil des Menschen zugeschrieben werden. (Das hier angedeutete umfaßt nur einige Möglichkeiten von vielen.) Bediene dich nun selbst deiner eigenen magischen Waffen und laß deinen eigenen Gedanken und Empfindungen freien Lauf in bezug auf den Baum des Lebens und seiner kosmischen, allumfassenden Geltung. In den Bildern eins bis fünf wurde der Mensch geschaffen, jetzt, in Bild sechs, wird der Mensch als Adam in die Welt gestellt, um diese Welt nach bestem Vermögen und mit allen Möglichkeiten zu begreifen. Daß dies in einer eingehenden und differenzierten Weise geschehen soll, deuten uns die dreiteiligen Blätter am Baum des Lebens an. Jedes Blatt entspricht einem Tierkreiszeichen, von denen jedes für sich Symbol der verschiedenen Äußerungen der einen kosmischen Grundkraft ist. Manche Astrologen teilen nun jedes Tierkreiszeichen noch in drei Dekanate zu 10 Grad, um eine noch genauere und differenziertere Aussage zu erhalten. Wir dürfen also annehmen, daß die Dreiteilung der einzelnen Blätter auf diese Dekanatsunterteilung hinweist.

Der Baum der Erkenntnis ist auf diesem Bild Eva, der Frau, zugeordnet. Daß es sich um den Baum der Erkenntnis handelt, erkennen wir auch an der Schlange und den Früchten, die sich im Baum befinden. Nicht der Baum des Lebens, sondern der

Baum der Erkenntnis ist der verbotene Baum, dessen Früchte zu genießen den Menschen verboten wurde. Kaum eine Geschichte in der Bibel ist ihrem Sinn nach so schwer zu deuten und zu erklären wie die Erzählung vom Sündenfall. Der Baum der Erkenntnis ist der Baum, dessen Früchte, wie schon der Name sagt, Erkenntnis vermittelt. Erkenntnis ist verbunden mit kennenlernen, beurteilen, abwägen, beschließen, etwas als richtig und gut erkennen und akzeptieren, ein anderes als falsch und unrecht zurückweisen. Um Erkenntnis zu erlangen, ist Erfahrung nötig, und Erfahrung gewinnt der Mensch durch das, was ihm seine fünf Sinne erschließen: das Auge, das Ohr, die Nase, das Tasten der Hände und der Geschmack des Mundes. Es liegt also nahe anzunehmen, daß die Früchte des Baumes der Erkenntnis symbolhaft identisch sind mit den fünf Sinnen des Menschen. Wenn du nun die Früchte im Baum der Erkenntnis auf diesem Bilde zählst, wirst du wiederum eine Differenz feststellen: es sind nur vier vorhanden. Ist unser Gedankengang und die daraus folgende Annahme deshalb falsch? Dies wäre der Fall, wenn die fünfte Frucht von Anfang an gar nie vorhanden gewesen wäre. Aber es gibt noch eine andere Möglichkeit: Die fünfte Frucht war da und ist, durch irgendeinen Umstand, verschwunden. Wenn wir an die Erzählung der Bibel vom Sündenfall zurückdenken, werden wir bestätigt sein, denn die fünfte Frucht hängt nicht im Baume, weil sie bereits vom Menschen, von Adam und Eva, verspeist worden ist. Das VI. Tarot-Bild zeigt uns also den Menschen in seinem Zustand, nachdem er die Frucht vom Baume der Erkenntnis gegessen hat, also nach dem sogenannten »Sündenfall«. Mit diesem »Sündenfall« hat der Mensch die Fähigkeit erlangt, zu unterscheiden und sich zu entscheiden. Was aber hat das mit Sünde zu tun und dem, was wir in unserm täglichen Sprachgebrauch darunter verstehen?

Wenn wir jetzt erneut unser Bild betrachten, werden wir sehen, daß es in einer ganz speziellen Symmetrie gegliedert ist. Der kompositorische Aufbau des Bildes beruht auf drei Säulen. Die mittlere erfahren wir durch die Berggipfel über den Engel zur Sonne, während die beiden anderen durch Adam und Eva und die hinter ihnen stehenden Bäume gebildet werden. Drei Säulen rufen uns sofort den kabbalistischen Baum des Lebens in Erinnerung, der ja auch aus drei Säulen, einer weiblichen links, einer männlichen rechts und einer mittleren Säule besteht. In Bild VI verkörpert Eva die weibliche Säule, Adam die männliche, und über die mittlere Säule führt der Weg hinauf zu Kether, das durch die strahlende Sonne verkörpert wird. Den kabbalistischen Baum des Lebens haben wir kennengelernt als ein Abbild dessen, was die Welt in Ausgewogenheit und Harmonie zusammenhält, als ein Symbol des großen Gesetzes unseres Universums. In dieses Gleichgewicht, in dieses wohldurchdachte Spiel der Kräfte und Gegenkräfte, ist nun der Mensch hineingestellt als ein Bestandteil dieser Kräfte selbst, und ihnen eingeordnet, ohne sie jedoch zu kennen. Das ist der paradiesische Zustand des Menschen vor dem Sündenfall: eingebettet sein als Teil in diesem kosmischen Ganzen, in diesem Kräftespiel und darin Geborgenheit finden, eine Geborgenheit, die nicht durch Bewußtsein und Erkenntnis getrübt ist und deshalb auch vom Menschen aus nicht gestört werden kann.

Indem aber der Mensch die Frucht vom Baum der Erkenntnis genossen hat, hat sich diese Situation grundlegend verändert. Wie die Schlange versprochen hat, ist der Mensch zur Erkenntnis des Guten und des Bösen gelangt. Das heißt nichts anderes, als daß er das Gesetz der Polarität erkannt hat als Grundsatz der göttlichen Schöpfungsordnung. Ja, der Mensch hat dieses Gesetz nicht nur außerhalb seiner selbst, sondern in sich selbst erfaßt und hat entdeckt, daß dieses Kräftespiel von Anziehung und Abstoßung auch im Menschen zum Tragen kommt. Der Mensch hat sich selbst als polar, also als männlich und weiblich, erblickt. Gleichzeitig wurde ihm klar, wie folgenschwer diese Polarität für sein Menschsein ist. Der Mensch erkennt nicht nur das Neue, das er gewonnen hat, sondern gleichzeitig auch das, was er verloren hat, nämlich die Geborgenheit, die Unbewußtheit. Sein erster Impuls nach dem Genuß der verbotenen Frucht ist, das Geschehene wieder ungeschehen, nicht sichtbar werden zu lassen. Die Menschen bekleiden sich, um damit die Geschlechtsmerkmale, die Kennzeichen der

Polarität, zu verbergen in der naiven Meinung, daß diese Unsichtbarmachung das Geschehene ungeschehen machen könne. Aber hier kommt es nicht auf das Sehen oder Nichtsehen an, sondern auf das Wissen. Der Mensch kann sich noch so viel umhängen, es nützt ihm alles nichts, solange er *weiß,* daß unter all diesen Verhüllungen diese unterschiedlichen Polaritätsmerkmale vorhanden sind; denn sein Bewußtsein um das Gesetz der Polarität erschreckt den Menschen mit gutem Grund. Seine eigene Position ist damit auch polar und spannungsgeladen geworden. Der Mensch darf sich nicht mehr damit begnügen, sich vertrauensvoll in das von Gott eingesetzte Kräftespiel zwischen den Polen einzuordnen. Er ist sich jetzt bewußt geworden, daß durch dieses Kräftespiel Veränderungen herbeigeführt werden, ja, daß er selbst als Mensch fähig ist, verändernd in dieses Kräftespiel einzuwirken. Die Schlange hat ihn nicht angelogen. Der Mensch ist in dieser Beziehung nun wirklich wie Gott geworden, zu einem Geschöpf, das die Fähigkeit hat, Einfluß auf diesen polaren Kräftestrom zu nehmen, ihn nach der einen oder anderen Seite, je nachdem, zu verlagern.

Dies ist etwas Neues für den Menschen, das seine Existenz zutiefst verändert. Wer fähig ist, etwas zu tun, muß für die Auswirkungen die Verantwortung übernehmen. Dieser Verantwortung kann sich der Mensch nicht entziehen, nicht einmal durch den Verzicht, etwas zu unternehmen, denn auch in diesem Fall muß er Rechenschaft darüber ablegen, warum er in einem bestimmten Fall etwas unterlassen hat, wo er sehr wohl etwas hätte tun können. Seitdem er die verbotene Frucht gekostet hat, gibt es im Leben des Menschen keinen Augenblick mehr, in dem er nicht der Frage gegenübergestellt wird, warum er handelt oder nicht, oder wenn er handelt, warum er es so und nicht anders anstellt. Der Mensch ist also dazu bestimmt und verurteilt, in jeder Sekunde seines Lebens eine Entscheidung zu treffen, so banal und geringfügig diese auch sein mag.

Zu sein wie Gott bedeutet aber noch lange nicht, Gott zu sein. Die Fertigkeit des Menschen, Einfluß auf das polare Kräftespiel zu haben, gewährleistet nicht, daß er auch imstande ist, dies mit Souveränität zu tun. Der unbewußte Mensch vor dem

Sündenfall konnte sich getrost an die kosmische Gesetzmäßigkeit anpassen. Darin glich er den Pflanzen und Tieren, die ohne das menschliche Bewußtsein nichts anderes tun, als die kosmische Schöpfungsordnung zu erfüllen. Gleichzeitig mit der Erlangung des Bewußtseins wird der Mensch mit seiner eigenen Unzulänglichkeit konfrontiert. Der Mensch muß die Erfahrung machen, daß die Fähigkeit, auf den Fluß des kosmischen Kraftgeschehens einwirken zu können, der Balance der göttlichen Schöpfungsordnung nicht immer zuträglich und förderlich ist. Das Eingreifen des Menschen kann zu ganz erheblichen Störungen im kosmischen Gleichgewicht führen, vor allem im Mikrokosmos des engeren menschlichen Lebens. Mit dem Sündenfall hat der Mensch seine natürliche Balance verloren und ist von da an ständig gezwungen, mit den eigenen menschlichen Kräften, dieses Gleichgewicht wieder zu erlangen. Dabei merkt der Mensch ständig, wie schwierig, ja nahezu unmöglich dies ist und daß jedes Aus-dem-Gleichgewicht-Geraten als Leid auf den Menschen zurückfällt.

Bevor der Mensch die Erkenntnis gewann, war er einbezogen und integriert in den großen Kreislauf der Naturkräfte, in einer Art natürlicher Balance und Ausgeglichenheit. Jetzt, nach dem Sündenfall, ist er selbst zum Pol geworden. Zwar ist er seiner biologischen Form nach noch ein Teil dieser Natur, doch sieht er sich jetzt, in gewisser Weise, außerhalb dieser Natur gestellt mit der Möglichkeit, sich in Gegensatz, ja in Widerspruch zu dieser Natur zu stellen. Diese Spannung des Widerspruchs ist etwas ganz anderes als die Polaritätsspannung zwischen den Geschlechtern. Die Spannung der Geschlechter drängt zum Ausgleich und findet darin ihre Erfüllung. Die Spannung des Widerstandes gegen die Natur und die Gesetze des Kosmos kann aber nicht durch eine Annäherung, durch eine Angleichung zur Mitte hin entspannt werden, sondern muß im buchstäblichen Sinne eine Ausgleichung finden. Was auf dem einen Pol zuviel vorhanden ist und dadurch die Waage einseitig belastet, kann nicht einfach nach der Mitte zu verschoben werden, sondern es muß beim anderen Pol etwas dazugelegt werden, um so den Ausgleich und die Balance zu erreichen. So ist die Bürde des Menschen nun doppelt geworden.

Es ist nicht ganz einfach, dies auf Anhieb zu begreifen, und du wirst viel Zeit und konzentrierte Besinnung darauf verwenden müssen, bis diese ganze Problematik des Sündenfalls mit all seinen Konsequenzen dir klar und faßbar geworden ist. Aber wir sind ja noch am Anfang, und auf dem Weg durch die weiteren Bilder, der noch vor dir liegt, wirst du in immer neuer Weise und aus der Sicht von neuen Ebenen auf diese zentrale Frage des Menschen zurückgeführt.

Aber nicht nur das Verhältnis des Menschen zur Natur und zum Kosmos ist anders geworden, sondern auch seine Beziehung zu Gott und dem Göttlichen als dem Ursprung dieses Universums. Betrachte nun den Berg im Hintergrund des Bildes. Berge sind immer ein Sinnbild der Verbindung des Menschen zum Göttlichen. Darum sind Berge wie der Olymp, Wohnsitz der Götter, darum hält auch Moses seine Zwiesprache mit Gott auf dem Berg Sinai und erhält dort die Gesetzestafeln. Wenn du aufmerksam bist, so wirst du über die ganze Welt verstreut Berge finden, die diese Nahtstelle zwischen dem Menschen und dem Göttlichen symbolisieren. Der Berg wird so auch zu einem Gleichnis der Überwindung der Polarität nach dem Sündenfall. Gott ist nicht mehr wie im Paradies auf der gleichen Ebene, sondern wird vom Menschen nun als ein Oberes, als ein Erhöhtes empfunden, zu dem der Mensch, da er nicht fliegen kann, den natürlichen Kontakt verloren hat. Aber auf der Erhebung eines Berges fühlt sich der Mensch offenbar diesem Göttlichen näher. Zugleich ist die Anstrengung der Bergbesteigung eine Parallele zur Anstrengung und Mühsal, der sich der Mensch unterziehen muß, um mit Gott und dem Göttlichen wieder in Berührung zu kommen. Die Berge empfangen am Morgen das erste Licht der aufgehenden Sonne und widerspiegeln ihren letzten Strahl, wenn sie am Abend wiederum im Westen hinter dem Horizont versinkt. So deutet der Berg auch in diesem Bild darauf hin, daß sich auf seinem Gipfel die intensivste Beziehung mit dem Göttlichen abspielt.

Nach dem Sündenfall muß die Verbindung und die Nähe zu Gott, die der Mensch dort verloren hat, neu geordnet und neuen Regeln unterstellt werden. Das zeigt sich in unserem Bild sehr deutlich daran, daß zwischen den Menschen auf der Erde und der strahlenden, hellen Sonne am Himmel ein Engel und eine Wolkenwand wie zwei Riegel eingeschoben sind. Die Wolke, die auch in der Natur das Licht der Sonne überdeckt, wird so zum ganz natürlichen Symbol der Verschleierung und der Verhüllung. Der Mensch hat die Erkenntnis des Guten und des Bösen gewonnen, aber gleichzeitig die direkte Erkenntnis Gottes verloren. Er muß sich damit abfinden, Gott und das Göttliche von nun an nur mehr wie durch einen Schleier von Wolken erahnen und vielleicht erkennen zu können. Eine Wolke ist verdampftes Wasser, also eine Verbindung der Elemente Luft und Wasser. Durch den Prozeß des Verdampfens hat sich das Wasser wohl von seiner Schwere und der Erde befreien können, aber gleichzeitig ist es undurchlässig für das Licht des Feuers, das Licht der Sonne geworden. Irgendeinmal wird sich dieses zu Luft gewordene Wasser wieder verdichten und als Wasser, als Regen zur Erde zurückkehren.

Die Wolke, die dem Menschen als erster Sperriegel zum Göttlichen begegnet, ist somit ein feinsinniges Symbol, das dem Menschen das Wesen der neugewonnenen Erkenntnis vor Augen führt. Versenke dich einige Augenblicke lang in die Beobachtung einer Wolke. Nimm die Gelegenheit wahr, zu schauen, wie sich eine Wolke bildet, wie sie sich vor das Licht der Sonne schiebt, ihren Glanz verdunkelt, wiederum freigibt und als Wasser von neuem auf die Erde zurückfällt. Spüre den Gedanken, Empfindungen und Gefühlen nach, die du dabei hast, und laß dir Gedanken und Empfindungen eingeben zu deinem ganz persönlichen Verhältnis zum Göttlichen.

Dann wende deine Aufmerksamkeit auf den Engel, der über den Wolken schwebt. Engel sind dir sicher seit langem vertraut aus Erzählungen und Vorstellungen der Kindheit. Man hat dir vielleicht vom Schutzengel erzählt, von diesem seltsamen, merkwürdigen Wesen, das dich begleitet, als sei es von Gott dir ganz persönlich zugewiesen, um dich zu bewahren, zu beschützen und auf allen deinen Wegen zu begleiten. Was sind das für sonderbare Wesen, die Engel, von denen die biblische Tradition ganze Hierarchien aufzählt, bis hin zu den mächtigen vier Erzengeln? Es ist nicht ganz einfach zu begreifen, was oder wer Engel sind, aber wir wollen versuchen, anhand eines Beispiels aus unserem Alltag mehr Verständnis dafür zu bekommen.

Stelle dir einmal vor, du hast die Absicht, eine Wanderung durch ein dir unbekanntes Gelände zu unternehmen. Du hast keine Ahnung von der Länge des Weges, den Steigungen, den Hindernissen, die dir dabei begegnen könnten, und doch möchtest du Aufschluß über die Länge des Weges, um die zeitliche Dauer deiner Wanderung berechnen zu können. Was tust du? Du nimmst eine Landkarte, die dir die Landschaft, die du in der Natur kennenlernen möchtest, als ein bestimmtes Abbild auf dem Papier zeigt. Beachte nun den Unterschied, der zwischen einer geographischen Karte und einem Bild von einer Landschaft besteht. Sowohl die Karte als auch das Bild, sei es nun eine Fotografie oder eine Zeichnung, sind alle Abbilder dieser Landschaft, dienen aber ganz verschiedenen Zwecken und sind dementsprechend auch andersartig gestaltet. Fotografien und mit den Augen von Künstlern geschaffene Bilder geben dir einen szenenhaften Eindruck dieser Landschaft, aber du erfährst daraus wenig bis gar nichts von dem, was dich in bezug auf deine beabsichtigte Wanderung interessiert. Die Antworten auf diese Fragen mußt du der Landkarte entnehmen. Die Landkarte verkleinert die Landschaft maßstabgetreu auf eine überblickbare Größe und stellt sie gleichzeitig in komplizierten, abstrakten und geometrischen Figuren dar. Um eine maßstabgetreue Landkarte herzustellen, ist es notwendig, daß der Geometer diese Landschaft vorher so genau wie möglich vermißt. Das heißt, er überzieht von einem festen Punkt aus die Landschaft mit einem vielfältigen Netz von imaginären Dreiecken. Die gedachten Linien dieser Dreiecke können dann nach mathematisch-geometrischen Formeln exakt berechnet werden. Damit erhält man auch eine genaue Vorstellung von der Größe und der Dimension der vermessenen Landschaft. In der Natur gibt es keine richtigen Dreiecke, die als Grundlage der Triangulation dienen könnten. Das Dreieck ist eine vom Menschen erdachte, künstliche, abstrakte Figur, die es allerdings erlaubt, von der realen Dimension und Größe der Landschaft einen Begriff zu bekommen.

Ähnlich verhält es sich mit Engeln. Sie sind eine Art geometrische Figuren, die dazu dienen, das Wesen des Göttlichen für den Menschen einigermaßen faßbar zu machen. Sie sind Gedankenformen des Menschen, mittels derer er versucht, die ihm zuteil werdenden Erfahrungen der Kraftäußerungen Gottes dinghaft, greifbar und verständlich zu machen. Nehmen wir als Beispiel einmal die vier Erzengel: Raphael, Michael, Gabriel und Auriel. Jedem dieser vier Erzengel ist ein Platz in den vier Himmelsrichtungen zugeordnet. Raphael regiert den Osten, Michael den Süden, Gabriel den Westen und Auriel den Norden. Wenn wir nun diese vier Erzengel als Gedankenbilder von Gottes Kraftäußerung nehmen, dann sagen uns die vier Erzengel, daß Gott allumfassend aus allen vier Himmelsrichtungen, das heißt, so weit das Auge reicht, auf unsere Welt und damit auch auf uns Menschen auf ganz verschiedene Weise einwirkt, je nach dem Erzengel, durch den diese Kraftäußerung erfolgt. Raphael ist der Erzengel des Elementes Luft, zu Michael gehört das Feuer, Gabriel repräsentiert das Wasser und Auriel die Erde. Übertragen heißt das wiederum, daß wir Gottes Existenz und Kraft durch die vier Elemente erfahren können oder in der Art, die den vier Elementen entspricht.

Die Gestalt auf dem Bild VI ist der Erzengel Raphael, der Erzengel, der im Osten steht, aus dem das Licht kommt, und der das Element Luft vertritt. Wie die Wolkenwand verhindert auch seine Gestalt, daß der direkte Schein des Lichtes zu den Menschen gelangt. Der Mensch, der das Licht, die Erleuchtung sucht, begegnet der mächtigen Gestalt des Erzengels Raphael, und in ihm dem Element Luft, dem Element des Geistes, des Verstandes, des Intellektes. Das bedeutet, daß der Mensch, der die Frucht vom Baume der Erkenntnis gegessen hat und fähig geworden ist zu erkennen, sich des Elementes Luft, also seines Verstandes und seines Geistes, bedienen muß, um damit einen Teilaspekt von Gott verstehen zu können. Der Erzengel Raphael ist der erste Erzengel, der dem Menschen auf seinem Gang durch den Tarot begegnet.

Fassen wir das soeben Gehörte noch einmal kurz zusammen. Nach dem »Sündenfall« hat der Mensch zwar Erkenntnis erlangt, aber gleichzeitig ist ihm die direkte Verbindung zum Göttlichen verlorengegangen. Er kann das göttliche Licht nur noch als schwachen Abglanz auf der Bergflanke erblicken. Eine dichte Wolkenschicht des Irrtums und der Desorientierung nimmt dem Menschen zunächst die Sicht. Auch dann, wenn es ihm gelingt, durch diese Wolkenschicht durchzustoßen, steht er der mächtigen Gestalt des Erzengels Raphael gegenüber, der nur einen Teilaspekt des Göttlichen verkörpert und nicht das Ganze, und der gleichzeitig damit begreiflich macht, daß der Mensch nurmehr fähig ist, Gott in Bildern, in Symbolen oder – für die Anhänger der Jungschen Psychologie – in Archetypen aus dem kollektiven Unbewußten zu sehen und zu erkennen. Zwei Dinge hat der aus dem Paradies vertriebene Mensch mit sich nehmen dürfen: die Frucht vom Baum der Erkenntnis und den Baum des Lebens, zwar nicht in seiner realen Form, aber als Abbild, als magische Glyphe. Beide stehen nun dem Menschen für seinen Weg durch das Leben als Werkzeuge zur Verfügung. Jeder Berg, der aus der Erde, auf der der Mensch nun steht, emporragt, gibt dem Menschen zu verstehen, daß er den Weg zu Gott nur durch Bewältigung von Widerstand und mit Mühsal finden kann. Die Vertreibung aus dem Paradies ist die Geburt des Menschen, des Menschen wie du und ich, auf der Ebene der materiellen Welt. Das Geborenwerden ist eine Vertreibung aus dem Paradies, und jede Geburt bedeutet Überwindung eines großen Widerstandes. Aus der paradiesischen Geborgenheit des Mutterleibes wird der Mensch durch die Geburt vertrieben, um fortan als einzelnes Individuum, als selbständiger Pol, zu einem anderen Pol in dieser Welt seinen Weg fortzusetzen. Widerstand ist auch das Geheimnis des »Sündenfalls«. Der Sinn des Verbotes, von der Frucht des Baumes der Erkenntnis zu essen, war, einen Widerstand zu errichten, der vom Menschen durchbrochen werden soll. Wenn ihm der Durchbruch gelingt, steht er an dem Punkt, vom dem aus er durch Äonen hindurch mit dem Überwinden weiterer Widerstände und Schranken seinen Weg zu Gott zurück gehen muß und darf. Vor Barrieren ankommen mit der Aufgabe, sie zu überwinden, erfordert und bringt Dynamik und damit Leben. Die Bilder I bis V sind das Werden des Menschen. Bild VI ist seine Geburt in die Welt.

Das neugeborene Kind empfindet die Welt als kalt, trostlos und feindlich. Nicht anders ergeht es dem Menschen in Bild VI, der scheinbar schutzlos der Kälte und Aggression der Welt preisgegeben ist. Das neugeborene Kind hat die Geborgenheit und den Schutz des Mutterleibes, in dem es allein und von aller Welt abgeschlossen lebte, verloren. Aber mit der Geburt gewinnt es etwas Neues. Abermals erfährt es Berührung und Kontakt mit dem Leib der Mutter und erlebt Liebe und Zuneigung der Eltern, die dem Kind als die *Liebenden* spürbar werden. Durch die Mutter gelingt es dem Kinde einen ersten Schritt zu tun, um das eben verlorene Paradies erneut zu erlangen.

Schaue auf die beiden Gestalten. Ihr Blick weist in verschiedene Richtungen. Um ein ganz weniges gelingt es der Frau, den verhüllenden Behang der Wolken zu durchbrechen und einen winzigen Blick auf das zu tun, was über den Wolken liegt. Dem Manne ist der direkte Blick durch die Wolken versagt, er sieht die Frau an. Indem er die Frau erkennt als den anderen Pol seiner selbst, erkennt er auch das, was über den Wolken liegt. Es war ja die Frau, die zuerst die Frucht vom Baum der Erkenntnis aß und sie dann dem Manne weiterreichte. Viel hat der Mensch verloren, indem er diese Frucht vom Baume der Erkenntnis aß, aber einiges hat er auch gewonnen. Das Schönste und Beste aber, das er gewonnen hat, ist die Fähigkeit zu lieben. Dies ist auch der geheime und tiefste Sinn dieses sechsten Bildes.

VII Der Wagen
(THE CHARIOT)

Das siebte Bild zeigt uns einen Mann, aufrecht in einem Gefährt stehend, das von zwei Sphinxen gezogen wird. An den vier Ecken des Wagens erheben sich je eine Säule, die gemeinsam einen mit Sternen geschmückten Baldachin tragen. Hinter dem Wagen durchquert ein Flußlauf das Bild; noch weiter in der Tiefe erblicken wir die Mauern und Türme einer Stadt.

In diesem siebten Bild begegnen wir zum ersten Mal einer neuen Tatsache. Die Bilder I und VI zeigten uns jeweils einen Zustand, bildlich dargestellt durch Haltungen und Situationen. Hier nun, im »Wagen«, kommt ganz neu die Bewegung ins Spiel. Der Wagen ist kein stillstehendes Gefährt, sondern er fährt auf uns, seine Betrachter zu.

Werfen wir noch kurz einen Blick zurück, bevor wir VII näher betrachten. Die Bilder eins bis fünf haben wir als einen Schöpfungsvorgang erlebt. Im Bild sechs griff der Mensch nach der Frucht der Erkenntnis und wurde deswegen aus dem Paradies vertrieben. Aber dafür gewann er das Bewußtsein. Das Bewußtsein seiner selbst, das Bewußtsein vom Ich zum Du und das Bewußtsein vom Ich zur Welt. Dieser Bewußtwerdungsprozeß war eng verbunden mit der Erfahrung des Gesetzes der Polarität. Diese ist nun die Ausgangslage, aus der heraus der Mensch sich anschickt, in die Welt zu gehen und sich in ihr zu bewegen.

Das Bild eines Wagens ist sicher am geeignetsten, um diesen Vorgang sichtbar werden zu lassen. Der Wagen selbst, mit seiner grauen, kubischen Form, erinnert uns daran, daß wir es hier vor allem mit der Welt als Materie zu tun haben. Die vier Säulen, die sich aus diesem kubischen Wagen erheben und den Baldachin abstützen, dürfen wir sicher als Ausdruck der vier Elemente betrachten. Der Sternenschmuck des Baldachins erinnert uns daran, daß unsere materielle Welt in natürlicher Weise eingegliedert und vereinigt ist mit dem großen, universalen Kraftfeld des Kosmos. Die Farbe der Räder ist gelb, die Farbe des Feuers und der Dynamik, die Bewegung erst ermöglicht. Die analoge Symbolik steckt auch im Stab mit der gelben Spitze, den der Wagenlenker in der Hand hält. Es ist erneut der Stab des Magiers von Bild I, aber mit einer ganz speziellen Bedeutung. Die gelbe Spitze deutet auf das Element Feuer hin. Das andere Ende des Stabes ist unserem Blick vorenthalten. Wenn wir aber davon ausgehen, daß dieses verborgene Ende Ausdruck des anderen Pols des Feuers ist, dann müßte diese Spitze die Farbe Blau tragen, die Farbe des Wassers. Feuer und Wasser sind Symbole von Trieb und Gefühl, die zusammen die menschliche Emotion ergeben.

Die Kleidung des Mannes ist mit reichhaltigen Verzierungen versehen. Auf dem Kopf trägt er einen achtzackigen Stern. Die Zahl acht über dem Haupte des Mannes weist nochmals, im Zusammenhang mit dem Stab in seiner Hand, auf das Bild I, auf den Magier hin. Aber wie bereits der Stab, so hat auch der Stern gegenüber Bild I eine entscheidende Veränderung erfahren. Die Zahl acht wird nicht mehr durch die Lemniskate, die liegende 8, ausgedrückt, sondern durch das Bild eines Sterns. Für den Menschen, der die Ordnung des Kosmos vor allem am ständigen Gleichlauf der Sterne erkennen konnte, wurde der Stern schlechthin zum Symbol der im Kosmos harmonisch zusammenwirkenden Kräfte. Die Zahl 8 zeigt uns an, daß der Mensch wiederum an einem Neubeginn steht, daß er im Unterschied zu Bild I mit ersten Erkenntnissen und Erfahrungen über die Welt ausgestattet ist, in der zu bestehen sich der Mensch nun anschickt. Er hat gelernt, daß in dieser Welt eine bestimmte übergeordnete Ordnung herrscht und daß es seine Aufgabe ist, sich mit den ihm nun zur Verfügung stehenden Kräften und Mitteln in diese einzufügen. Dasselbe zeigt uns auch der schräge, gelbe Gürtel, in dem unschwer eine Darstellung der Ekliptik erkennbar wird, sowie das Panzerhemd, das mit zahlreichen alchemistischen Symbolen versehen ist.

Auf den Schultern trägt der Wagenlenker zwei Halbmonde, die durch die Gesichter als Symbole des zunehmenden und abnehmenden Mondes gekennzeichnet sind. Der Wechsel zwischen den Mondphasen ist auch ein Zeichen des Gesetzes der Polarität. Doch begegnen wir dieser Polarität hier in einer anderen Form, als wir sie bisher kennengelernt haben. Im Phasenwechsel des Mondes hat sie nicht mehr nur ein Spannungsverhältnis, sondern erweist sich als ein durch die Zeit bestimmter Zyklus. Auch daran wird deutlich, daß Bewegung ins Spiel gekommen ist, Fortbewegung von einem Punkt zum andern, und daß das Gesetz der Polarität ebenso davon betroffen ist. Dies hat nun allerdings weitreichende Konsequenzen.

A. E. Waite erwähnt im Kommentar zu seinen Tarotbildern, daß sich auf der Schulter des »siegreichen Helden« Urim und Thummim befinden können. Die hebräischen Begriffen Urim und Thummim kennen wir aus der Bibel (5. Mos. 33, 8; 4. Mos. 27, 21; Sam. 28, 6). Als Urim und Thummim wird der Brustschild, das Lamen der Hohepriester bezeichnet, das auch bei den ägyptischen Priestern in Gebrauch war. Es wird im alten Testament beschrieben als viereckig und zweifach beschriftet, mit vier Reihen Edelsteinen geschmückt und mit den Namen der zwölf Stämme Israels versehen. Aus den Überlieferungen des alten Testamentes kann angenommen werden, daß dieser Brustschild nicht nur ein Symbol und Zeichen der Würde des Hohepriesters war, sondern in gewissen Fällen als Orakel diente.

Mit Bild VII, durch die Mondphasen, ist der Faktor Zeit in unsere Tarotbilder eingetreten. Der Mensch erlebt sein Leben als Ablauf der Zeit von der Vergangenheit über die Gegenwart in die Zukunft. In diesen drei elementaren Teilen erleben wir Menschen, was Zeit ist. Davon sind uns Vergangenheit und Gegenwart bekannt, während die Zukunft im dunkeln liegt. Der Mensch hat von jeher ein großes Interesse daran bekundet, auch diesen dritten Teil, die Zukunft, seiner Kenntnis zugänglich zu machen. Zu diesem Zwecke sind zahllose Methoden entwickelt worden, die im religiösen Bereich unter dem Begriff Orakel zusammengefaßt werden können, und die dazu dienen, in Form einer Prognose oder Prophezeiung die noch verborgene Zukunft aufzudecken. Wir Menschen nehmen gegenüber der Zukunftsprognose eine merkwürdig zwiespältige Haltung ein. Religiös bestimmte Prognosemethoden werden gemeinhin als verdächtig angesehen und in das Gebiet des Aberglaubens verwiesen. Indessen gibt es aber zahlreiche anerkannte und somit erlaubte Prognosemethoden, wie zum Beispiel die Wetterprognose der Metereologen oder die Prognosen gewisser Wirtschaftsinstitute. Wenn du nun über diesen Punkt etwas eingehender nachdenkst, wirst du noch zahllose weitere Möglichkeiten entdecken, die gestatten, in gewissem Umfang die verborgene Zukunft zu erraten oder im voraus zu sagen, und die jeder von uns ohne Bedenken und ohne sich abergläubisch zu fühlen, im täglichen Leben anwendet. Warum sollten wir uns nicht darüber Gedanken machen, denn es ist ein völlig legitimes, ja notwendiges Bedürfnis des Menschen, das Dunkel der Zukunft soweit wie möglich aufzuhellen. Das Erkennen zyklischer Abläufe in der Natur, wie etwa die Jahreszeiten, und die annähernd genaue Vorausberechnung eines bevorstehenden Phasenwechsels ermöglicht erst den landwirtschaftlichen Anbau und damit die Entstehung von Kultur überhaupt. Unsere heutige noch gültige Wissenschaft basiert ja auf dem Denken von Ursache und Wirkung und macht ja damit gerade die Vorausbestimmung oder Vorausberechnung des Zukünftigen, also dessen, was aus einer bestimmten Ursache als Wirkung hervorgeht, zu ihrer Grundlage. Im dritten Teil des Buches werden wir eingehender auf dieses Thema eingehen. Jetzt wollen wir uns damit begnügen, festzulegen, daß der Mensch beginnt, sein Leben als eine fortlaufende Bewegung zu erkennen und damit gleichzeitig auch Bewegung und Dynamik im Gesetz der Polarität. Dies nennen wir Zeit. Der Mensch erhält also als neue Aufgabe, Herr über seine Zeit zu werden, vor allem über seine eigene, individuelle Zeit, die Stunde, den Tag, das Jahr, die Lebensspanne. Die jeweilige Dauer feststellen und lernen, daß, wenn die Gegenwart von den Faktoren der Vergangenheit abhängt, nach dem Gesetz der Analogie auch unsere Zukunft von unserer Gegenwart im Hier und Jetzt bestimmt wird. Das bedeutet: Wenn wir die Gegenwart in der richtigen Weise leben und erleben, hat dies automatisch Einfluß auf unsere Zukunft.

Von da her gesehen gehören die Mondphasen Urim und Thummim zusammen, denn der Mond, mit seinem deutlichen Phasenwechsel, wurde zu einem natürlichen Instrument der Zeitmessung und damit auch zu einer der ältesten Orakel- und Prognosemethoden der Menschheit. Die Prognose, beziehungsweise das Orakel, ist eine Analogie der bewußten Einfügung des Lebens in die kosmische Ordnung. Daß der Wagenlenker Urim und Thummim als Mondsicheln auf den Schultern trägt, ist ihm daher eine ständige Mahnung, sich in diese kosmische Gesetzmäßigkeit und deren zyklischen Ablauf harmonisch und bejahend einzuordnen und die sich ihm dadurch bietenden Möglichkeiten zu nützen, um aus Vergangenheit und Gegenwart die Aussichten und Chancen der Zukunft herauszufinden.

Auf der Brust trägt der Wagenlenker ein Quadrat, das nahe verwandt ist mit dem Kubus in den Bildern I und II. Es ist dessen Reduzierung in ein zweidimensionales Zeichen, und seine symbolhafte Aussage steht deshalb auch in enger Beziehung zur Bedeutung des Kubus. Ein Quadrat ist das Symbol der Erde, ein Symbol der Begrenztheit im Gegensatz zum Unbegrenzten. Für die Pythagoräer war das Quadrat ein Sinnbild für das vereinte Wirken der vier Elemente. Alle diese Aussagen können wir in einem einzigen Begriff zusammenfassen: die irdische Realität. Kontakt mit der irdischen Realität und die Auseinandersetzung damit ist das zentrale Thema dieses Bildes.

Vor den Wagen gespannt sind zwei merkwürdige Tiergestalten mit menschlichen Gesichtern, sogenannte Sphinxe. Die Darstellung von Sphinxen auf diesem siebten Tarotbild ist verhältnismäßig neu. In den älteren Tarot-Fassungen sind es stets zwei Pferde, die den Wagen ziehen. Erst der französische Okkultist Eliphas Lévi hat im 19. Jahrhundert die Pferde durch Sphinxe ersetzt. Die Sphinx ist ein sehr kompliziertes Symbol, das aus verschiedenen anderen Symbolen zusammengesetzt ist, die ihrerseits wieder eine sehr differenzierte Aussage haben. Die Sphinx trägt das Gesicht eines Menschen, den Leib eines Stieres, die Pranken eines Löwen und sollte eigentlich noch mit den Schwingen eines Adlers versehen sein. Damit wollen wir uns für jetzt begnügen und eine nähere Erläuterung über die Bedeutung der Sphinx auf später, auf Bild X verschieben. Wenn es soweit ist, blätterst du vielleicht zurück, um zu vergleichen und festzustellen, inwiefern die Symbolik der Sphinx logisch und organisch in dieses Bild hineinpaßt und ob die Retusche von Eliphas Lévi richtig und am Platze war. Die beiden Sphinxe haben gegensätzliche Farben. Die eine ist vorwiegend schwarz, die andere weiß. Sie bilden somit einen Kontrast, den wir bereits von Bild II her kennen und als weiteren Ausdruck der Polarität auffassen können. Bei genauerem Hinsehen entdecken wir, daß die beiden Sphinxe in einer leicht schrägen Haltung gezeichnet sind, so daß sie, wenn wir das Bild in die Realität übertragen, den Wagen in auseinandergehende Richtungen ziehen würden. Zur Erfassung der irdischen Realität ist es für den Menschen notwendig, sich mit den Auswirkungen der Polarität vertraut zu machen und diese Polarität überall, und vor allem in sich selbst, als zwei Kräfte kennenzulernen, die sich in entgegengesetzten, ja sich bekämpfenden Mächten entfalten können. Nur zu oft erlebt der Mensch die Polarität als Widerspruch, der oft unüberbrückbar erscheint. Läßt der Wagenlenker die beiden Sphinxe gewähren, so verliert er die Kontrolle über sein Gefährt. Jede Sphinx drängt der ihr genehmen Richtung entgegen, und diejenige bestimmt den Lauf des Wagens, die sich im

Moment, durch die Umstände begünstigt, als stärker erweist. Ziehen beide gleich stark nach unterschiedlichen Richtungen, so besteht die Gefahr, daß der Wagen auseinandergerissen und zerstört wird. In beiden Fällen ist eine kontinuierliche Vorwärtsbewegung des Wagens unmöglich geworden. Aufgabe des Menschen ist es nun, die Kontrolle über diese beiden auseinanderstrebenden Kräfte zu erlangen, sie zu vereinen und so zu koordinieren, daß sie den Wagen in der von ihm gewünschten und gewiesenen Bahn ziehen. Der Wagenlenker könnte es sich auch leicht machen, indem er eine der beiden Sphinxe ausspannt und seine Fahrt nur mit der halben Zugkraft fortsetzt. Damit ginge er aber einer echten Auseinandersetzung mit den polaren Kräften aus dem Wege, und es hätte zur Folge, daß der Wagen entweder stehenbleibt, weil die halbe Kraft zu einer Vorwärtsbewegung nicht ausreicht, oder daß der Wagen so langsam voran kommt, daß der Lenker sein Ziel nicht erreicht.

Daß es gilt, beide Kräfte zu vereinen, zeigt auch das kreiselähnliche Symbol an der Frontseite des Wagens. Es ist die indische Darstellung der Vereinigung von Lingam und Yoni, der männlichen und weiblichen Geschlechtsorgane. Damit wird ersichtlich, daß die Arbeit mit beiden Kräften dem großen und wahren Willen des Kosmos entspricht, daß es dabei aber von besonderer Wichtigkeit ist, sich nicht in passiver Triebhaftigkeit dorthin bringen zu lassen, wo es gerade der »Zufall« oder eine momentane Konstellation der Kräfteverhältnisse will, sondern daß es Aufgabe des Menschen ist, eine bewußte Kontrolle über die polaren Kräfte in sich und außerhalb seiner selbst zu übernehmen. Daraufhin weist die geflügelte Sonnenscheibe über dem Bild von Lingam und Yoni, die ein ägyptisches Symbol der lichten Bewußtheit ist.

Hinter dem Wagen erkennen wir die Zinnen, Mauern und Türme einer Stadt, und zwischen der Stadt und dem Wagen erstreckt sich ein Fluß. Die Richtung des Wagens zeigt uns, daß er von der Stadt her kommt, daß er die sicheren, beschützenden Mauern der Stadt verlassen und mittels einer Furt oder Brücke den Fluß überquert hat. Der Fluß ist das Symbol einer Grenze, die zwei Bereiche oder zwei Welten voneinander trennt.

In vielen Mythologien findet der Übergang vom Leben zum Tod, der Eintritt vom Reich der Lebendigen in das Totenreich, durch den Übergang über einen Fluß statt. Der Zusammenfluß aller Flüsse ins Meer gilt als Sinnbild der Vereinigung von Individualität mit dem Absoluten, also dessen, was wir als ein Thema dieses Bildes erkannt haben. Der Mensch muß lernen, seine eigene Individualität in die großen, übergeordneten Gesetze des Makrokosmos einzuordnen.

Der Mensch hat die Sicherheit und Geborgenheit der Stadt, das heißt des Paradieses, verlassen und ist über den Fluß zu neuen Ufern gekommen. Auf seinem kubischen Wagen ist er im buchstäblichen Sinne in die Realität hineingestellt, die zu akzeptieren und zu beherrschen er nun lernen muß. Als Lenker des Wagens ist er der Forderung ausgesetzt, mit den auseinanderstrebenden Kräften der Polarität fertig zu werden, sie zu bändigen, damit sie einem einheitlichen, gemeinsamen Ziel ihre Dienste leisten. Der Mensch ist aus seinem vegetativen Dasein erwacht und erreicht nun mittels der lichten Bewußtheit neue Ufer.

VIII Gerechtigkeit
(JUSTICE)

Hier weichen wir nun von der von Waite gegebenen Reihenfolge der Bilder ab. Bei Waite erscheint an achter Stelle das mit »Kraft« (Strength) betitelte Bild der Frau mit dem Löwen, während die Gerechtigkeit an elfter Stelle kommt. Die Reihenfolge der Karten, wie sie von der Tradition überliefert wird, wurde von verschiedener Seite untersucht und gelegentlich auch angezweifelt. Voraussetzung dieser Überlegungen war fast immer die These, daß die traditionelle Anordnung der Bilder exoterisch, das heißt nur für einen äußeren Kreis bestimmt sei, währenddem die esoterische, das heißt die eigentliche Anordnung für die profane Masse verborgen und daher geheim sei. So fehlte es denn auch nicht an gelegentlichen Versuchen, eine solche vermutete, geheime Anordnung zu rekonstruieren. Solche Rekonstruktionsexperimente erfolgten teils aufgrund von vernünftigen Überlegungen, die aus der Konzeption und der Weltschau des jeweiligen Forschers hervorgingen, teils aber auch durch Visionen und intuitive Eingebungen. Anhand solcher visionärer Botschaften wurden dann auch im hermetischen Orden »The Golden Dawn« die Bilder Gerechtigkeit (wird Bild XI) und Kraft (wird Bild VIII) miteinander vertauscht. Da Waite Mitglied dieses Ordens war, nahm er verständlicherweise diese Anordnung in seinen Tarot mit hinüber, und da er durch Schweigepflicht gebunden war, gab er keine Begründung für diese Vertauschung. Er wies nur darauf hin, daß anläßlich von Erwägungen, die für ihn überzeugend waren, diese Änderung vorgenommen worden ist. Ich muß gestehen, daß diese Anschauungen für mich nicht stichhaltig und daher auch nicht bindend sind und ich es deshalb vorziehe, die von der Tradition überlieferte Reihenfolge beizubehalten. Sie erscheint mir authentischer, logischer und dem Ganzen des Tarot angemessener.

Betrachte nun das Bild der Gerechtigkeit. Ich bin sicher, daß du auf Anhieb eine gewisse Beziehung feststellen wirst zu etwas, das du bereits gesehen hast. Lies jetzt in diesem Augenblick nicht weiter, sondern versuche herauszuspüren – *spüren* und *nicht nachdenken* – was das Bild in dir erweckt. Vielleicht kommt aus dir, aus deiner Tiefe, ein leiser Klang, ein Gefühl oder die Erinnerung an eine Erfahrung. Halte dieses Gefühl, diese noch wortlose Entsinnung zunächst einmal fest und gib dich ihr hin, registriere, was in dir ausgelöst wird. Erst dann setze die Gedankenarbeit des Kopfes wieder ein und frage: »Was habe ich bereits gesehen, und wo habe ich es schon gesehen?«

Jetzt wirst du sehr bald erkennen, daß das Bild der Gerechtigkeit eine große Ähnlichkeit mit dem Bild II, der Hohepriesterin, und dem Bild V, des Hierophanten, hat. Suche diese beiden Bilder aus den übrigen heraus und lege sie zum Bild der Gerechtigkeit. Spüre jetzt mit den Augen diesen Ähnlichkeiten nach und vergiß dabei auch nicht die kleinen Einzelheiten. Wiederum haben wir eine Gestalt, die zwischen zwei Säulen sitzt, die durch einen Vorhang miteinander verbunden sind. Die Säulen sind von gleicher Farbe; dies erinnert an das Bild des Hierophanten. Die Gerechtigkeit sitzt auf einem Steinblock, dessen eine Kante, die linke, sichtbar ist, wie wir es vom Bilde der Hohepriesterin her kennen. Allein, der Kubus, auf dem die Gerechtigkeit sitzt, unterscheidet sich von demjenigen der Hohepriesterin in einem an und für sich geringfügigen, aber vielleicht wichtigen Detail. Der Kubus ist nicht mehr ein rein geometrischer Würfel, sondern so bearbeitet, daß sich eine breitere Sitzfläche ergibt. Vergleiche nun die Haltung der Arme und Beine, die die Gestalten auf den drei Bildern einnehmen. Versuche noch nicht zu analysieren und zu interpretieren, sondern gleite einfach mit deinen Augen den Umrissen dieser verschiedenen Stellungen entlang und brauche die Augen nicht als Organe, um zu erkennen, sondern als Organe, um zu fühlen und zu spüren. Registriere wiederum, was dieses optische Ertasten in deiner Seele hervorruft. Irgend etwas ereignet sich jetzt in dir, doch versuche nicht herauszufinden, was es ist, sondern laß es einfach geschehen. Das, was du jetzt tust, macht dich lebendig. Fühle diese Lebendigkeit. Erst jetzt, nachdem du festgestellt hast, was für Kraftströme das Bild in deinem Inneren zum Fließen bringt, wird es Zeit, die Bilder näher auf ihren Inhalt hin zu betrachten.

Die zwei Säulen sagen uns, daß wir es hier wiederum mit Polarität zu tun haben. Wie im Bild II ist zwischen den Säulen ein Vorhang gespannt, dessen Farbe intensiv violett ist. Über dem oberen Rand des Vorhanges erblicken wir das leuchtende Gelb des Himmels. Ein Vorhang bedeutet immer Abgrenzung; die natürliche Funktion des Vorhanges ist, zu verbergen, zu verhüllen. Die Beschaffenheit des Vorhanges, seine Farbe oder sein Muster geben uns darüber Aufschluß, welcher Natur das ist, was hinter ihm verborgen ist. Im Bild der Hohepriesterin forderten uns die Granatäpfel, in der Anordnung des Baums des Lebens, und die Palmen auf, durch den Vorhang hindurchzugehen, die Polarität zu vereinigen. Welchen Hinweis gibt uns nun die Farbe Violett? Violett ist die letzte Farbe des Spektrums an der Grenze unseres Sehvermögens. Was nach dem Violetten kommt, das Ultraviolett, kann vom menschlichen Auge nicht mehr wahrgenommen werden und bleibt unsichtbar. Somit will uns die violette Farbe dieses Vorhanges sagen, daß wir hier an einer Grenze angelangt sind, über die hinauszugehen wir nicht mehr fähig sind, und daß wir deshalb auch nicht befugt sind, diesen Vorhang zu durchschreiten. Was sich jenseits des Vorhanges befindet, wissen wir nicht, und selbst wenn wir es wüßten oder durch Andeutungen ahnen könnten, so würde es uns doch nichts nützen, denn es wäre etwas, das jenseits unseres Fassungsvermögens ist. Einzig der strahlend gelbe Himmel gibt uns Auskunft, daß auch in der Dimension jenseits des violetten Vorhanges Kraft wirksam ist, Kraft des Feuers in einer für uns nicht zugänglichen, göttlichen Dimension. Somit wird das, was uns Bild VIII zu sagen hat, nur in einem begrenzten Raum, eben vor dem Vorhang, seine Gültigkeit haben und nicht ohne weiteres in andere Dimensionen übertragbar sein.

Was uns Bild VIII mitteilt, hat sicher etwas mit dem Gesetz der Polarität zu tun. Wenn wir die Handhaltung der Gestalt beachten, das nach oben weisende Schwert und die nach unten zeigende Hand, dann begegnen wir auch wieder dem Gesetz: »Wie oben, so unten.« Aber – und diese Einschränkung zeigt uns der violette Vorhang ganz deutlich – dieses »wie oben, so unten« heißt nicht gleichzeitig »wie diesseits, so jenseits«. Die Dimensionen vor dem Vorhang, in der sich die Gerechtigkeit manifestiert, ist auch ganz eindeutig durch den Quader, auf dem die Gestalt sitzt, definiert als die materielle Welt. Allerdings ist dieser Kubus nicht mehr der reine Kubus von Bild II, wie wir bereits gesehen haben, sondern mit einer über den oberen Kubenrand hinausragenden Steinplatte versehen, der gleichen Steinplatte, die beim Thron des Herrschers in Bild VI als Sitzfläche dient. Somit können wir auch das Bild IV für unsere Betrachtungen heranziehen. Das Bild »Der Herrscher« hat mit sozialer Ordnung zu tun. Deshalb wird uns die Verbindung dieser beiden Bilder ohne weiteres einleuchten, denn Gerechtigkeit ist ja auch ein Merkmal sozialer Ordnung, oder sollte es wenigstens sein.

Die beiden Attribute der Gerechtigkeit sind Schwert und Waage. Das Schwert darfst du hier in seiner doppelten Bedeutung sehen. Halte dir aber zunächst das Schwert als Symbol für das Element Luft vor Augen. Wenn du nicht mehr ganz sicher bist, dann lies noch einmal nach, was beim Bild des Magiers darüber geschrieben steht.

In diesem Bild ist das Schwert ein passendes Symbol, denn wo die Gerechtigkeit im Mittelpunkt ist, da wird unterschieden und schließlich auch entschieden. Aber das Schwert erhält hier noch eine andere Bedeutung. Gerechtigkeit verwirklicht sich nicht so sehr im Aufstellen einer Ordnung, als vielmehr in ihrer Erhaltung und Bewahrung. Gerechtigkeit üben heißt, laufend darauf zu achten, daß niemand mehr Raum einnimmt und beansprucht, als ihm von der herrschenden Ordnung aus gegeben ist. Mit der Schneide des Schwertes wird das, was zuviel ist und wuchert, auf sein ursprüngliches Maß zurückgeschnitten. Damit wird das Schwert nun aus einer anderen Perspektive gesehen als der des Elementes Luft. Es wird zum Werkzeug marsischer Kraft. Das Prinzip des Planeten Mars ist Kraft in ihrer ursprünglichsten Form, einfache, wertfreie und ungerichtete Energie. Welche Form diese bloße, einfach vorhandene Energie in der Gerechtigkeit annimmt, zeigt das andere Symbol, das die Gestalt in ihrer linken Hand hält, die Waage. Dies ist eine besondere Art von Waage, deren Eigenschaft darin besteht, daß sich ihre beiden Waagschalen in einer Stellung der Ausgeglichenheit befinden.

Die Ordnung des Herrschers von Bild IV hat nur dann Bestand, wenn sie sich in einem Zustand des Gleichgewichts befindet. Gerät dieses aus der Balance, so zerfällt die Ordnung, und das Chaos tritt seine Herrschaft an. So ist also zweierlei notwendig, um eine einmal errichtete Ordnung aufrechtzuerhalten: die Waage als feines Meßinstrument, das sofort anzeigt, wenn diese Ordnung irgendwo aus dem Gleichgewicht zu geraten droht, und die Kraft des Schwertes, die korrigierend eingreift, um die Harmonie, die Stabilität wiederherzustellen.

Um diese Anschauung noch besser verstehen zu lernen, wollen wir einmal untersuchen, in welcher Weise die Symbole von Schwert und Waage in der Astrologie verwendet werden. Daß das eiserne Schwert Symbol marsischer Kraft ist, wissen wir schon. Das Tierkreiszeichen Waage ist dem Planeten Venus zugeordnet. Durch das Venusprinzip wird die Kraft symbolisiert, die ausgleichend, harmonisierend wirkt. Venus sorgt dafür, daß von einem Punkt, wo zuviel Energie vorhanden ist, Energie abfließen kann zu einem andern Punkt, wo zuwenig vorhanden ist. Das Prinzip des Mars und das der Venus können, jedes für sich allein, nur begrenzt etwas ausrichten. Erst wenn beide zusammenklingen, erreichen sie ihre volle Wirksamkeit. So ergibt denn auch in der Astrologie der Zusammenklang von Venus und Mars die Urkraft der Sexualität oder der Polarität schlechthin. Damit erkennst du auch, warum in diesem Bild VIII wiederum zwei Säulen die Polarität ausdrücken. Die beiden Prinzipien Venus und Mars zeigen sich auch in der Kleidung der Gestalt. Der rote Mantel verkörpert Mars, der grüne Kragen mit den beiden stolaartigen Bändern hat die Farbe der Venus. Auf Venus deuten noch weitere Einzelheiten hin. Zunächst einmal das blonde Haar, das von der gleichen Farbe ist wie dasjenige der Herrscherin. Die Krone, die die Gestalt auf dem Haupt trägt, hat drei zinnenförmige Zacken. In ihrer Mitte ist ein quadratischer Edelstein eingefaßt. Die drei Zacken der Krone, addiert mit den vier Ecken des Edelsteins, ergeben die Zahl sieben, die aufgrund der Zahlensymbolik auch der Venus zugehörig ist. Vielleicht ist aber in Krone und Edelstein noch mehr enthalten, als nur gerade eine Zahl. Wir erinnern uns: Das Quadrat ist das zweidimensionale Symbol für die Materie, für unsere materielle Welt. Damit soll angedeutet werden, daß sich die ausgleichende Kraft der Gerechtigkeit in unserer materiellen Welt auswirken soll, um dazu zu dienen, diese unsere Welt in Ausgewogenheit zu halten. Die drei Zacken der Krone wiederum könnten auf die dreifache Ebene des Menschen, nämlich Körper, Seele, Geist, hinweisen. Gerechtigkeit kann nur dann umfassend wirksam sein, wenn sie den Menschen in seiner Gesamtheit, also als Körper, Seele und Geist erfaßt. Nur wenn diese drei Ebenen allesamt von Gerechtigkeit durchdrungen sind, ist die Balance der göttlichen Schöpfungsordnung in der materiellen Welt gewahrt.

Bis jetzt haben wir immer nur von einer sitzenden Gestalt gesprochen, ohne zu beachten, ob es sich um einen Mann oder eine Frau handelt. Rein von der Zeichnung her gesehen könnte es sowohl ein Mann als auch eine Frau sein. Die Zeichnung gibt keine geschlechtsspezifischen Merkmale. Da die Tarotbilder bisher sehr eindeutig entweder Männer oder Frauen gezeigt haben, dürfen wir annehmen, daß auch in diesem achten Bild der Figur ein bestimmtes Geschlecht zugeordnet ist. Es mag sein, daß die Zeichnung darüber absichtlich keine Auskunft gibt, weil die Antwort auf diese Frage offenbar über andere Wege gefunden werden soll. Betrachten wir noch einmal Bild VII, den Wagen. Hier ist der Wagenlenker ganz klar ein Mann. Das bedeutet, daß der Kerngedanke in diesem Bild dem männlichen Pol zugeeignet ist. Wie wir gesehen haben, spielt bei Bild VII die dynamische Kraft, die in eine bestimmte Richtung weist, eine große Rolle. Kraft, die ohne Hemmung und kontinuierlich nur in eine Richtung strömt, hat jedoch wenig Sinn, sie verläuft sich letztlich nur im Chaotischen, in der Anarchie. Dynamische Kraft kann nur etwas vollbringen, wenn sie auf einen Widerstand stößt, der dieser Kraft eine Form gibt, das heißt, wenn ihr eine andere Kraft entgegenwirkt und ihr Beständigkeit gibt.

Wenn du nun noch einmal all das durchdenkst, was wir bisher über die Gerechtigkeit gesagt haben, dann wirst du sicher finden, daß gerade sie als diese stabilisierende, abwägende und formerhaltende Kraft auftritt. Dementsprechend gebietet konsequenterweise eine Frau über die Gerechtigkeit. Lege nun Bild VII und VIII nebeneinander und betrachte sie abwechselnd. Achte darauf, welche Gefühle dir dieses Anschauen vermittelt. Bild VII strömt Dynamik und Richtung aus, Bild VIII Statik und Form. Jeder Baumeister weiß, daß es nicht nur dynamische und bewegte Kraft gibt, sondern daß auch in unbewegten Dingen unentwegt Kräfte am Werk sind, die aufeinander einwirken und sich gegenseitig stabilisieren. Wenn der Architekt ein Haus plant und der Ingenieur eine Brücke konstruiert, dann müssen diese statischen Kräfte berücksichtigt und entsprechend berechnet werden, sonst ist das Bauwerk von vornherein zum Untergang verurteilt. Erst wenn die statischen Kräfte ausgewogen, in der Balance sind, kann ein Bauwerk Bestand und Dauer haben. Du siehst, daß wir auch hier, mit Bild VII und

Bild VIII, zwei Bilder vor uns haben, die miteinander in Beziehung stehen, und uns, ähnlich wie Bilder I und II beziehungsweise II und IV, einen neuen Aspekt der Polarität zum Ausdruck bringen. Diese Polarität der dynamischen und statischen Kräfte zeigt sich übrigens auch bei den vier Elementen. Die männlichen Elemente Feuer und Luft sind ihrer Natur nach dynamisch bewegt, während Erde und das in einem Kelch ruhende Wasser den weiblichen, statischen Aspekt der Kraft symbolisieren. Auch das Schmuckstück der Gerechtigkeit, das ihren grünen Überwurf zusammenheftet, das weiße Quadrat mit dem darin befindlichen Kreis, unterstützt und erweitert diese Angabe. Das Quadrat steht für die Materie, der Kreis ist Ausdruck von Rotation und Bewegung. So wie alle Flüsse der Welt im Meer ihre Ruhe finden, so münden alle Farben des Spektrums in die Farbe Weiß, und die rote Farbe wird zum Symbol marsischer Kraft. Roter Kreis im weißen Quadrat heißt demnach Kraft in der Materie und veranschaulicht deshalb auch als einfache, reduzierte Formel die Aussage dieses achten Tarot-Bildes.

Für diejenigen, die sich für Zahlensymbolik interessieren, mag noch dieser kleine Hinweis am Rande dienen: Der Kreis wird durch die Zahl 22 symbolisiert (merke: auch der Tarot hat 22 große Arkana), und die Zahl des Quadrates heißt 4. 22 und 4 zusammengezählt ergibt 26. Wenn wir dieses Ergebnis theosophisch reduzieren, das heißt, so lange die Quersumme ermitteln, bis nur noch eine einstellige Zahl übrigbleibt, erhalten wir die Zahl 8. Was alles in dieser Zahl enthalten ist, weißt du ja.

Unter dem roten Mantel ist der rechte Fuß der Frau sichtbar, gekleidet in einen weißen Schuh. In der Psychologie bedeutet rechts die Seite des Bewußtseins, während alles, was aus dem Unbewußten hervorsteigt, der linken Seite zugeordnet wird. Dies kommt auch in der Traumsymbolik deutlich zum Vorschein. Der Fuß ist das Glied, das dem Menschen die Stabilität vermittelt. Mit den Füßen steht er auf der Erde, ist er mit der Erde verbunden. Auf dem rechten Fuß stehen heißt, sich der Seite des Bewußtseins zuwenden.

Gerechtigkeit kann nur da geschehen, wo der Mensch sich

weitgehend vom Einfluß der Emotionen und seiner Unbewußtheit befreit hat und den Standpunkt im Bewußtsein einnimmt. Wie wichtig dies ist, zeigt sich auch in den beiden Hauptattributen der Gerechtigkeit, im Schwert und in der Waage. Der Griff des Schwertes ist mit drei Kreisen mit einem Punkt in der Mitte, die Symbole der Sonne sind, versehen. Im mechanischen Gelenk der Waage wirst du das gleiche Symbol entdecken. Auch die Sonne entspricht in der Astrologie dem Bewußtsein, im Gegensatz zum Mond, der die Sphäre des Unbewußten verkörpert. Auch da wird klar: Wo mit Waage und Schwert Gerechtigkeit gesprochen und Gerechtigkeit durchgesetzt wird, soll sich der Mensch vom Lichte der Bewußtheit leiten lassen.

Fassen wir kurz noch einmal zusammen: Nach der männlichen, dynamischen, in eine Richtung drängenden Kraft von Bild VII macht uns Bild VIII die weibliche, statische Kraft sichtbar, die stabilisiert, balanciert und Form gibt. Genau das ist auch Aufgabe der Gerechtigkeit, nämlich eine vorhandene Ordnung aufrechtzuerhalten und kraft des Schwertes immer wieder ins Gleichgewicht zu bringen. Diese statische und bewahrende Kraft wird vor allem durch die Vereinigung der Kräfte von Mars und Venus erreicht. Dieser Auftrag der Gerechtigkeit ist aber auf einen ganz bestimmten Ort beschränkt und für die Materie bestimmt. Dies veranschaulichen uns vor allem der rote Kreis im weißen Quadrat als Symbol von Kraft in der Materie, und der violette Vorhang zwischen den Säulen, der die Grenze zu einer anderen Dimension angibt und festlegt.

IX Der Eremit
(THE HERMIT)

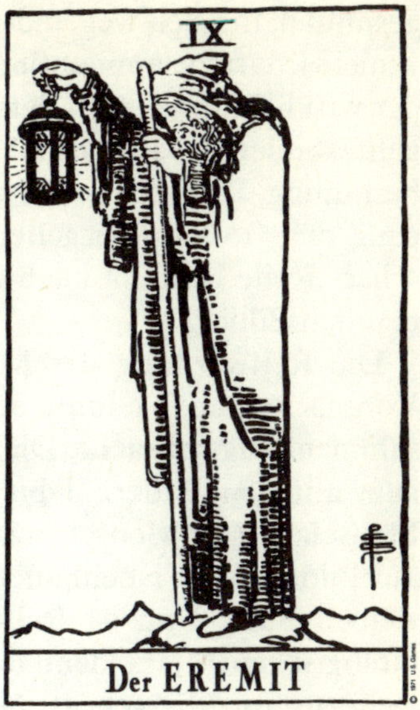

Äußerste Schlichtheit, ja Kargheit, vermittelt die Zeichnung des neunten Bildes, das uns einen alten Mann zeigt, gekleidet in einen Kapuzenmantel, der in seinen Händen einen leuchtenden Stab und eine Laterne hält. Die Füße des Eremiten stehen auf Schnee und Eis; seine rechte Hand hält die Laterne hoch erhoben, als wolle er einen möglichst weiten Umkreis erleuchten oder vielleicht auch ein Lichtzeichen geben.

Eremit ist ein anderes Wort für Einsiedler. Der Einsiedler ist ein Mensch, der abseits der übrigen Menschen in Einsamkeit lebt, ganz auf sich selbst zurückgezogen. Die Einsamkeit des Eremiten ist in den meisten Fällen eine aus religiösen Motiven heraus selbst gewählte. Ziel dieser Einsamkeit kann die Selbstbesinnung sein, das Suchen von Gottesnähe, ein meditatives Leben. Diese Absichten sind in der Einsamkeit, abseits von Lärm und Trubel der Welt und der anderen Menschen, leichter zu erreichen. Die Lebensform eines Eremiten ist bei den meisten großen Religionen anzutreffen. Meistens in der Form des Mönchtums, das heißt einer sozialen Verbindung von Gleichgesinnten, die sich wegen der erwähnten Ziele zu einer Lebensgemeinschaft zusammenfinden. Aber der echte Eremit ist der, der wirklich allein, fern der anderen lebt, der nicht in die Welt geht, sondern höchstens die Welt zu sich kommen läßt. Selbstbesinnung, Konzentration auf das Wesentliche und die Erfahrung der Gottesnähe gelten als Zeichen der Reife des Menschen. Reife ist denn auch die vordergründige Aussage dieses neunten Bildes.

Die Reifwerdung des Menschen wird allgemein mit dem Voranschreiten der Jahre und dem Alter des Menschen in Zusammenhang gebracht. Die menschlichen Figuren, die uns bis jetzt auf den Bildern I bis VIII begegnet sind, waren junge Menschen oder Menschen in der Fülle ihrer Kraft. Der Eremit auf Bild IX aber ist ein alter Mann, gekennzeichnet durch den weißen Bart. Nun ist Reife nicht unbedingt eine Sache des biologischen Alters, denn jedes Lebensalter hat seinen eigenen Reifezustand. Es gehört mit zur Entwicklung des Menschen, daß er jeweils den seinem Lebensalter entsprechenden Reifegrad erreicht und lebt. Die Reife eines Dreißigjährigen sieht ganz anders aus als die eines Siebzigjährigen. Für den Dreißigjährigen ist es ein Reifezeugnis, wenn er den verantwortungsfreien Zustand der Kindheit hinter sich läßt, bewußt das Leben mit beiden Händen anpackt und die Aufgaben und die Verantwortung auf sich nimmt, die seinem Lebensalter gemäß sind. Wenn sich aber ein Siebzigjähriger unter den gleichen Voraussetzungen dem Leben konfrontiert wie ein Dreißigjähriger, mit ihm in Konkurrenz treten will und sich den gleichen Anforderungen unterwirft, dann ist dies nicht ein Zeichen der Reife, sondern der Unreife. Umgekehrt kann ein Dreißigjähriger auch nicht ungestraft einfach vierzig Jahre des vor ihm liegenden Lebens überspringen und das beanspruchen, was dem Siebzigjährigen vorbehalten ist. Auch das wäre Unreife. Daraus geht klar hervor, daß sich das Thema von Bild IX nicht ausschließlich an den alten Menschen richtet, so wenig wie die Aussagen der übrigen Bilder nur die jüngere Generation ansprechen sollen. So wie jedes Lebensalter zu seiner ihm eigenen Reife finden muß, muß sich auch jedes Lebensalter mit Bild IX auseinandersetzen. Ebenso bleiben für den biologisch älteren Menschen die übrigen Tarotbilder unvermindert aktuell. Dies gilt besonders auch für die Bilder I bis III. Für einen siebzigjährigen Mann und eine gleichaltrige Frau behalten zum Beispiel die Bilder I bis IV ihre volle Gültigkeit, wenn sich auch das Männliche beziehungsweise das Weibliche in diesem Alter in einer anderen Weise, die in keinem Fall minderwertig ist, äußert. Auch diese neue Art des Männlichen und des Weiblichen zu leben, ist ein Kennzeichen der Reife.

Die Reife beim Menschen ist das Ergebnis der Erfahrungen, die sein bisheriges Leben geprägt haben. Damit aber diese gemachten Erfahrungen für den Menschen ihre positiven Auswirkungen haben können, gilt es, sich immer wieder von Zeit zu Zeit ihrer bewußt zu werden. Dies geht schlecht im Lärm und im ablenkenden Getriebe des Alltags, dafür bedarf es der Ruhe und der Zurückgezogenheit, dazu ist es notwendig, sich zeitweise in die Lage eines Eremiten zu versetzen. Im Leben eines jeden Menschen gibt es Situationen, in denen er die Seinsform des Eremiten vollumfänglich erleben sollte. Schon um dem Gesetz der Polarität in seinem Leben gerecht zu werden, sollte der Mensch dies beachten. Auf jede Zeitspanne äußerer, betriebsamer Tätigkeit müßte immer wieder eine Zeit der inneren und besonnenen Geruhsamkeit folgen. Dabei kommt es nicht so sehr auf die zeitliche Gleichheit dieser polaren Phasen an, als vielmehr auf deren Intensität. Das biblische Gesetz, sechs Tage sollst du arbeiten und am siebten ruhen, gibt eine ungefähre Richtlinie für das, was gemeint ist. Zurückgezogenheit und Einsamkeit brauchen nicht immer identisch zu sein, obwohl Selbstabklärung in der Einsamkeit leichter zu erreichen ist. Wichtig ist, daß der Moment wahrgenommen wird, um sich auf sich selbst zu konzentrieren, das heißt, sich soweit von allen äußeren Einflüssen und Reizen abzuschirmen, daß die Konfrontation mit sich selbst und die Betrachtung der Summe der eigenen Lebenserfahrung möglich wird. Wie wichtig dieses Zurückziehen auf sich und die Einkehr in sich selbst ist, zeigt die Kapuze des Eremiten. Die Kapuze ist ein Kleidungsstück, das den Kopf verhüllt. Sie hütet Ohren und Augen vor den Sinnesreizen der Umwelt und läßt Raum für alles, was aus dem Menschen, aus seinem Inneren heraufsteigt.

Mit seinen Füßen steht der Eremit auf Schnee und Eis, so daß das ganze Bild den Eindruck von Kälte und Kargheit hinterläßt. Ausdehnung und Bewegung sind Ausdruck von Wärme. Kälte ist das Gegenteil davon, also Kontraktion und Erstarrung. Konzentration erfordert ein Zurücknehmen der Kräfte, die eigentlich stürmisch nach außen drängen. Selbstbesinnung verlangt, daß wir auf dem Weg, den wir beschritten haben, innehalten, um den Standort zu bestimmen, an dem wir uns befinden. Wer den Platz des Eremiten einnimmt, verzichtet auf Expansion und beschränkt sich ganz auf sich selbst, er ist allein mit sich. Jeder Mensch muß irgendwann einmal in seinem Leben lernen, allein zu sein. Solange ein Mensch auf seinem Entwicklungswege nicht gelernt hat, allein und ganz auf sich selbst gestellt zu sein, bleibt er immer von irgendeiner Seite abhängig. Ein abhängiger Mensch ist und bleibt auch in einem bestimmten Umkreis gefangen und verliert die Fähigkeit, seinen Lebensraum zu erweitern. Genau das aber ist Aufgabe des Menschen, die ihm von der Schöpfungsordnung her gegeben ist.

Blicke einmal zurück in deine Kindheit und auf den Weg, den du bisher zurückgelegt hast. Den Ort, wo du jetzt stehst, hast du nur erreicht, indem du ständig gegen Widerstände gekämpft und Widerstände überwunden hast. Du wirst dich kaum mehr daran erinnern, wie es war, als du lerntest, deine Füße zur Fortbewegung zu gebrauchen. Es gelang dir sicher nicht auf Anhieb. Bei vielen Versuchen fielst du hin. Oft war es schmerzhaft, und diese schmerzlichen Erfahrungen hätten eigentlich auch dazu führen können, daß du dir gesagt hättest: »Ich schaffe es nicht. Das Gehen auf den Füßen ist etwas, das mir nicht vergönnt ist, eine Dimension, die zu erreichen ich nicht fähig bin.« Was wäre das Resultat gewesen? Du hättest freiwillig dein Leben auf einen äußerst kleinen Rahmen beschränkt. Die mit Schmerz verbundenen Empfindungen des Hinfallens wären dir zwar künftig erspart geblieben, aber du hättest den horrenden Preis einer lebenslangen Abhängigkeit von anderen bezahlen müssen. Zum Glück hat die göttliche Schöpfung das Kind mit einem unbändigen Lebenswillen und dem Trieb zur Erweiterung gesetzter Grenzen ausgestattet, so daß du diese Hürde, wenn auch unbewußt, bezwangst. Nach dieser Schranke des Gehenlernens kamen andere. Alle durchbrachst du, bis du da warst, wo du heute bist. Nur die triebhafte Energie, die es dem kleinen Kind leicht macht, eine Grenze nach der andern in natürlicher und unbewußter Weise zu überschreiten, läßt mit fortschreitendem Alter allmählich nach. Je mehr sich das Bewußtsein entwickelt, desto mehr werden wir auch unserer schmerzhaften Erlebnisse gewahr. Den Menschen überkommt mehr und mehr die Neigung, sich in einem einmal errungenen Bereich definitiv einzurichten und darauf zu verzichten, neue Gebiete und Dimensionen, die vielleicht noch vor ihm liegen, zu erobern, weil er davor zurückscheut, sich den damit verbundenen Schmerzen und Anstrengungen auszusetzen. Jetzt, wo der Mensch nicht mehr über den Entwicklungs- und Expansionstrieb des Kindes verfügt, muß seine Evolution aus einem andern Motiv heraus erfolgen. Der Anteil des Bewußten ist beim erwachsenen Menschen, verglichen mit dem Kinde, größer geworden. Kann sich der Mensch nicht mehr ohne weiteres auf die Triebkraft des Unbewußten verlassen, so muß er statt dessen aus der Entschlußkraft des Bewußten heraus handeln. Das bedeutet, die Weiterentwicklung seines Lebens, das Erreichen höherer Ebenen, sowohl im Materiellen als auch im Spirituellen, fallen dem Menschen nicht mehr in den Schoß, sondern können nur aufgrund einer Entscheidung aus reifer Überlegung heraus und eines bewußten Willensaktes erreicht werden. Der Ort, an dem diese Entscheidungen gefällt werden können, zeigt das Bild IX. Das heißt, sich die Kapuze über den Kopf ziehen, um sich soweit wie möglich der Beeinflussung und Manipulation durch die Umwelt zu entziehen und bereit zu sein, sich der Kälte und Einsamkeit auszusetzen.

Nun ist aber der Eremit dieser Kälte und Einsamkeit nicht schutzlos preisgegeben. In seinen Händen trägt er Stab und Lampe. Die gelbe Farbe von Lampe und Stab bilden zum monotonen Grau einen herausragenden Kontrast. Du weißt, was die Farbe gelb bedeutet: sie weist auf das Element Feuer hin, das Symbol der reinen, dynamischen Kraft. Damit wird deutlich, daß der Eremit auch in der eisigen Einöde und in der Abgeschiedenheit auf Licht und Kraft zählen kann.

Die Lampe trägt der Eremit in seiner rechten Hand. Ihr Licht strahlt aus einem sechseckigen Stern, dem sogenannten Hexagramm. Das Hexagramm besteht aus zwei ineinandergeschlungenen Dreiecken, dessen eine Spitze nach oben und die andere nach unten weist. Vielleicht blätterst du an dieser Stelle zurück auf Seite 86 und vergegenwärtigst dir noch einmal, was wir dort über das Gesetz der Dreiheit ($1 + 2 = 3$) gesagt haben. Ein Dreieck ist eine genau umgrenzte Fläche, eine neue Einheit. Aus den ersten drei Bildern wissen wir, daß, wenn sich ein Erstes, zum Beispiel der Mann, mit einem Zweiten, zum Beispiel der Frau, verbindet, ein Drittes entspringt: das Kind. Genau wie bei der geometrischen Figur des Dreiecks erfolgt, sobald dieses Dritte, das Kind, vorhanden ist, eine neue Form der Gesamtheit. Aus dem Mann wird der Vater, aus der Frau die Mutter, und das Kind verbindet alle drei zur Familie. Mann, Frau und Kind sind jedes für sich allein eine Einheit. Vereinigen sie sich miteinander, bilden sie auf einer neuen Ebene gemeinsam eine neue Einheit. Aber die Familie ist noch keinesfalls die letzte denkbare Einheit. Wenn sich verschiedene Familien zusammenschließen, entsteht die Sippe, aus etlichen Sippen formt sich ein Stamm, und aus mehreren Stämmen kann im Laufe der Geschichte eine Nation werden. Einige Nationen, die über gleiche biologische und kulturelle Merkmale verfügen, werden wieder zusammengefaßt und als Rasse bezeichnet, und letztlich besteht die Menschheit aus allen Rassen der Welt.

Es lohnt sich, hier wieder für eine Weile innezuhalten, um etwas vertiefter über dieses Gesetz der Dreiheit zu meditieren. Wir haben gemeinsam das Gesetz der Dreiheit am Beispiel des Menschen herausgearbeitet. Aber – und soviel weißt du nun bereits – dieses Gesetz ist nicht auf den Menschen beschränkt, sondern findet sich auch in allen andern Bereichen des Kosmos. Gehe diesen Zusammenhängen nach. Suche und finde dieses Gesetz in allen möglichen Bereichen und eigne es dir an. Dies wäre denn auch die Gelegenheit, ein erstes Mal bewußt die Kapuze über dein Haupt zu ziehen.

Jetzt wirst du hoffentlich nicht nur gedacht und mit dem Kopf begriffen haben, sondern auch erfühlt und innerlich geschaut haben, wie sehr das Dreieck ein Abbild der großen, kosmischen Schöpfungsordnung ist.

Nun enthält aber das Hexagramm, das wir miteinander erforschen, nicht nur ein Dreieck, sondern zwei. Auch dies muß seine Bedeutung haben. Wir haben gemeinsam das Gesetz der Dreiheit betrachtet, vom einzelnen Menschen bis hin zum übergeordneten Begriff der Menschheit. Wir haben gesehen, daß sich dieses Gesetz, als stände es auf einer Treppe oder Leiter, auf jeder höheren Stufe neu bestätigt, und wir können annehmen, daß dies sicher dem Dreieck entspricht, das mit der Spitze nach oben weist. Das Dreieck mit der Spitze nach unten wäre dann ein Hinweis darauf, daß das Gesetz der Dreiheit nicht nur in der Aufwärtsbewegung stattfindet und seine Gültigkeit hat, sondern auch in der entgegengesetzten. Dies kann nun aber auf unterschiedliche Weise gedeutet werden. Es könnte, gestützt auf das Bild des Magiers, im Sinne des Makro- und des Mikrokosmos gemeint sein, unter Anwendung des hermetischen Gesetzes »wie oben, so unten«, es könnte aber auch die Polarität ausdrücken, wobei in diesem Falle die beiden Spitzen der Dreiecke für je einen Pol stehen. Es ist nun dir überlassen, in diesem Bereich weiterzusuchen. Wenn du das bisher Geschriebene nicht nur gelesen, sondern dir auch sorgfältig zu Gemüte geführt hast, dann wirst du auch Erkenntnis finden. Ein Fingerzeig noch: In manchen Darstellungen des Hexagramms ist das aufwärtsweisende Dreieck weiß und das abwärtsgerichtete schwarz ausgemalt.

Auch folgendermaßen können die beiden Dreiecke noch angeschaut werden: als materielle und spirituelle Dimension, oder als sichtbare und unsichtbare Welt.

Nun stehen aber das aufwärtsgerichtete und das abwärtsweisende Dreieck nicht jedes für sich allein, sondern sind im Hexagramm zu einem einheitlichen Ganzen zusammengefügt. Ja, in manchen Zeichnungen durchdringen sie einander buchstäblich. Dies ist ein deutlicher Hinweis darauf, daß nichts von dem, was die beiden Dreiecke symbolisieren, für sich allein steht, und daß das eine auch stets vom andern durchdrungen und beeinflußt wird. Wo Tag ist, da ist auch Nacht, Helles und Dunkles, Gutes und Böses, Sichtbares und Unsichtbares – das eine ist nicht ohne das andere denkbar. Es ist eine wahrhaft esoterische Erkenntnis, die uns hier zuteil wird. Eine Erkenntnis, die, wenn wir sie zutiefst begriffen und in uns aufgenommen haben, geeignet ist, unser ganzes Leben und unseren Blick für die große kosmische Schöpfungsordnung zu verändern und uns zu veranlassen, alles in einem neuen Licht zu sehen. Licht, das ist es, was aus der Lampe des Eremiten strahlt. Das neue Licht. Die rechte Hand des Eremiten trägt die Lampe erhoben, um einen möglichst großen Umkreis zu erhellen, um noch einmal den Weg zu erleuchten, auf dem er bis hierher gelangt ist: den Weg von Bild I bis Bild VIII. Der Eremit ist nun reif genug, den bisher zurückgelegten Lebensweg durch das Sinnbild des Hexagramms in einem neuen Licht zu erblicken, um daraus neues Wissen und neue Erkenntnisse für den noch vor ihm liegenden, in der Ferne der Zukunft verborgenen Pfad zu gewinnen.

Hier wird offenkundig, daß der Eremit nicht am Ziel seines Entwicklungsweges steht, sondern höchstens am Ende einer Etappe. Es ist Zeit, einen Augenblick innezuhalten, dich umzuwenden und den Weg zu betrachten, auf dem du gekommen bist. Auf jedem Stück dieses Weges hast du deine Erfahrungen gemacht. Ziehe Bilanz aus der Summe deiner Erfahrungen und betrachte sie im neuen Licht, im Lichte des Hexagramms.

Das Ende deines Weges ist aber noch lange nicht gekommen, ja, es wäre gefährlich, im Zustande des Eremiten zu verharren. Bedenke, der Eremit steht auf Eis und Schnee; bleibt er stehen, so beginnt er zu frieren, ja, er wird vielleicht sogar erfrieren. Seine schöpferische Einsamkeit würde zur lebensfeindlichen Isolation. Einsamkeit ist nicht immer nur ein schweres Schicksal, in manchen Fällen wird sie auch zur Versuchung, den Anforderungen des Lebens und der Bewältigung der gestellten Aufgabe zu entfliehen. Vielfach ist das selbstgewählte Eremitentum der Weg des geringsten Widerstandes. Dann besteht allerdings die Gefahr, daß dieser Weg nicht zur Selbstbesinnung führt, sondern zur bloßen Selbstbespiegelung. Die Isolation ist gerade beim Esoteriker immer eine verborgene Gefahr, der er oft unmerklich erliegt. Deshalb ist es besonders wichtig, daß du dich immer genau fragst, wenn du dich in der Situation des Eremiten befindest, ob deine Einsamkeit, deine Absonderung schöpferisch ist, der Weiterentwicklung dient, eine Atempause auf dem Weg nach vorwärts bedeutet, oder ob sie eine Flucht vor den Realitäten ist, eine bequeme Haltung, um dem Narzißmus zu frönen. Bedenke immer, die Reise des Tarot ist noch längst nicht fertig. Ja, mit Bild IX haben wir noch nicht einmal die Hälfte des Weges hinter uns gebracht. Der Eremit ist also nicht eine End-, sondern eine Zwischenstation. Es ist immer wieder notwendig, sich auf dem Lebensweg einen Moment zurückzuziehen und diese Zeit der Ruhe, der Abwendung zu benutzen, um neue Kraft zu schöpfen, denn Kraft brauchst du auf deinem Wege.

Komme nun zum Stab, den der Eremit in seiner linken Hand hält, zurück. Er ist von leuchtend gelber Farbe und sticht damit auch aus den Grautönen des Bildes heraus. Dieser lange Stab nun deutet darauf hin, daß auch dem Eremiten eine große Kraft gegeben ist, auf die er sich im buchstäblichen Sinne des Wortes stützen kann, er ist also nicht ein alter, schwacher Greis. Der Stab des Magiers ist weiß. Weiß ist der Zusammenklang aller Farben des Spektrums. Die weiße Farbe des Stabes bedeutet, daß dem Magier alle vier magischen Werkzeuge, die Kraft aller vier Elemente zu Verfügung stehen. Der Stab des Eremiten hingegen ist gelb, die Farbe des Feuers, der reinen, dynamischen Kraft, die das Universum belebt. Früher einmal, vor unserem technischen Zeitalter, war Feuer zugleich auch Licht. Feuer diente nicht nur zur Erwärmung, sondern auch zur Erleuchtung. Erhellung, Erleuchtung, diese beiden Begriffe spielen im IX. Tarot-Bild eine bedeutende, ja zentrale Rolle. Der

Rückzug des Eremiten in die Einsamkeit, in die Kälte, hätte keinen Sinn, wenn er nicht als Gegenpol die Helligkeit des Lichtes und die Wärme des Stabes ebenso deutlich wahrnehmen und erkennen könnte. Der Gewinn von Erkenntnis ist demnach die Aufgabe, die dem Eremiten gestellt ist.

Acht Stationen haben wir bisher gemeinsam zurückgelegt. Acht, du erinnerst dich, ist die Zahl des Urbeginns, des Neuanfangs. Vielleicht dürfen wir daraus entnehmen, daß die ersten acht Bilder zusammen eine abgerundete und geschlossene Einheit bilden, und daß sich mit Bild IX etwas Neues vorbereitet. Bevor dieses Neue in Angriff genommen werden kann, heißt es, sich einen Moment lang umzuwenden, mit erhobener Laterne einen möglichst weiten Umkreis ins Licht des Hexagramms zu rücken, um den bisher zurückgelegten Weg aus einer Einheit der einander durchdringenden Wirklichkeiten zu erkennen. Gleichzeitig ist es wichtig zu wissen, daß die Station des Eremiten nicht die letzte unseres Weges ist.

In der linken Hand fühlst du den leuchtenden Stab, der fest auf dem Boden neben deinen Füßen steht. Von ihm erhältst du Kraft, die Kraft des strahlenden Feuers. Die Kraft dieser Erleuchtung brauchst du, um dich wieder nach vorne zu wenden und den Weg unter die Füße zu nehmen, der noch vor dir liegt. Er wird dich in eine neue Dimension führen, die du nur in der richtigen Weise erkennen kannst, wenn du den Eremiten richtig erlebt hast. Dieses Bild wird zum Tor in eine neue Welt. Jetzt erst bist du reif, auch höhere Welten zu schauen, die wahrscheinlich ihrerseits, wie im Hexagramm, die unsrige durchdringen und widerspiegeln.

X Rad des Schicksals

(WHEEL OF FORTUNE)

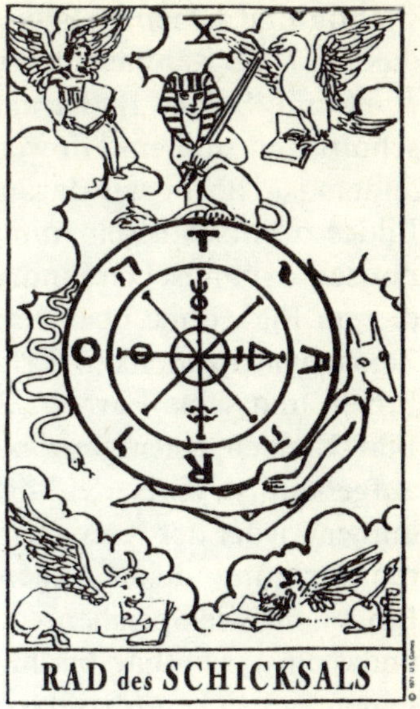

In Bild X haben wir eines der beiden Tarot-Bilder vor uns, die keine menschliche Gestalt zeigen. Bei jedem der bisherigen Bilder I bis IX war der Mensch in irgendeiner Weise direkt an der Aussage des Bildes beteiligt. Lege die Bilder I bis IX in einer Reihe vor dich hin und betrachte sie noch einmal als Ganzes. Du wirst feststellen, daß der Mensch in jedem Bild vorkommt. Du wirst sicher auch herausfinden, daß in jedem Bild, vielleicht mit Ausnahme von Bild VI, eine Erscheinungsform des Menschen in den Mittelpunktgestellt ist. Bild VI ist kompositorischer weniger auf ein Zentrum hin ausgerichtet, als vielmehr auf die Bewegung von oben nach unten, beziehungsweise von unten nach oben. Aber, wenn du dir das Thema von Bild VI noch einmal ins Gedächtnis rufst, dann wirst du erkennen, daß auch in diesem Bild der Mensch an sich zentral ist.

Dies ändert sich nun bei Bild X. Wenn du dieses Bild noch an die Reihe, die vor dir liegt, anfügst, dann wirst du sofort bestätigen können, wie stark sich dieses Bild zeichnerisch von den anderen unterscheidet. Solche Unterschiede sind im Tarot wichtig und heben stets die besondere Bedeutung hervor, die das Bild im Rahmen der ganzen Reihe der großen Arkana einnimmt. Solche Bilder markieren gewissermaßen einen Einschnitt und sind ein Hinweis darauf, daß ab hier irgend etwas anders ist. Bevor wir daran gehen, den Bedeutungsgehalt des Bildes zu entschlüsseln, nimm es vorher nur einmal von seinem optisch-dynamischen Eindruck her in dich auf. Befasse dich mit diesem Bild, ohne über den möglichen Inhalt der Figuren im Zeichen nachzudenken. Erfasse einfach mit deinen Augen seine Linien und seine Farben. Bald wirst du entdecken, daß auch Bild X nach einer ganz bestimmten Struktur und Ordnung aufgebaut ist. Zweierlei könntest du erfahren: Dein Blick folgt immer wieder der Kreisform des Rades in der einen oder anderen Richtung, deine Augen folgen aber auch wiederholt den Linien, die wie Speichen von seinem Mittelpunkt her ausgehen und sich unsichtbar bis hin zu den Rändern des Bildes und seinen vier Ecken fortsetzen. Auch hier ist die Bewegung doppelt gerichtet, von innen nach außen und von außen nach innen. Laß dir genügend Zeit, um diese Bewegungsabläufe in dich aufzunehmen, und warte, bis du in dir eine Beziehung dazu spürst.

Nun erst beginne, dich gedanklich damit vertraut zu machen, daß das Bild in Schichten aufgebaut ist. Im innersten Zentrum haben wir einen Kreis mit acht Speichen. Um diesen schließt sich ein zweiter Kreis mit vier abstrakten Symbolen auf seiner Fläche. Eine dritte Scheibe mit lateinischen und hebräischen Buchstaben schließt das Rad als Ganzes ab. Außerhalb des Rades folgt ein Raum mit drei Figuren, einer Sphinx, einer Schlange und einem merkwürdigen, schakalköpfigen Wesen. Dieser Raum wird zuletzt eingerahmt von Wolken, in denen sich vier symbolhafte Figuren befinden. Warte auch hier so lange, bis du diese schichtförmige Anordnung ganz in dir eingeschlossen hast und ganz mit ihr vertraut geworden bist. Jetzt lege das Bild für einen Weile aus der Hand und versuche zu erfassen, welche Gefühle es in dir wachruft. Dann versuche, das Wahrgenommene, so gut es dir möglich ist, in Worte zu fassen.

Erst jetzt sind wir soweit, daß wir daran denken können, die einzelnen Symbole und Bilder in Angriff zu nehmen. Schaue vorher noch, ob es etwas gibt, das dir bereits bekannt ist, denn dies könnte in Bild X gut der Fall sein. Den vier Gestalten, die sich in den Bildecken befinden, Engel, Adler, Löwe und Stier, bist du möglicherweise im Bereich der kirchlichen Kunst bereits begegnet und wunderst dich vielleicht nicht wenig über ihre Erscheinung im Tarot. Daß die vier Figuren oder die vier Tiere, wie sie etwa genannt werden, in der kirchlichen Kunst häufig als Begleiter der vier Evangelisten zur Darstellung gebracht werden, ist nicht weiter verwunderlich, denn sie werden verschiedentlich in der Bibel beschrieben und erwähnt. Am bekanntesten ist die Stelle beim Propheten Hesekiel (1. Kap; 5 bis 10).

Im Tarot werden wir immer wieder auf Parallelen und Gemeinsamkeiten mit biblischen Texten stoßen. Solche sind uns ja bereits in Bild II und Bild VII aufgefallen. So verschieden, ja geradezu entgegengesetzt Bibel und Tarot auf den ersten Blick erscheinen mögen, so haben sie doch im Grunde sehr viel miteinander zu tun, ja müssen sogar in einem bestimmten Bezug zueinander stehen, denn die Bibel ist das heilige Buch der nordwestlichen Hemisphäre. Auf diese Gemeinsamkeit werden wir aber erst im zweiten Band dieses Werkes näher eingehen.

Aber nicht nur in der Bibel und der daraus abgeleiteten christlichen Kunst begegnen wir den vier Tieren. »Löwe« und »Stier« erzeugen in dir höchstwahrscheinlich bestimmte Gedankenverbindungen. Diese Namen tragen auch zwei Zeichen im Tierkreis. Das Zeichen Löwe ist darin dem Element Feuer zugeordnet, der Stier dem Element Erde. Wenn wir nun im Tierkreis vom Löwen aus eine gerade Linie zum anderen Rand ziehen, erreichen wir das Zeichen Wassermann, und vom Stier aus führt eine gleiche Gerade zum Skorpion. In frühen und sehr weit zurückreichenden Abbildungen befindet sich anstelle des dem Element Wasser zugeordneten Skorpions ein Adler, der eine Schlange in seinen Fängen hält. Das dem Element Luft unterstellte Zeichen Wassermann findet man oft bildhaft ausgedrückt durch eine engelhafte Gestalt. Die zwei gezogenen Linien im Tierkreis stehen senkrecht aufeinander, bilden also ein Kreuz, das Naturkreuz. In der Astrologie trägt dieses

Kreuz, das die erwähnten vier Zeichen miteinander verbindet, einen bestimmten Namen: das fixe Kreuz. Das fixe Kreuz, oder die vier Ecken der Welt, wie es manchmal auch genannt wird, verkörpert in der Astrologie die Ausdehnung der Gültigkeit des Tierkreises nach allen vier Himmelsrichtungen des Horizontes, eben nach allen vier Ecken. Schon bei der Betrachtung von Bild VI sind wir auf die vier Himmelsrichtungen gestoßen, die je einem der vier Erzengel zugeordnet sind.

Hier stehen wir nun vor der Tatsache, daß ein Ding durch verschiedene Bilder veranschaulicht und ersetzt werden kann, die auf den ersten Blick nichts oder nur sehr wenig miteinander zu tun haben. In unserem Falle sind es die vier Himmelsrichtungen und die vier Elemente. Beide werden sowohl durch vier Erzengel als auch durch vier Tierkreiszeichen ausgedrückt. Diese andersartigen Bilder repräsentieren auch verschiedene Wissensgebiete oder Ebenen, in unserem Fall den Bereich der Astrologie und der kabbalistischen Mystik. Durch beide Bereiche finden die vier Elemente und gleichzeitig die vier Himmelsrichtungen ihre Verkörperung. Ein Unterschied fällt uns allerdings auf: Im Tierkreis stehen sich die Elemente Feuer und Luft, Erde und Wasser gegenüber, bei den Himmelsrichtungen sind es die Elemente Feuer und Erde, Luft und Wasser. Das heißt, in diesen zwei Ebenen werden die vier Elemente unter voneinander abweichenden Aspekten betrachtet. Bei den Himmelsrichtungen ist jede Achse des Kreuzes in sich polar: Luft zu Wasser und Feuer zu Erde. Beim fixen Kreuz sind die männlichen Elemente Feuer und Luft und die weiblichen Wasser und Erde auf je einer Achse vereinigt. Wir wollen jetzt nicht weiter darauf eingehen, was mit diesen verschiedenen Zuordnungen wohl gemeint sein könnte. Aber es ist sicher reizvoll, wenn du dir darüber selbst deine Gedanken machst.

Die Außenseite des Rades ist mit drei zum Teil recht seltsam anmutenden Figuren verbunden. Links erblicken wir eine Schlange, die sich züngelnd und kopfabwärts nach unten schlängelt. Auf der rechten Seite befindet sich ein groteskes

Fabelwesen, mit dem Körper eines Menschen, aber mit dem Kopf eines Schakals ausgestattet. Oben, am höchsten Punkt des Rades, sitzt eine Sphinx, die ein Schwert in ihrer linken Tatze hält. Alle drei Figuren sind von der Vorstellungswelt der alten Ägypter her bekannt. In ihrer Mythologie verkörpern diese drei Wesen ganz bestimmte Prinzipien. Die Schlange ist eine Darstellung des ägyptischen Gottes Typhon, das schakalköpfige Wesen verkörpert den Gott Anubis. In der ägyptischen Mythologie ist Typhon das negative, zerstörende Prinzip, das dem Leben gegenüber feindlich gesinnt ist. Ihm entgegengesetzt vertritt Anubis das Gute, das aufbauende Prinzip, er ist der Schutzgott, der die Toten auf ihrem Weg vor den bösen Mächten beschützt. Typhon stößt mit dem Kopf nach unten, Anubis hebt ihn empor. Damit soll ausgedrückt werden, daß jeder versucht, der Bewegung des Rades den ihm gemäßen Anstoß zu geben, also das Rad mit dem Impuls zum Drehen zu bringen, der seinem Prinzip entspricht. Diese sich bekämpfenden Antriebskräfte werden zeichnerisch durch den Gegensatz von »nach oben« oder »nach unten« dargestellt. Die Sphinx zuoberst auf dem Rad hat nun die Aufgabe, diese beiden sich bekämpfenden Kräfte auszugleichen, das heißt, die rasende, unkontrollierte Drehung des Rades, vom einen oder andern angekurbelt, zum Stillstand zu bringen. Dieses Kräftespiel ist uns nicht neu, wir sind ihm bereits in einer anderen Erscheinungsform in Bild VII begegnet. Vielleicht nimmst du noch einmal Bild VII zur Hand und vergleichst es mit dem Rad des Schicksals. Auch auf Bild VII sind Sphinxe zu sehen. Die Gestalt der Sphinx hat die Menschen seit eh und je fasziniert, und man hat sie schon immer mit der Ausstrahlung des Geheimnisvollen und des Rätselhaften versehen. Betrachte nun noch einmal ihre Gestalt etwas genauer. Ist sie nicht aus Teilen von verschiedenen Körpern zusammengesetzt? Sie hat doch den Leib eines Stieres, die Pranken eines Löwen, ein menschliches Gesicht und meist noch die Schwingen des Adlers. Jetzt gleitet dein Blick sicher unwillkürlich in die vier Ecken der Welt, zum Stier, zum Löwen, zum Adler und zum Engel. Du denkst richtig: Alle diese Prinzipien, die in den vier Ecken der Welt gesondert vorhanden sind, werden in der Gestalt der Sphinx in einem einzigen Wesen vereinigt. Alles, was an Bedeutung der einzelnen vier Ecken oder der vier Tiere vorhanden ist, vertritt die Sphinx als Ganzes, als Synthese. Damit wird offenkundig, daß der Ausgleich der einander entgegenwirkenden Prinzipien, die von Anubis und Typhon vertreten werden, mittels der Kraft der miteinander vereinigten vier Elemente zu erfolgen hat. Wenn du bis hierher aufmerksam gefolgt bist, dann wird es dir jetzt nicht schwer fallen, herauszufinden, was das Schwert in der rechten Pranke der Sphinx bezwecken soll. Anhand von Bild I, »Der Magier«, haben wir das Symbol des Schwertes ausführlich betrachtet. Wir haben herausgefunden, daß das Schwert ein Werkzeug des Zerschneidens, des Zerteilens, des Scheidens und Entscheidens ist. Wenn es also darum geht, zwei einander entgegenarbeitende, auseinanderstrebende Kräfte zu einem Ausgleich zu bringen, ist es notwendig, sich in jedem Augenblick zu entscheiden. Solche Entscheidungen, selbst in kleinen Dingen, können oft einschneidend und schmerzhaft sein, dennoch müssen wir sie immer wieder treffen, wenn wir nicht eine hilflose Beute des sich unkontrolliert drehenden Rades des Schicksals, wenn wir nicht zum wehrlosen Spielball der durch das Rad ausgedrückten Kräfte werden wollen. Wollen wir Meister unseres Schicksals sein und die Bewegung des Rades unter unsere Kontrolle bringen, dann müssen wir die Kraft der vier Elemente in uns vereinigen, wir müssen zur Sphinx werden und die Balance des Rades überwachen.

Gewiß, das ist nicht neu. Wir haben diese Aussage bereits mehrmals in der einen oder anderen Weise vernommen. Am deutlichsten zeigt sie sich wahrscheinlich in Bild VII. Und doch, kein Bild des Tarot hat sich bisher wiederholt. Auch wenn manchmal gleiche oder ähnliche Dinge wiederkommen, so werden sie doch jedesmal in ein neues, aufklärenderes Licht getaucht, oder es wird ein anderer, bis jetzt noch nicht bekannter Akzent gesetzt. Dann dürfen wir getrost annehmen, daß auch Bild X nicht einfach eine Wiederholung ist. Im Gegenteil, es ist ein grundlegendes Anliegen des Tarot überhaupt, daß der Umgang mit dem Gesetz der Polarität dazu herangezogen wird, um unseren Blick immer wieder in eine neue Richtung zu lenken und uns immer neue Dimensionen zu eröffnen.

Verlassen wir nun die Oberfläche des Rades und gehen wir buchstäblich zu einer tieferen Schicht über, zum ersten Kreis des Rades. Dort findest du Schriftzeichen des lateinischen und des hebräischen Alphabets. Fasse einmal den obersten Buchstaben, das Lateinische T, ins Auge und folge im Uhrzeigersinn den anderen lateinischen Buchstaben nach, bis du wieder beim T angelangt bist. Was hast du gelesen? *Tarot.* Nun gehe vom T aus in der entgegengesetzten Richtung, und du findest das Wort *Tora,* jenes Wort auf der Schriftrolle, die die Hohepriesterin in ihrem Schoß hält. Nun fange beim Buchstaben an, der dem T gegenüberliegt, und lies wiederum die lateinischen Buchstaben im Uhrzeigersinn, da erhälst du das Wort *Rota,* den lateinischen Ausdruck für Rad. Nun gleite mit deinem Blick wieder in der andern Richtung zurück und laß die Augen frei schweifen, aus dieser Bewegung ergibt sich *Rato – Orator.* Orator ist ebenfalls ein lateinisches Wort und bedeutet Redner. Schreibe nun die gefundenen Wörter auf kleine Zettel, die du beliebig miteinander kombinieren kannst. Du kannst die Worte zum Beispiel in folgender Reihenfolge vor dich hinlegen: *Tarot Orator Tora Rota.* Dies könnte ungefähr so übersetzt werden: Der Tarot ist der Verkünder des Gesetzes des Lebens, das sich im Rad des Schicksals kundtut. Setzest du die Wörter in dieser Reihenfolge zusammen: *Rota Orator Tora Tarot,* so könnte der Sinn entstehen: Im Rad des Lebens zeigt sich ein Grundgesetz, das den ganzen Tarot durchzieht. Oder verkürzt: Das Rad ist das Gesetz des Tarot. Ein weiteres Wort, das du bilden kannst, ist: *Ator.* Ator ist auch eine lateinische Bezeichnung für die ägyptische Göttin *Hathor,* der Vorläuferin der Isis, der wir bereits in Bild II, »Die Hohepriesterin«, begegnet sind. Jetzt können wir alle fünf Wörter miteinander verknüpfen: *Rota Taro Orator Tora Ator* und daraus ableiten: Das Rad des Tarot ist der Verkünder des Gesetzes der *Ator.* Hathor, als Vorläuferin der Göttin Isis, verkörpert unter anderem ein Prinzip, das sich im gesamten Gesetzesablauf der Natur ausdrückt. Dann könnten diese Worte folgendermaßen interpretiert werden: Das Rad des Tarot verkündet das Gesetz der Natur.

Gewiß, diese Spielereien sind vielleicht etwas künstlich und weit hergeholt, und doch drückt sich in ihnen etwas sehr Wichtiges und Zutreffendes aus. Darum betrachte diese Spielereien nicht als müßig und nutzlos, denn du begegnest in ihnen hier wirklich zum ersten Mal einem Grundgesetz des Tarot, dessen tiefere Bedeutung du erst später kennenlernen wirst.

Wenden wir uns nun den hebräischen Buchstaben in diesem äußeren Kreise zu. Wenn du den Buchstaben rechts vom T erblickst und in beide Richtungen weiterliest, dann erhältst du das Wort *Jahve, Jod Heh Vau Heh.* Aus den vier Buchstaben Jod (י), Heh (ה), Vau (ו), Heh (ה) wird der unaussprechliche Name Gottes gebildet, von dem wir bereits in Bild II gesprochen haben. Dieser Name wird auch mit dem griechischen Ausdruck Tetragrammaton bezeichnet, was Vierbuchstabenwort heißt.

Da das hebräische Alphabet ursprünglich aus einer Hieroglyphen-Schrift heraus entwickelt worden ist (Hieroglyphe bedeutet: Heiliges Bild), dürfen wir die einzelnen Buchstaben des Tetragrammatons sicher auch als rein bildliche Wahrzeichen auffassen. In der Tat erinnert uns das Jod, der erste Buchstabe, in seiner Gestalt an eine kleine Flamme oder an einen durch die Luft davonfliegenden Funken. Jeder hebräische Buchstabe kann unter drei Gesichtspunkten betrachtet werden. Zunächst einmal ist er reiner Buchstabe, ein Konsonant, der zur Bildung von Wörtern gebraucht wird. Aber jeder Buchstabe ist gleichzeitig auch ein Zahlenwert (der erste Buchstabe, Aleph, des hebräischen Alphabetes zum Beispiel bezeichnet die Zahl 1). Drittens verkörpert jeder Buchstabe noch eine Hieroglyphe, also ein Bildsymbol. Soweit es nötig ist, werden wir im zweiten Band noch auf diese Zusammenhänge zurückkommen. Jetzt genügt es, wenn du erfährst, daß das Jod auch ein Phallussymbol ist, daß also dieser Buchstabe auch all das versinnbildlicht, was wir durch das Bild des Stabes kennengelernt haben. Wenn du scharfsichtig bist, wirst du schon erkannt haben, daß die übrigen Buchstaben des Tetragrammatons aus diesem Anfangsbuchstaben Jod hervorgegangen sind. So ist zum Beispiel das Vau, der dritte Buchstabe, ein Jod, dessen rechtes Ende nach unten verlängert ist; das Heh kann als eine Kombination der Buchstaben Vau und Jod gedeutet werden. Betrachte nun diese vier Buchstaben etwas länger und laß sie auf dich wirken, bis sich etwas in dir regt. Laß deiner Phantasie freien Lauf, und laß diese vier Buchstaben sich zu Bildern verwandeln. Ich bin sicher, daß es nicht lange dauern wird, bis du erkennst, daß die sich ergebenen Bilder eine gewisse Verwandtschaft mit den uns bekannten Darstellungen von Stab, Kelch, Schwert und Münze beziehungsweise Scheibe aufweisen. Mit etwas Phantasie und Intuition kannst du gewiß in der langgezogenen Gestalt des Vau eine Beziehung zum Schwert finden. Das umgekehrte Heh, mit seiner Öffnung nach oben, wird zum Kelch, während das zweite Heh in seinen Konturen an all das erinnert, was mit der Scheibe oder Münze in Verbindung steht. Somit wären dann die vier Buchstaben Jod, Heh, Vau, Heh eine andere und uns neue Illustration der vier Elemente, durch die aber gleichzeitig der unaussprechliche Namen Gottes ausgedrückt wird. Ich glaube, es ist an der Zeit, daß du jetzt wieder das Buch für eine Weile aus der Hand legst, um über die Konsequenzen, die sich daraus ergeben, nachzudenken und dich ganz deinen Empfindungen und Gefühlen hinzugeben, die dadurch in dir geweckt werden.

Vielleicht hast du nun das Gefühl, du seist zu einer neuen Ebene durchgestoßen. Ähnliche Empfindungen mögen dich bewegen, wie wir sie kennen, wenn wir nach einem steilen Aufstieg durch enges, felsiges Gelände auf der Höhe ankommen und unser Blick plötzlich frei schweifen kann über Berge und Täler bis hin zum Horizont.

Von einer höheren Warte aus zeigt sich uns alles in einem neuen Licht und in einem neuen Zusammenhang.

Viel ließe sich jetzt an dieser Stelle noch sagen über den unaussprechlichen Namen Gottes, das Tetragrammaton, und was seine vier Buchstaben uns ausdrücken wollen. Aber dies ist ein Gebiet, auf das wir ja erst im zweiten Band näher eingehen wollen. Für dieses Mal wollen wir uns damit begnügen, zu erkennen, daß Gott sich in den vier Buchstaben seines unaussprechlichen Namens offenbart und daß diese göttliche Offenbarung durch die vier Elemente geschieht, sie gewissermaßen als Wagen, als Vehikel benutzt. Eine Deutung des Tetragrammatons könnte deshalb so lauten: Ich bin der, der sich durch die vier Elemente, Feuer, Wasser, Luft und Erde erweist. Dies mag für den Augenblick ausreichen, mehr zu wissen, ist vorläufig noch nicht notwendig. Aber wenn du das Verlangen hast, aus dir selbst heraus mehr über diese Zusammenhänge und Perspektiven nachzudenken und zu meditieren, dann ermuntere ich dich ausdrücklich dazu. Wichtig für uns jetzt ist, festzuhalten, daß wir von immer gleichen Symbolen auf verschiedenen Ebenen jeweils eine andere Auskunft erhalten. Wie wir es bei den vier Tieren des Hesekiel kennengelernt haben, haben wir es auch im Falle der vier Buchstaben des Tetragrammatons wieder erfahren.

Dringen wir nun eine Schicht tiefer in den zweiten Kreis des Rades. Auf vier der acht Speichen erblicken wir Zeichen, denen wir bisher noch nicht begegnet sind. Es handelt sich dabei um alchemistische Symbole. Rechts, unterhalb des lateinischen Buchstabens A, befindet sich das Zeichen für Sulfur (Schwefel). Es besteht aus einem Dreieck, an dessen Grundlinie ein Kreuz angesetzt ist. Auf der gegenüberliegenden Seite, ausgedrückt durch einen Kreis, ist das Zeichen für Salz, und zwischen diesen beiden, oben unterhalb des Buchstabens T, ist das Symbol für Mercurius (Quecksilber). Damit werden nicht die anorganisch-chemischen Stoffe Schwefel, Salz und Quecksilber gemeint, sondern es sind Stoffbezeichnungen für je eine, in bestimmter Richtung wirkende Kraft. Sulfur symbolisiert eine aktive und antreibende Kraft, ähnlich dem Element Feuer und dem Element Luft, während das Salz eine passive Kraft ausdrückt, die nicht verändert, sondern sich verändern läßt. Das alchemistische Salz hat demnach eine gewisse Beziehung zu den Elementen Erde und Wasser. Wir erkennen nun sofort, daß Sulfur und Salz eine Polaritätsachse bilden, ferner können wir sehen, daß das Zeichen Sulfur auf dem Rade nach der Seite des

Anubis hin gezeichnet ist, während Salz auf Typhon hinweist. Nach dem, was wir bisher kennengelernt haben, wäre es passend, auch auf der anderen Achse nach einer Polaritätsbeziehung zu suchen, oder nach einer Synthese von zwei gegensätzlichen Kräften.

Das Zeichen Mercurius zeigt auf die Sphinx auf dem Rad hin. Wenn nun die Synthese, der Ausgleich der beiden gegensätzlichen Kräfte, wie sie in Anubis und Typhon zum Tragen kommen, Ausdruck findet in der Sphinx auf dem Rade zwischen den beiden, dann muß, nach dem Gesetz der Analogie, Mercurius ebenfalls die durch Sulfur und Salz gebildete Kräfteverbindung sein. So wie die einander entgegenstrebenden Kräfte Anubis und Typhon durch die ausgleichende Kraft der Sphinx auf eine neue Ebene gehoben werden, entsteht auch durch das Zusammenwirken der drei Kräfte Sulfur, Salz und Mercurius ein neues Gesetz, das in der Alchemie mit dem Ausdruck »Das große Werk« bezeichnet wird. Damit wird durch die drei Symbole im Grunde wiederum das gleiche ausgedrückt, was wir bereits im Gesetz der Dreiheit von Bild IX angetroffen haben. Aus Eins und Zwei heraus entsteht ein Drittes, und alle drei zusammen bilden wieder eine neue Einheit, aber auf einer höheren Ebene.

Auf vier solche Ebenen sind wir bisher im X. Tarot-Bild gestoßen, auf denen jeweils Gleiches durch andere Symbole ausgedrückt wird. In den vier Tieren, beziehungsweise den vier Ecken der Welt und im Tetragrammaton *Jod Heh Vau Heh*, fanden wir je eine Darstellung der vier Elemente. Bei den drei mythologischen Figuren Anubis, Typhon und Sphinx und den drei alchemistischen Symbolen Sulfur, Salz und Mercurius kehrt ein Gesetz wieder, das durch die Vereinigung von drei Kräften eine vierte Kraft als neue Einheit auf einer höheren Ebene entstehen läßt. Diese vierte Kraft wird durch das Symbol des Rades als Ganzes und auf der alchemistischen Ebene durch die zwei Wellenlinien dargestellt, die dem Zeichen Mercurius gegenüberliegen.

Wir haben schon zu Anfang gesehen, daß das Bild X aus verschiedenen Schichten zusammengehalten wird, oder, wie wir vielleicht jetzt besser sagen würden, sich über verschiedene Ebenen erstreckt. Auf jeder Ebene finden wir andersgeartete Symbolfiguren, die jeweils Gleiches oder Ähnliches, das heißt, Analoges ausdrücken, aber eben einer anderen Ebene zugeordnet sind. Im vorliegenden Fall sind es die vier Elemente und das Gesetz der Dreiheit, deren Gültigkeit auf verschiedenen, voneinander unabhängigen Ebenen gezeigt wird. Die Eigenheit, Gleiches oder Ähnliches durch verschiedene Symbole, durch Bilder klarzustellen, nennt man Korrespondenzen oder Entsprechungen. Das Verständnis solcher Korrespondenzen ist in der Esoterik sehr wichtig, denn dadurch wird die Erkenntnis von Zusammenhängen ermöglicht, die auf den ersten Blick nicht so ohne weiters erkennbar sind.

So sind der Buchstabe Jod, der Stab und das Bild des Löwen je ein Symbol des Elementes Feuer. Wobei das *Jod* die religiös-kabbalistische Ebene vertritt, der Stab die magische und der Löwe die astrologische Ebene. Für das Element Wasser würde die entsprechende Kette lauten: *Heh,* Kelch, Adler. Für das Element Luft ist sie: *Vau,* Schwert, Engel und für das Element Erde: *Heh,* Münze, Stier. Stier und Münze, oder Löwe und Stab haben äußerlich gesehen nicht viel gemeinsam. Wer aber über die nötigen Kenntnisse verfügt, sieht mit einem Blick, daß es sich hier um das gleiche Prinzip, aber auf verschiedenen Ebenen handelt. Wenn du dich mit der Esoterik näher befassen willst, dann ist es unbedingt notwendig, daß du dir die Kenntnisse solcher Korrespondenzketten erarbeitest, denn in ihnen ist ein Alphabet esoterischen Wissens enthalten. Auch für das Gesetz der Dreiheit können wir eine solche Korrespondenzreihe aufstellen. Dieses Gesetz, in der Form eines Dreiecks oder zweier ineinandergeschlungener Dreiecke, das Hexagramm, enthält die drei mythologischen Figuren Anubis, Typhon und Sphinx, oder die alchemistischen Zeichen Sulfur, Salz und Mercurius. In der indischen Mythologie gibt es auch eine Korrespondenz zum Gesetz der Dreiheit. Es sind die drei östlichen Prinzipien oder die drei Gunjas, die zusammen die sogenannte Hindutrinität bilden. Das Prinzip des Anubis wird darin durch Brahma, den Schöpfer verkörpert, dem Typhon entspricht Shiva, der

Zerstörer, und Vishnu, der Bewahrer, tritt an die Stelle der Sphinx. Auch hier begegnen wir wiederum den drei Kräften, die letztlich unsere ganze Welt bewegen.

Es bleibt uns noch die letzte, innerste Schicht von Bild X. Es ist ein einfacher Kreis mit acht Speichen, die von einem Mittelpunkt ausgehen, der gleichzeitig Mittelpunkt des ganzen Bildes ist. Mit dem Wissen, das du bisher erworben hast, sollte es dir ohne weiteres möglich sein, ohne Hilfe das Geheimnis des innersten Kreises des Rades mit den acht Speichen zu entschlüsseln. Um den Symbolgehalt des Kreises ist es bereits auf Seite 138 gegangen; also blättere noch einmal zurück und bringe die dort gefundenen Informationen mit dem innersten Umlauf von Bild X in Verbindung, denn alle Schichten oder Ebenen, aus denen Bild X zusammengesetzt ist, haben ihren Ausgangspunkt in diesem innersten Rad mit den acht Speichen. Sie sind auch auf diesen Mittelpunkt hin ausgerichtet.

Überblicken wir noch einmal, was wir im Bild X erkannt haben. Wir haben erkannt, daß sich die große kosmische Schöpfungsordnung in verschiedenen Ebenen manifestiert, die sich durch unterschiedliche Symbole und Bilder voneinander abheben. Aber alle diese unähnlichen Symbole und Bilder zeigen durch die Korrespondenzketten immer wieder die wenigen großen Prinzipien, die durch alle Ebenen hindurch ihre Gültigkeit bewahren. Alle diese Ebenen haben ihren Ursprung im Innersten des Rades, in der Nabe mit den acht Speichen.

XI Kraft
(STRENGTH)

Bei Bild VIII sind wir von der Reihenfolge, die Waite seinem Tarot gibt, abgerückt und haben die traditionelle Folge der Bilder wiederhergestellt. Wir erinnern uns, daß Waite die Bilder VIII, »Gerechtigkeit«, und XI, »Kraft«, von der Tradition abweichend, untereinander ausgetauscht hat. Da wir das Bild »Gerechtigkeit« an achter Stelle behandelt haben, folgt jetzt logischerweise als Nummer 11 »Kraft«.

Wir erblicken auf Bild XI eine Frau, bekleidet mit je einem Kranz um Stirn und Hüften, die einem Löwen mit beiden Händen den Rachen zudrückt. Diesem Bildmotiv entsprechend lautet der Name der Karte »Kraft«. Auch diesmal wieder setze dich zuerst ganz unvoreingenommen der Wirkung des Bildes aus. Ich bin sicher, daß es nicht lange dauert, bis du etwas erblickst, das dich an bereits früher Gesehenes erinnert.

Über dem Kopf der Frau schwebt die liegende Acht, die Lemniskate. Diesem Zeichen sind wir bereits in Bild I begegnet, als

Symbol des Neubeginns und der Unendlichkeit. Auch der strahlend gelbe Himmel, der eine große Fläche dieses Bildes bedeckt, ermahnt uns sofort an Bild I. Nach dem, was wir bisher erfahren haben, dürfen wir annehmen, daß Bild I und Bild XI miteinander in Beziehung stehen. Bild I ist das erste Bild des Tarot und damit das erste Bild einer langen Aufeinanderfolge, in der nach und nach alle Aspekte des menschlichen Daseins entwickelt und näher erläutert werden. Wenn nun die Lemniskate in einem Bild in Erscheinung tritt, so dürfen wir annehmen, daß dieses Symbol des Neubeginns mit jedem Bild, in dem es enthalten ist, einen Neuanfang ankündigt.

Die Bilder I bis X bilden alle zusammen eine einheitliche Reihe, die in zwei Gruppen zu je fünf Bildern aufgeteilt ist. Die fünf ersten Bilder zeigen die Entstehung des Menschen, aufbauend auf den vier Elementen, ergänzt durch das fünfte, den Äther. Sie nennt sich die gnostische Schöpfung. Die Bilder VI bis X geben Aufschluß über die einzelnen Stationen, die der Mensch auf seinem Entwicklungsweg durchlaufen muß, bis er (im Bild X) zur Erkenntnis der Gesetze gelangt, die als Grundkräfte der göttlichen Schöpfungsordnung den Kosmos und die Welt des Menschen in Gang halten. Damit verbunden ist gleichzeitig die Erkenntnis, daß sich diese Gesetze nicht nur auf einer Ebene manifestieren, sondern durch verschiedene Ebenen des Universums hindurch ihre Geltung haben. Wir können deshalb mit Sicherheit annehmen, daß sich in Bild XI wiederum ein Anfang, ein Neubeginn ereignet, der aber auf einer höheren Ebene erfolgt. Wie diese neue, höhere Ebene beschaffen ist, können wir herausfinden, wenn wir Bild I und Bild XI miteinander vergleichen und herausfinden, worin sie sich gleichen, aber auch vor allem, wodurch sie sich voneinander unterscheiden.

Wir erinnern uns kurz: Bild I zeigt den Menschen in seiner männlichen Erscheinungsform, in ihm ist das Element Feuer enthalten, als Verkörperung der dynamischen, belebenden Kraft. Der Mensch in seiner aktiven, männlichen Polarität zeigt sich als Macher, als Wollender.

Zwei Komponenten von Bild XI, die auch in Bild I enthalten

sind, haben wir bereits erwähnt: Es sind dies die Lemniskate und der gelbe Himmel. Aber es kommt noch eine dritte, vielleicht sogar noch eine vierte dazu. Bis jetzt haben wir in den Bildern, die auf die weibliche Polarität den Hauptakzent legten, die Frau immer sitzend vorgefunden. (Vergleiche die Bilder II, III, VIII.) In Bild XI ist sie aber stehend abgebildet, analog zum Magier. Die aufrechte, stehende Haltung des Magiers haben wir als Ausdruck der männlich-aktiven, phallischen Kraft erkannt, während die sitzende Haltung der Frau, vor allem in Bild II, die polar entgegengestellte weiblich-passive Kraft ist.

In Bild XI ist nun nichts mehr von dieser passiv-empfangenden Haltung zu spüren, im Gegenteil: In diesem Bild tritt plötzlich die Frau als Repräsentantin der aktiven Kraft auf, die in Verbindung mit dem Element Feuer steht. Diese Tatsache wird noch bestärkt durch den Löwen. Die Beziehung der Frau zum Löwen ist in den verschiedenen Tarotdarstellungen nicht immer gleich. In einigen, wie auch im vorliegenden Fall, schließt die Frau den Rachen des Löwen, auf anderen wiederum öffnet sie ihn. Dann gibt es auch eine Variante, wo die Frau auf dem Löwen reitet. Aber so andersartig die Zeichnungen auch sein mögen, die Aussage ist doch überall gleich. In allen Fällen wird deutlich und offenkundig, daß die Frau den Löwen zähmt. Ganz gleich, ob sie ihm den Rachen öffnet oder schließt – zu dieser Zähmung ist jedenfalls aktiv-männliche Kraft nötig.

Mit Bild XI beginnt eine neue Reihe und damit eine neue Ebene des Tarot. Die erste Ebene besteht aus zehn Bildern. Zehn ist die Menge der Finger, die der Mensch an beiden Händen zusammen hat; zehn ist ebenso die Anzahl der Sephiroth auf dem kabbalistischen Lebensbaum. Die Zahl elf nun ist eine Verbindung von zehn plus eins. Also kehren wir in diesem Bild XI an die Stelle von Bild I zurück, allerdings auf einer höheren Ebene, auf der die Elemente von Bild I aus einer neuen Perspektive heraus gesehen werden. In Bild XI erleben wir eine Verschiebung der männlichen, aktiven Kraft des Feuers, die nicht mehr dem Mann als solchem, sondern der Frau zugeordnet ist, womit konsequenterweise diese neue Reihe, beziehungsweise neue Ebene des Tarot, nicht mehr mit dem Mann, sondern mit der Frau beginnt.

In der ersten Reihe des Tarot haben wir das Gesetz der Polarität als ein Grundgesetz unseres Universums kennengelernt. Dieses Gesetz besagt, daß alles im Kosmos durch das Fließen der Kräfte zwischen zwei gegensätzlichen Polen bewirkt wird. In der ersten Ebene des Tarot erlebt der Mensch sich selbst als Vertreter je einer dieser Polaritäten, als Mann oder als Frau, und aus ihrer Vereinigung entsteht ein Drittes, das Kind, das sich wiederum entweder als Mann oder als Frau manifestiert. In Bild XI nun, auf der höheren Ebene, zeigt sich das gleiche Gesetz der Polarität, aber mit einer ganz entscheidenden Änderung. Der Ausgleich der polaren Kräfte geschieht nicht mehr mit einem Gegenüber, mit einem Du, sondern er geschieht im Menschen selbst. Der Mensch, auch wenn er rein körperlich, der einen oder andern Polarität angehört, hat in sich beide Pole. Am Neubeginn der zweiten und höheren Ebene zeigt sich, daß der Mensch auch in sich selbst dem Gesetz der Polarität folgen muß. Für die Frau bedeutet dies, sich ihrer aktive, männlichen Seite bewußt zu werden und deren Kräfte in ihre Gesamtpersönlichkeit zu integrieren. Jede Frau hat diese aktive, männliche Seite in sich und die Aufgabe, sie zu leben. Dies ist eine erste Grundaussage des XI. Tarot-Bildes.

Im Tarot erscheint die Frau zuerst im Bild der Hohepriesterin. Dies ist die Erscheinungsvorstellung, in die jede Frau ganz ohne ihr Zutun hineingeboren wird. Um den Aufgaben und Ansprüchen der Hohepriesterin und der Herrscherin gerecht zu werden, braucht die Frau nichts anderes zu tun, als ihren natürlichen Trieben und Bedürfnissen nachzufolgen. Die natürliche Ordnung der Welt und die jeweilig darauf ausgerichtete Gesellschaftsordnung werden sie ganz von selbst in die Rolle der Gattin und Mutter führen. Von der Frau wird nicht mehr erwartet, als daß sie sich den an sie herangetragenen Anforderungen anpaßt und sich damit durch die Elemente Wasser und Erde verwirklicht. Tarotbild XI sagt nun aber nachdrücklich, daß damit nur ein Teil der Frau erfaßt ist, und daß die Frau aufgerufen wird, auch den anderen Teil in sich zu suchen und zu leben. Dabei fällt nun ins Gewicht, daß sich Bild XI auf einer höheren Ebene des Tarot befindet. Das bedeutet, daß die Integrierung ihrer anderen Seite der Frau nicht so selbstverständlich in den Schoß fällt, wie ihre Verwirklichung als Hohepriesterin und Herrscherin. Um diese andere Seite zu finden, müssen von der Frau bewußte Anstrengungen unternommen werden. Erst dann kann es ihr gelingen, in sich die Seite des Magiers zu entdecken und ihr in ihrem Leben Ausdruck zu verleihen. Nicht jede Frau schafft dies, und auch nicht jede Frau will dies. Und doch ist es ganz deutlich: Als Eingang zur höheren Ebene des Tarot steht die Ganzwerdung. Wer mit Bewußtheit auf diese höhere Ebene gelangen will, muß sich dieser Ganzwerdung unterziehen.

Was bedeutet dies nun aber praktisch für die Frau? Es bedeutet, daß sich die Frau all das erarbeiten und bewußt aneignen muß, was dem Mann von Bild I, dem Magier, als natürliche Gabe und Aufgabe zugefallen ist. Die Frau muß spüren und erleben, daß sie zur Verwirklichung ihrer Bestimmung als Frau nicht nur über die Elemente Wasser und Erde verfügt, sondern daß auch die männlichen Elemente Feuer und Luft in ihr vorhanden sind und demzufolge auch gelebt werden müssen. Dies kann natürlich auf verschiedene Weise geschehen. Es kann in unserer Kultur zum Beispiel bedeuten, daß sich die Frau in dieser zeitlichen Abfolge zuerst als Gattin und Mutter den Elementen Wasser und Erde widmet, um dann in einer späteren und reiferen Lebensphase das Gewicht mehr und mehr auf die männlichen Elemente Feuer und Luft zu verlegen. Aber es wäre verfehlt, dies nun einfach als eine starre Regel anzunehmen. So viel wissen wir nun: Der Tarot entfaltet seinen Wirkungskreis durch verschiedene Ebenen und Dimensionen hindurch. Wir haben die Tarotbilder bisher nach einem chronologischen Plan kennengelernt. Dies setzt aber bei weitem nicht fest, daß diese chronologische Reihenfolge die allein gültige sei. Im Gegenteil, vielleicht wirst du es schon selbst entdeckt haben, daß die einzelnen Tarotbilder nicht nur Stationen auf einem ganz bestimmten Wege sind, die nacheinander durchschritten werden müssen, sondern daß sie gleichzeitig Äußerungen von Kräften sind, die simultan, also in jedem Augenblick des Lebens, sei es das große, kosmische oder unser individuelles, menschliches Leben, wirksam sind.

In Bild XI geht es, wie wir gesehen haben, um die Ganzheit, und nur was ganz ist, ist auch im Gleichgewicht, in der Balance. Somit geht es darum, daß sich die Frau, wenn sie den Auftrag von Bild XI erfüllen will, in jedem Augenblick ihres Lebens, sei es nun Jugend oder Alter, um die Integration aller vier Elemente bemühen muß. Wasser und Erde sind ihr eher gegeben und bieten ihr deshalb weniger Probleme. Feuer und Luft hingegen müssen mit Anstrengung und Mühe gefunden und erworben werden. Um diese männlichen Elemente miteinzuschließen, muß die Frau aus ihrem Bewußtsein heraus mehr Kraft und Energie investieren. Wo es um Ganzheit geht, ist jede Einseitigkeit vom Übel. Deshalb darf die Frau ihre weibliche Polarität nun auch nicht einfach aufgeben oder vernachlässigen und sich nur noch um das Bild des Magiers kümmern, sondern sie muß beides gleichermaßen in sich zur Entfaltung bringen und versuchen, es in dem ihr zugemessenen Leben zu einer Ganzheit zu vereinigen. Geschehe dies nun zeitlich nacheinander oder von Anfang an miteinander: Ganzheitlichkeit ist das einzige, was in diesem Falle zählt.

Deshalb muß die Frau den Kampf mit dem Löwen, oder besser ausgedrückt, um den Löwen aufnehmen. Der Löwe ist ein Symbol alles Feurigen und Sonnenhaften, und die Sonne Symbol des Männlichen. Wo dieses Männliche im Leben und in der Persönlichkeit der Frau zu schwach ist, hat sie ihm den Rachen aufzureißen, seinem Brüllen den nötigen Raum zu geben. Wo aber der Löwe zu stark ist, muß die Frau ihn zähmen, seine überschüssige Kraft auf das rechte Maß zurückbringen, ihm den Rachen schließen.

Der rote Löwe verkörpert die aktive belebende Kraft von Sulfur, wie wir sie in Bild X kennengelernt haben. Sulfur ist auch die Kraft, die verändert, die veredelt und auf eine höhere Ebene hinaufhebt. Um die Hüften trägt die Frau einen doppelten Blumenkranz geschlungen, in dessen einer Schlinge das Haupt des Löwen mit einbezogen ist. Dieses Motiv zeigt ziemlich genau, was mit Integration gemeint ist. Frau und Löwe sind keine Gegner, sie gehören zusammen. Mit einiger Phantasie kannst du in dem um die Hüften der Frau und das Haupt des Löwen gewundenen Blumenkranz eine Ähnlichkeit mit der Lemniskate erblicken. Dies könnte darauf hinweisen, daß mit der Integration der männlichen Löwenkraft die Frau zu einer neuen Kreativität fähig wird, die von den Elementen Feuer und Luft bestimmt wird. Vielleicht machst du dir auch Gedanken darüber, ob nicht zwischen den beiden um Hüften und Stirn gewundenen Kränzen der Frau auf Bild XI und den Blumengirlanden oben und unten auf dem Bilde des Magiers ein Zusammenhang besteht. Wenn wir das Gesetz »wie oben, so unten« auf diese Beispiele übertragen, dann ergibt sich vermutlich dieser Sinn, daß der Frau zur Erfüllung der kosmischen Schöpfungsordnung aufgetragen ist, nicht nur die Kreativität ihres Schoßes zu nutzen, sondern ebenso die ihres Kopfes, ihres Intellekts. Damit hätte die Frau alle vier Elemente gleichermaßen in sich zur Einheit zusammengeführt. In die gleiche Richtung zielen die Farben des Bildes. Vom leuchtenden Gelb, das an das Bild des Magiers erinnert, haben wir schon gesprochen. Es findet seine Analogie im Rot des Löwen. Das satte Grün des Bodens, erinnert an die Kreativität der Erde in Bild III. Weiß, die Farbe der Luft, zeigt sich im Gewand der Frau, und im Hintergrund erhebt sich ein blauer Berg. Du weißt, der Berg ist ein Symbol der Kraft. Daß der Berg in diesem Bild blau gefärbt ist, könnte darauf hindeuten, daß die Frau von jetzt an die Kraft des Wassers gleich erleben darf wie der Mann seine phallische Kraft, aktiv und drängend. Der Berg und das Blau sind unübersehbar in diesem Bild. Auch das ist vielleicht ein Hinweis darauf, daß die Frau ob der neugewonnenen Energie nicht ihre ursprüngliche Stärke des Wassers vergessen soll. Diese Kraft ist der Frau von Natur aus gegeben. Aber jetzt, in der Synthese mit den männlichen Elementen Feuer und Luft, erhält sie eine neue Dimension.

Lassen wir den Blick noch einmal über Bild XI gleiten. Wir sind auf eine neue Ebene gelangt. Dieser Neuanfang zeigt sich in der Lemniskate über dem Haupt der Frau und vielleicht in der Blumenschürze, die um ihre Hüfte gebunden ist. Auf dieser neuen Ebene müssen wir bereit sein, Dinge, die wir bereits kennengelernt haben, noch einmal aus einem anderen Blickwinkel neu sehen zu lernen.

Die zweite Reihe des Tarot beginnt mit der Frau. Sie, die bisher im Schatten des Magiers, des Mannes, ihre Polarität lebte, kommt nun als erste dazu, ihre Weiblichkeit durch die Eroberung und Integrierung der männlichen Elemente Feuer und Luft zu einer Ganzheit zu erweitern. Mit den ihr ursprünglich innewohnenden Kräften Wasser und Erde bezähmt sie die stürmisch drängenden Kräfte Feuer und Luft, bewahrt sie davor, ins Chaotische auszuarten und gibt ihnen die richtige Form. Durch diese Ganzwerdung erwächst der Frau Kraft und Stärke, die darin ihren Ausdruck findet, daß sich die vier Elemente Feuer und Wasser, Luft und Erde im Gleichgewicht befinden.

Aber es wäre nun verfehlt, das, was der Tarot uns mit Bild XI zu sagen hat, nur auf die Frau zu beziehen. Der Tarot teilt immer dem ganzen Menschen etwas mit, ganz gleich, ob Mann oder Frau. Es gibt kein Bild, das nur ein Geschlecht anspricht, sondern jedes richtet sich immer an den ganzen Menschen, gerade auch dann, wenn das Bild das eine oder das andere Geschlecht in den Mittelpunkt stellt. Bist du ein Mann, dann ist es jetzt Zeit, darüber zu meditieren, welche Konsequenzen du aus Bild XI ziehen kannst, ob du bereit bist, deine Weltschauung von Bild XI her verändern zu lassen, und wie es dir als Mann gelingen könnte, die Kraft zu finden, die den roten Löwen bändigt und einfügt.

XII Der hängende Mann

(THE HANGED MAN)

Wenn du jetzt Bild XII betrachtest, werden wahrscheinlich sehr zwiespältige Gefühle in dir auftauchen und mancherlei Gedankenverbindungen in dir wach werden. Du siehst einen Mann, der mit dem Kopf nach unten und dem Fuß in einer Schlinge an einem Kreuz hängt, aus dessen Querbalken Triebe entsprießen. Möglicherweise bringst du dieses Bild sofort in Verbindung mit Folter, Qual, ja vielleicht sogar mit dem Christuskreuz. Aber laß auch hier das Bild eine Weile, ohne nach erklärenden Worten zu suchen, auf dich wirken.

Du wirst bald merken, daß im wesentlichsten Sinne solche Assoziationen nicht entsprechen. Blicke in das Gesicht des hängenden Mannes, sein Ausdruck ist nicht schmerzverzerrt, nichts in seinen Zügen deutet darauf hin, daß er Qualen leidet. Sein Anlitz ist ruhig, entspannt, die Augen, weit geöffnet, blicken irgendwohin in die Ferne. Staunen und Erwartung sind eher Begriffe, die zu diesem Bild passen. Der Lichtschein, die

Aura, die um das Haupt des hängenden Mannes erstrahlt, nimmt uns sicher den letzten Zweifel und gibt Gewißheit, daß wir es hier nicht mit einem Gefolterten und Gequälten zu tun haben, sondern mit jemandem, der sich einem tiefen und guten Erlebnis aussetzt.

Beachte, daß der Titel des Bildes »Der hängende Mann« heißt und nicht einfach »Der Gehängte«, obschon dieser Name in anderen Tarotfassungen auch zu finden ist. Der Ausdruck »man« wird im Englischen nicht ausschließlich für Mann gebraucht, sondern auch für die Bedeutung von Mensch im allgemeinen Sinn. Aber, wenn wir uns vor Augen halten, was wir bei der Betrachtung von Bild XI erfahren haben, dann liegt es nahe, in Bild XII vom hängenden Mann zu sprechen, und nicht vom hängenden Menschen.

Bild XI stellt die Frau ins Zentrum seiner Aussage und geht von der weiblichen Polarität aus. Bei der Betrachtung der ersten Reihe des Tarot, den Bildern I bis X, haben wir erfaßt, daß regelmäßig, wenn ein Bild für seine Thematik die eine Polarität in den Mittelpunkt stellt, unmittelbar darauf im nächstfolgenden die andere Polarität ins Zentrum der Betrachtung gerückt wird. Wir haben dies bei den Bildern I/II und III/IV, sowie bei VII und VIII vorgefunden. Wenn wir nun das Gesetz der Analogie »wie oben, so unten« auf diese Erscheinung anwenden, dann dürfen wir annehmen, daß sich auch in der höheren Reihe des Tarot, die mit XI beginnt, diese Anordnung vorfindet. In unserem Fall würde dies heißen, daß, wenn in Bild XI die weibliche Polarität und damit die Frau vorrangig angesprochen wird, Bild XII eine Aussage enthält, die primär an den Mann, das heißt, die männliche Polarität, gerichtet ist.

Du hast nun wahrscheinlich bereits so viel Übung im Lesen der Tarotbilder erreicht, daß es dir nicht schwer fallen dürfte, diese Seite im Buch des Thoth rasch und aus eigenem Vermögen heraus zu entziffern. Bild XI hat gezeigt, daß die Integration der männlichen Polarität für die Frau eine wichtige Aufgabe und ein notwendiger Schritt ist, um die zweite und nächsthöhere Ebene des Tarot zu betreten. Somit fällt dir nicht schwer, daraus zu schließen, daß nun für den Mann in Bild XII der analoge und ihm entsprechende Schritt bevorsteht, in gleicher Weise die weibliche Polarität in sich zu finden und zu integrieren. Dies läßt sich in der Tat sehr rasch herauslesen. Geht es für die Frau, die Hohepriesterin von Bild II, darum, ihre aktive Seite zu entdecken und zu leben, so folgt hier die entsprechende Pflicht für den Mann, den aktiven und wollenden Magier von Bild I. Er ist gehalten, die Kräfte in sich ausfindig zu machen und zu leben, die ihm Bild II kundgibt, das heißt, er muß lernen, auch passiv zu sein, nicht nur aktiv zu handeln, zu produzieren und zu geben, sondern auch passiv zu empfangen, mit sich geschehen zu lassen, zu warten und offen zu sein für etwas, das auf ihn zukommt.

Der Mann hängt an einem sogenannten Tau-Kreuz. Diesen Namen hat es vom letzten Buchstaben des hebräischen Alphabetes, dem Tau, der lautlich unserem T entspricht. In manchen Tarotdarstellungen hängt der Mann auf Bild XII tatsächlich an einem galgenartigen Gerüst, das in seinem Aussehen an den hebräischen Buchstaben Tau erinnert. Das Tau-Kreuz, das wie unser lateinischer Buchstabe T aussieht, gilt als Phallussymbol. Es mag sein, daß du dies widersprüchlich findest. Bei der Betrachtung von Bild II wurde dargelegt, daß jedes Kreuz, ganz gleich von welcher Form, ein Symbol der Verbindung von Gegensätzen darstellt. Wo aber ist im Phallus, im Stab, diesem Ausdruck und Sinnbild von gradliniger Kraft, ein Gegensatz? Ist es nicht gerade ein Merkmal, ein Ausdruck der phallischen Kraft, daß sie in sich selbst keinen Gegenpol kennt, sondern ihn zielbewußt in der anderen Polarität sucht, wie das ja auch im Kreuz der Hohepriesterin ausgedrückt ist? Daß das T-Kreuz ein gutes Symbol für den Phallus ist, merkst du sehr schnell, wenn du Bild XII umdrehst, so daß der vertikale Balken des Kreuzes steil nach oben zeigt. Aber eben, du hast die Karte umgedreht. Wahrscheinlich wird dir im selben Moment in den Sinn gekommen sein, daß ja der aufrechtstehende Phallus kein Dauerzustand ist, sondern daß die Erektion nur zu bestimmten Momenten und zu bestimmten Zwecken erfolgt. Diese extrem gegensätzlichen Zustände des Phallus werden im Bild des Tau-Kreuzes sehr gut bildlich ausgedrückt, je nach dem, von welcher

Seite du es betrachtest. Damit hast du sicher auch begriffen, daß das Tau-Kreuz ebenfalls ein Symbol der Vereinigung von Gegensätzen ist.

Damit enthält Bild XII nun die Gegenwirkung zu Bild I, auf dem wir den geradestehenden Magier mit dem aufgerichteten Stab in der Hand als eine symbolische Darlegung phallischer Kraft erkannt haben. Somit haben wir in Bild XII den Mann vor uns, der sich ganz im anderen Pol phallischer Kraft befindet. Die Botschaft dieses Bildes ist offensichtlich. Der Mann muß lernen, daß phallische Kraft nur die eine Seite seiner Polarität ist, und daß er nicht mit einem ständig erigierten Penis durch die Welt streifen kann, sondern daß er auch diese andere Seite seiner Männlichkeit, die sich in der Erschlaffung zeigt, als Teil akzeptieren lernt, der zu ihm als Mann gehört, und daß diese Seite der Polarität in sein männliches Leben bewußt einzubauen ist. Dem Mann bleibt die Wahl, ob er diese Wahrheit schon möglichst früh, bereits in seinen kräftigen Jugendjahren annehmen und als Zeichen der Reife leben will, oder ob er warten will, bis die fortschreitenden Jahre ihm hart und unerbittlich das Gesetz der Polarität in Erinnerung rufen.

Der Mann, der sich nicht gegen das Gesetz der Polarität in ihm selbst wehrt, erfährt keine Begrenzung und keine Einschränkung. Ganz im Gegenteil: Der Mann, der es unternimmt, seine passive Seite zu erforschen, zu leben und bewußt in seine Persönlichkeit aufzunehmen, erfährt eine Erweiterung seines Lebenshorizontes ganz analog zur Frau, die ihre aktive Seite leben lernen muß. Es ist eine wichtige Erfahrung für den Mann, zu lernen, daß er auch im Zustand des erschlafften Phallus nichts von seiner Männlichkeit einbüßt und daß auch das Annehmen seiner Passivität ein Akt männlicher Kraft sein kann, der ihm den Durchgang zu einer höheren Ebene verschafft.

Um den Kopf des hängenden Mannes erglüht ein Lichtschein. Dieser Lichtkranz, oder die Aura, wie er manchmal auch genannt wird, ist uns von mittelalterlichen Heiligenbildern wohlbekannt. Diejenigen, die mit diesem Schein ausgezeichnet sind, erweisen sich damit als Träger eines ganz besonderen und höheren Bewußtseins. Ihnen wurde eine höhere Erfahrung zuteil, sie sind Erleuchtete. Der Mann, der seinen Horizont in Richtung seiner passiven Polarität erweitert, gelangt dadurch in diesen Raum eines höheren Bewußtseins. Auch er erlebt dadurch Erleuchtung, weiß dann, daß manche Dinge, wenn man sie umgedreht, umgekehrt, von der anderen Seite her betrachtet, in einem anderen und neuen Licht erscheinen. Der Mann, der am Tau-Kreuz hängt, mit dem Kopf abwärts, sieht buchstäblich die Dinge umgekehrt, eben von der anderen Polarität aus.

Das Motiv des hängenden Mannes scheint uralt zu sein und kommt auch in anderen Zusammenhängen vor. In der nordischen Sagensammlung Edda zum Beispiel, im Gedicht Havamal, berichtet der Gott Odin, wie er neun Nächte, in der Stellung, die Bild XII darstellt, am Baum hing.

Ich weiß, daß ich hing am windigen Baum
Neun lange Nächte,
Vom Speer verwundet, dem Odin geweiht,
Mir selber, ich selbst.

»Mir selber, ich selbst« ist in der Tat die Erfahrung, die dem hängenden Mann verliehen werden kann. Odin unterzieht sich dem Mysterium der Hängung, um magische Runen zu finden, das heißt, um zu einer höheren Bewußtseinsebene und zu größerer Erkenntnis zu gelangen.

Die Stellung, die der hängende Mann am Tau-Kreuz einnimmt, scheint nicht einfach und willkürlich gewählt. Der Mann hält seine Hände hinter dem Rücken verschränkt, und ein Bein kreuzt das andere. Wenn du vom Scheitel des Hängenden je eine Linie zu den Ellbogen ziehst, und sie auf der Höhe der verschränkten Hände durch eine dritte verbindest, erhältst du ein Dreieck. Das ausgestreckte rechte Bein und der Unterschenkel des linken Beines bilden miteinander ein Kreuz. Damit hast du das gleiche Zeichen vor dir, das du bereits in Bild X kennengelernt hast, das Symbol für Sulfur. Auch hier zeigt sich wieder, wie sehr die Themen von Bild XI und XII zusammengehören. Was auf Bild XI der rote Löwe bedeutet, nämlich ebenfalls Sulfur, wird im Bild XII durch diese besondere Haltung des hängenden Mannes angedeutet. Der Mann, der in sich die Polaritäten vereinigt, wird der gleichen, belebenden Kraft von Sulfur teilhaftig, wie sie auch der Frau in Gestalt des Löwen erteilt wird. Es ist die Kraft, die das Universum bewegt und auch den Menschen vorantreibt auf seinem Weg zu immer tieferer und größerer Erkenntnis, die ihm weiterhilft, und die er braucht auf seinem Gang durch die zweite, höhere Ebene des Tarot. Auch die rote Farbe von Sulfur finden wir, analog zum Löwen in XI, bei den Beinkleidern des Hängenden.

In den ganzen großen Zusammenhang paßt auch, daß das Wams des hängenden Mannes von blauer Farbe ist, der Farbe des Wassers und der Hohepriesterin. Gelb, die Farbe des Feuers, scheint um das Haupt des Mannes. Damit wird betont, daß die dynamische Kraft des Feuers, des Stabes, sich nunmehr auf einer anderen Ebene verwirklicht, daß sie nicht nur zur Zeugung neuen Lebens führt, sondern eben auch zur Erleuchtung, zur Erlangung einer höheren Ebene. Außer dem Mann und dem Kreuz ist auf diesem Bilde nichts anderes zu sehen als Luft, während die Ockerfarbe des Kreuzes auf das Element Erde verweist. Das Tau-Kreuz des hängenden Mannes ist nicht aus abgestorbenem, trockenem Holz zusammengefügt. Nein, aus seinen Balken sprießen neue Triebe und Blätter, die wie füllige Trauben zu beiden Seiten herniederfallen. Also auch im erschlafften, nunmehr ruhenden Phallus ist Kraft vorhanden. Die gleiche Kraft, die fähig ist, neues Leben zu zeugen und weiterzugeben. Dies belegt ein weiteres Geheimnis, das dem hängenden Mann verraten werden soll.

Der erschlaffte Phallus ist nicht bloß der Phallus, der nach erfolgter Zeugung scheinbar nutzlos und kraftlos in sich zusammenfällt, sondern der erschlaffte Phallus ist der Stab, der in sich dynamisches Leben und potentielle Energie birgt, der ruht, um wieder aufzustehen zu erneuter Tatkraft. Dieses Geheimnis muß der hängende Mann lüften, wenn er reif und fähig werden will, die nächsten Wegstrecken, die vor ihm liegen, gut zu meistern. Er muß erkennen, daß sich das Gesetz der Polarität nicht nur ein einziges Mal vollzieht, sondern in einem stetigen

Wechsel, wie es sich am Beispiel des erschlafften und wieder aufgestandenen Phallus offenbart. Alles Leben besteht aus zyklischem Geschehen, einem Auf und Ab, einem Heller- und Dunklerwerden, einem Aus- und Einatmen. Wer dies begriffen hat, kann ohne Furcht den Schritt zum nächsten Bild wagen. Werfen wir noch einen letzten Blick auf die Schlinge, die den Fuß des hängenden Mannes hält. Wir können uns gut vorstellen, daß diese Schlinge hinter der Fußsohle des Mannes gekreuzt ist und so eine Lemniskate bildet. Auch hier wieder das Zeichen von Unendlichkeit und Neubeginn.

Fassen wir noch einmal zusammen: Analog der Frau von Bild XI ist es auch dem Manne aufgegeben, seine andere Polarität, seine passive Seite zu entdecken, zu integrieren und zu leben. Dies geschieht, wenn er sich in die Position des hängenden Mannes begibt, für einmal auf seine Aktivität, auf sein Wollen verzichtet und sich dem öffnet, was ihm widerfährt. Dann wird ihm nicht nur das Feuer der Erleuchtung zuteil, sondern er erfährt auch die neu belebende Kraft von Sulfur, dessen Zeichen sein Körper bildet. Er lernt die Dinge im wahrsten Sinne des Wortes von ihrer umgekehrten Seite her zu betrachten. Das Tau-Kreuz wird nun zum Symbol des immerwährenden Untergehens und Auferstehens aller Dinge, und das Bejahen und Akzeptieren dieses großen Gesetzes ist die Bedingung, die ihm ein Weiterschreiten auf seinem begonnenen Weg ermöglicht.

XIII Tod
(DEATH)

Wenn du dieses Bild siehst, wird sofort begreiflich, warum die Zahl 13 im Volksaberglauben Unglück bedeuten soll. Vielleicht ist dies ein Hinweis darauf, daß die Erinnerung an die Botschaft des Tarot in unseren tiefsten Schichten noch immer vorhanden ist, wenn sie auch meist nicht mehr verstanden und begriffen wird. Das Bild ist in der Tat furchterregend. Ein Ritter in schwarzer Rüstung, sein Gesicht ein grinsender Totenschädel, reitet daher, und unter seinem Ansturm fallen alle, die ihm auf seinem Weg begegnen, ohnmächtig vernichtet zu Boden, König, Bischof, Frau und Kind. Niemand und nichts kann ihm standhalten.

Betrachte das Bild nun intensiv und versuche, seinen Aufbau zu erfassen. Denke immer daran: Die einzelnen Seiten im Buch des Thoth zu lesen, bedeutet, die großen, bildmäßigen Zusammenhänge zu erfassen und dabei gleichzeitig auch die kleinen Einzelheiten nicht zu vergessen. Bald wirst du erkennen, daß Bild XIII aus zwei Anschauungsebenen besteht.

Der Vordergrund des Bildes wird beherrscht von der Erscheinung des schwarzen Ritters und seiner Opfer. Die weiche, fast verträumte Landschaft im Hintergrund bildet einen seltsamen Kontrast zu dem harten und brutalen Geschehen im Vordergrund. Spüre diesen beiden gegensätzlichen Eindrücken dieses Bildes nach und laß sie in deiner Seele anklingen. Ganz gewiß wird es nicht lange dauern, bis sich Gefühle und Empfindungen bemerkbar machen, die du schon längst erkannt hast, bevor du das 13. Tarot-Bild kennengelernt hast.

Daß der Tod zwei Gesichter hat, daß er als der brutale und erbarmungslose Zerstörer alles Leben auftreten kann, der mit scheinbar sinnlosem Wüten alles niedermäht, was er auf seinem Weg antrifft, und daß er als sanfter Erlöser, als Ruhebringer, den Menschen erscheinen kann, das ist dir nicht neu, das ist Gedanken- und Gefühlsgut der Menschheit seit eh und je. Dazu braucht es nicht erst den Tarot, um dich darauf aufmerksam zu machen. Aber du bist nun schon so tief in den Tarot eingedrungen, daß du erkannt hast, daß du mehr verlangen darfst als bloße Empfindungen und Gefühle. Du darfst auf wissende Erkenntnis hoffen. Wenn es zutrifft, daß im Tarot das Urwissen über die große kosmische Schöpfungsordnung enthalten ist, dann wird dir der Tarot auch einiges über das große Rätsel des Todes zu sagen haben, da der Tod doch so offensichtlich ein Bestandteil dieser großen Ordnung ist.

Betrachte nun zunächst einmal die Zahlenstellung, die der »Tod« in der Gesamtordnung der 22 großen Arkana einnimmt. Er steht an 13. Stelle, also nur knapp über der Hälfte der ganzen Reihe. Schon dies allein stimmt nicht mit der Anschauung und dem Stellenwert überein, die der Tod in unserer alltäglichen Anschauungsweise hat. Üblicherweise ist der Tod gleichbedeutend mit Ende, Ziel, Auflösung. Nicht so im Tarot. Dort steht er mitten in der Reihe der großen Arkana, ja, wenn wir davon ausgehen, daß im Bild XI ein Neubeginn auf einer höheren Ebene seinen Anfang nimmt, dann steht der Tod sogar zu Beginn dieses Weges. Neun Bilder folgen noch, analog der Zahl, die auf der unteren Ebene zum Eremiten führt. Diese

Feststellung bedeutet höchstwahrscheinlich, daß wir unsere traditionelle Ansicht vom Tod als dem Ende, als zu den letzten Dingen gehörig, in Frage stellen und vielleicht sogar Abstand davon nehmen müssen. Das ist sicher nicht leicht, denn so wie der Mensch tagtäglich dem Tod begegnet und Tod erlebt und erfährt, fällt es schwer, den Tod anders zu sehen als ein Ende, einen Abschluß. Logischer noch dürfte uns erscheinen, wenn das Bild des Todes nicht an 13., sondern an 11. Stelle im Tarot stehen würde, an der Stelle, an der der Durchgang zu der höheren Ebene vollzogen wird, denn dies käme unserer herkömmlichen Anschauung am ehesten entgegen, da wir den Tod meist auch als Durchgang in ein besseres Leben, in ein Jenseits betrachten. Aber nun steht der Tod an einem Ort, der uns zwingt, von all den liebgewonnenen Überzeugungen und Vorstellungen offenbar Abschied zu nehmen, wenn wir weiterhin in die Wahrheit des Tarot Vertrauen setzen wollen. Wenn du soweit bist und entschlossen, dich von alten Denkweisen zu trennen und dich neuen, zunächst vielleicht schwer faßbaren Erkenntnissen zu öffen, dann bist du bereit, diese wichtige Seite im Buch des Thoth zu enträtseln. Im anderen Fall leg es eine Weile beiseite, zieh dich in die Stille zurück und meditiere über das Erscheinungsbild des Todes, wie es bisher dein Leben geprägt hat, und warte, bist du spürst, daß du nun aufgeschlossen bist, den neuen Weg zu gehen.

Beginnen wir unsere Betrachtung mit dem Vordergrund des Bildes. Diese Darstellung des Todes ist dir sicher bekannt und nicht neu. Wir erblicken Motive, die uns von mittelalterlichen Totentänzen her längst bekannt sind: Der Tod, vor dem keine weltliche Würde und keine soziale Stellung gilt, der alle, seien sie Kaiser, König, Papst, Priester, Kaufmann oder Kind, in seinen vernichtenden Tanz miteinbezieht. Hier geht es unverkennbar um den Tod als Gleichmacher, und darum werden die Menschen in diesem Bild als Typen dargestellt, als Mann und König, als Bischof, das heißt geistlicher Fürst, als Frau und Kind. Es ist wichtig und auch offensichtlich erkennbar, daß dieses für die Menschen so Typische mit dem Tode wirklich vernichtet wird und verschwindet. In dieser Beziehung entspricht der Tod schon dem Ende. Das ist mit dem Motiv des Totentanzes gemeint, daß der Tod als erstes all das dem Menschen wegnimmt, was ihm von außen her auferlegt worden ist und daß er den Menschen auf sich selbst reduziert. Bis hierher ist, wie wir schon bemerkt haben, noch nichts Neues gesagt. Diese Aussage wiederholt sich ständig wieder durch alle Auseinandersetzungen der Menschheit mit dem Tod. Aber wenn wir uns nun vor Augen halten, daß das Bild XIII in seiner Struktur aus einem Vordergrund und einem dazu kontrastierenden Hintergrund aufgebaut ist, und daß sich alles, was wir bisher gesagt haben, auf den Vordergrund des Bildes bezieht, dann können wir annehmen, daß wir damit wirklich nur der vordergründigen oder, mit anderen Worten ausgedrückt, der exoterischen Seite des Todes gerecht werden. Aber wo es eine nach außen weisende, exoterische Seite gibt, wird auch eine nach innen führende, esoterische vorhanden sein. Irgendwo muß es einen gemeinsamen Punkt geben, wo diese beiden Seiten zusammenstoßen.

In diesem Zusammenhang fällt uns das Banner auf, das der Tod in seiner linken Hand trägt. Es ist ein seltsames Wappen mit einer fünfblättrigen Rose. Wenn du diese fünfblättrige Rose länger beschaust, wirst du darin sicher bald eine Darstellung des umgekehrten Pentagramms erkennen. Vergegenwärtige dir nun alles, was du bereits über das Pentagramm weißt und blättere notfalls zu Bild V zurück. Das umgekehrte Pentagramm, das mit der einen Spitze nach unten zeigt, bedeutet, als Zeichen der schwarzen Magie, Herrschaft der Materie über den Geist. Dieses Zeichen verstärkt ohne Zweifel den vernichtenden, destruktiven Eindruck, der uns, vom Vordergrund von Bild XIII ausgehend, beherrscht. Angesichts des Symbols der schwarzen Magie, das sich in der Hand des Todes befindet, kommen uns sicher keine aufbauenden und erhellenden Gedanken, und doch müssen wir uns der Tatsache stellen, daß die Aussage, die Materie herrscht über den Geist, sehr wohl mit der vordergründigen Wirklichkeit des Todes zu tun hat.

Stelle dir einmal vor, welche Szenen sich täglich auf Schlachtfeldern, auf Straßen und in den Sterbestationen der Spitäler abspielen, und du wirst nicht darum herum kommen, die Gültigkeit des Satzes, die Materie herrscht über den Geist, in dieser Beziehung anzuerkennen. Aber das Pentagramm ist ein ambivalentes Zeichen. Je nachdem, von welcher Seite her es betrachtet wird, gibt es eine andere Auskunft. Zeigt seine Spitze nach oben, dann lautet die Mitteilung genau im umgekehrten Sinne: Der Geist regiert über die Materie. Zwei Welten, die sich geradezu diametral voneinander unterscheiden, werden beide durch das gleiche Symbol kenntlich gemacht. Diese Kunde und Erkenntnis soll dir zu denken geben. Als weiteres sollten wir beachten, daß das Pentagramm in die Gestalt einer Rose gekleidet ist. Die Rose ist ja, und auch das haben wir bereits erfahren, ein altes Symbol der Verwandlung. Bei Bild I haben wir sie kennengelernt im Zusammenhang mit dem Mythos des Adonis. Aber dies allein genügt wohl nicht, um aus dem Bild der Rose mehr über das Geheimnis des Todes zu erfahren. Denken wir auch daran, daß die Rose seit jeher im Bezug steht zu Liebe und Rausch. Für die Liebenden ist die Rose das Symbol ihrer Gefühle bis hin zum vielblättrigen Aufblühen im Rausch des Orgasmus bei der körperlichen Vereinigung. Die Rose ist zudem die Blume des Dionysos, des Gottes des Rausches. In der Antike bekränzten sich die Teilnehmer an einem Trinkgelage mit Rosen, denn die Rose, so war die Meinung, sollte die Zecher davor bewahren, im Rausch Geheimnisse auszuplaudern. So steht die Rose auch in einer engen Beziehung mit dem Vorhandensein eines Geheimnisses und dessen Bewahrung.

Lassen wir diese Feststellung zunächst einmal stehen und suchen wir weitere Elemente, die uns helfen könnten, tiefer in das Bild des Vordergrundes einzudringen. Der Tod reitet auf einem weißen Pferd. Das Pferd ist Träger einer vielfältigen Symbolik, je nachdem, welche Form und Farbe es hat. Das weiße Pferd ist ein Symbol der Elemente Feuer und Wasser, die den Menschen je nachdem freundlich oder auch feindlich gesinnt sein können. Feuer ist Wärme, ist Licht, aber eine Feuersbrunst kann alles zerstören, was sich ein Mensch in seinem

Leben angeeignet und aufgebaut hat. Wasser ist für den Menschen lebenswichtig. Er muß es trinken; Wasser muß vorhanden sein, damit der Mensch ernten kann, was er gesät hat. Die Kraft des Wassers, die Räder antreibt, verschafft dem Menschen dringend notwendige Energie. Aber das gleiche Wasser kann als Flut zerstörend wirken. Statt zu Trinken geben, kann es ertränken und durch seine chaotische Kraft alles vernichten. All das ist im Symbol des weißen Pferdes enthalten. Auch hier begegnen wir also zwei Äußerungen, wie beim Pentagramm. Weiter beachte noch, daß der Tod auf einem violetten Sattel reitet. Violett ist die Farbe, die einen Grenzbereich ankündigt, wie uns vom Vorhang der »Gerechtigkeit« her bekannt ist. Die Begegnung mit dem Tod führt uns also in einen Grenzbereich. Damit sind wir einen Schritt weitergekommen, um uns von den traditionellen Bildern des Todes zu lösen. Der Tod wird als Vernichter und Zerstörer damit nicht einfach außer Kraft gesetzt. Seine Auswirkung bleibt erhalten, aber gleichzeitig wird uns gesagt, und alle bisher besprochenen Symbole deuten darauf hin, daß es noch eine andere Seite des Todes gibt und daß der Tod selbst, der auf dem violetten Sattel reitet, nur den Übergang, die Transformation in jenen anderen Bereich ausdrückt.

Transformation ist denn auch der eigentliche, esoterische Name dieser Karte. Aber Transformation wozu und wohin? Die Symbole des Pentagramms und der Rose sowie des weißen Pferdes haben uns ja deutliche Hinweise gegeben, daß alles seine zwei Seiten hat. Nehmen wir einmal das Beispiel des Rausches. Der Rausch ist das Vorstoßen in einen anderen Bereich, vielleicht sogar, wer weiß, in einen göttlichen. Die Liebenden erleben den Rausch in ihrer Umarmung; und erinnern wir uns hier an das Wort, das sagt: Ein Orgasmus ist ein kleiner Tod. Rausch ist immer das Überschreiten eines Grenzbereiches und damit Verwandlung. Aber es besteht doch ein großer Unterschied zwischen den Liebenden, die im Rausch der Vereinigung zu sich selbst finden und sich auf einer höheren Ebene neu begegnen können, und zum Beispiel einem Drogenabhängigen, der sich mit Hilfe chemischer Stoffe und in künstlicher Weise zu oft und vorschnell in eine Welt tragen läßt, die aus eigener Kraft und Anstrengung zu erreichen er unreif und unfähig ist. Der Zecher, der sich übermäßig besäuft, erfährt sicher mehr die vernichtende, persönlichkeitszerstörende und damit wahrhaft tödliche Seite des Rausches als das Transformieren auf eine höhere Ebene des Bewußtseins. Wir sehen, nicht umsonst trägt der Tod das schwarze Banner des Pentagramms mit der Rose, denn wer sich dem Rausch hingibt, kommt in die Nähe des Todes, so oder so, zum Guten oder zum Bösen. Die Todeserfahrung ist das Erfahren einer Verwandlung an sich selber, einer Transformation.

Die Landschaft im Hintergrund wird von einem breiten Fluß durchzogen. Der Fluß ist, wie wir bereits von Bild XII her wissen, ein altes Symbol zur Bezeichnung einer Grenze, nicht nur einer rein geographischen, sondern vor allem auch einer Grenze, über die der Weg zu einem neuen und anderen Bereich führt. In vielen Mythologien der Welt ist das Totenreich von einem Grenzfluß umgeben. Styx, Lethe und Acheron sind Namen solcher Flüsse bei den alten Griechen. Die Seelen der Toten werden in den mythologischen Vorstellungen oft von einem Boot ans andere Ufer gesetzt. Vielleicht denkst du an dieser Stelle über die doppelsinnige Bedeutung des Wortes »übersetzen« nach. Es kann in dem Sinne, wie wir es eben gebraucht haben, eine Überfahrt bedeuten, das Überqueren eines Gewässers. Aber in einem anderen Sinne erläutert es auch die Übertragung von einer Sprache in eine andere. Ein Gedanke, der in eine andere Sprache übersetzt wird, ist dann nur noch verständlich für denjenigen, der diese Sprache beherrscht. Es ist der gleiche Gedanke, und doch erklingt er jetzt in ganz anderen Lauten.

Auch im Bild XIII hat der Fluß und das auf ihm schwimmende Boot ohne Zweifel die Bedeutung einer Abgrenzung zwischen zwei Bereichen und des Übersetzens von einer Ebene zur anderen. Auch die Felswand, die sich am anderen Ufer des Flusses steil erhebt, zeigt deutlich, was hier gemeint ist. Ein Symbol mit viel stärkerer Ausdruckskraft ist hier noch einmal aufgenommen. Wir kennen es bereits von Bild III her, von den zwei Ebenen des Wasserfalles. Sehr drastisch und einprägsam zeigt uns diese Felswand, daß es wirklich um das Transzendieren, um das Hinaufsteigen von einer Ebene auf eine andere geht. Den Weg, auf dem dieser Übergang erfolgt, können wir auf unserem Bild nicht erkennen. Er bleibt Geheimnis. Lediglich oben rechts können wir ihn wieder erblicken, wie er auf die zwei Türme zuführt, auf die Pforte, hinter der die Sonne in ihrem Strahlenkranz leuchtet. Blick auf diese Sonne und frage dich einmal, ob diese Sonne wohl auf- oder untergeht.

Wahrscheinlich wirst du jetzt sehr schnell antworten, mit dem Hinweis auf das Bild des Todes, daß es sich hier natürlich nur um die untergehende Sonne handeln kann. Bist du so sicher? Stelle dir einmal vor, du würdest am Abend mit Blick gen Westen zusehen, wie die Sonne langsam hinter dem Horizont verschwindet. Jemand fragt dich: »Was tut die Sonne?« Du antwortest sicher: »Sie geht unter.« Wenn nun in demselben Augenblick dieselbe Frage an jemanden gestellt würde, der sich einige tausend Kilometer weiter östlich von dir aufhält, wie würde wohl dessen Antwort lauten? Er würde in dem Moment, in dem du die Sonne als untergehend erachtest, sagen, daß sie über dem Horizont aufsteigt, daß es Tag wird. Die gleiche Sonne im gleichen Moment betrachtet kann, je nach dem Standort des Beobachters, sowohl als untergehend als auch als aufgehend erlebt werden. Lediglich auf den Standort kommt es an. Stelle dir nun weiter vor, es würde darüber ein großer Streit ausbrechen, weil jeder seine persönliche Beobachtung für die allein richtige und zutreffende hält. Vielleicht bliebe dann nichts anderes mehr übrig, als die Sonne selbst zum Schiedsrichter zu bestimmen und sie zu fragen: »Was tust du, gehst du unter, oder gehst du auf?« Was würde die Sonne erwidern? Wahrscheinlich würde sie, wenn sie könnte, verwundert lächeln und sprechen: »Was heißt hier untergehen oder aufgehen, ich scheine einfach. Für mich ist es immer Mittag.«

Eine ähnliche Erscheinung haben wir auch, wenn jemand durch eine Türe das Zimmer verläßt. Für uns geht er hinaus, aber für jemanden, der sich im benachbarten Zimmer aufhält, kommt er in diesem Moment herein. Weil wir den Vorgang nicht in seinem ganzen Ablauf überblicken und erfassen können, gibt es für uns nur eine Teilwahrheit, die wir leicht und mit gutem Gewissen als die ganze Wahrheit ausgeben wollen. Prüfe nun einmal das Ereignis des Todes unter diesem Aspekt. Stelle dir vor, jemand, der dir nahesteht und stirbt, gehe durch eine Tür aus dem Zimmer weg, in dem er bisher mit dir gelebt hat. Für dich bedeutet dies Abschied und Tod, aber gleichzeitig bedeutet es für jemanden, der jenseits der Türe wartet, Begrüßung und Geburt. Was empfindet derjenige, der die Türe durchschreitet? Auch er würde bemerken: »Für mich ist es weder ein Abschied noch Begrüßung, ich gehe einfach und bin.«

Es könnte sein, daß vielleicht Tod und Geburt das gleiche sind und nur unser jeweiliger Standort darüber entscheidet, ob wir es als Tod oder Geburt wahrnehmen, da die andere Seite jeweils unseren Blicken unzugänglich ist. Fragen wir weiter, indem wir das erste Gesetz des Hermes zu Hilfe nehmen: Könnte es sein, daß wir mit Tod oder Geburt ein Geschehnis bezeichnen, das an den Grenzen der uns zugänglichen Dimension angesiedelt ist und wir demzufolge nur dessen eine Seite sehen können? Könnte es sein, daß analoge Begebenheiten unzählige Male in unserem Alltagsleben geschehen, ohne daß wir daran denken, Worte wie Geburt und Tod zu gebrauchen, nur aus dem Grunde, weil wir beide Seiten und Ansichten des Geschehens gleichzeitig überblicken, und deshalb den Ablauf als Ganzes fassen können? Es kommt uns zum Beispiel nie in den Sinn, das Keimen einer Pflanze als Tod zu bezeichnen, und doch stirbt dabei die Form des Samenkorns. Die Form der Pflanze wird geboren, währenddessen die große, sowohl im Korn als auch in der Pflanze vorhandene Kraft einfach ist. Es kommt uns auch selten in den Sinn, das langsame Auseinanderleben einer Liebe als Tod zu verstehen, wenn wir gleichzeitig spüren, wie wir dadurch frei und offen werden für eine neue und vielleicht noch tiefere Beziehung. Suche in deiner Umgebung, in deinem Alltag Beispiele, in denen du das eben Gesagte wiederfinden kannst. Du wirst viele, viele finden. Ja, es ist wahr, mitten im Leben sind wir vom Tod umfangen, auch wenn wir nie daran denken würden, dafür den Namen Tod zu geben. Überleg dir auch einmal, wieviel sterben muß bei der Geburt eines Menschen. Wenn der Mensch das Licht der Welt erblickt, stirbt während des Aktes der Geburt sein Dasein als Embryo, stirbt seine Geborgenheit im Leib der Mutter, er wird transformiert, wird als Teil der Mutter zu einem selbständigen Lebewesen erhoben. Wieviele Körperzellen der Mutter, jede angefüllt mit einem winzigen Teil Leben, müssen sterben, damit das Kind geboren werden kann. Die Nabelschnur stirbt und die Plazenta.

Die zwei Türme oben auf der Anhöhe, zu denen unser Weg hinführt, bilden zusammen eine Pforte, durch die wir gehen werden. Diese Pforte ist offen, überblickbar, und wer sie durchschreitet, ist unserer Sicht nicht entzogen. Sein Weg führt zur immerscheinenden Sonne, die weder auf- noch untergeht, sondern immer im Zenit steht. Weit, so scheint es, haben wir uns von den schrecklichen Bildern und Visionen des Vordergrundes entfernt, und doch werfen wir im Licht der Sonne noch einen letzten Blick zurück auf die schreckenerregende Gestalt des Todes. Zuoberst auf seinem Helm befindet sich ein roter Federbusch. Die rote Feder ist ein alchemistisches Zeichen für den Stein der Weisen, von dem man sagt, daß er die Sonne in sich trägt.

Eine weite Strecke haben wir auf diesem Bild zurückgelegt. Wir haben die Schrecken des Todes gesehen, die Erfahrung des Rausches gemacht und haben auch durch Banner und Pferd des Todes das Gesetz der Polarität neu gesehen. Wir haben über den Grenzfluß gesetzt und wurden auf eine andere Ebene transformiert. Durch die Pforte mit den zwei Türmen schreiten wir nun auf die immerscheinende Sonne zu. Eine große Erkenntnis haben wir gewonnen, und zwei Worte kommen über unsere Lippen. Sie heißen: Ich bin.

XIV Mischung

(TEMPERANCE)

Der Name »Temperance« dieses Bildes ist ebenfalls auf Tarotbildern französischer Herkunft vorzufinden; er wird im Deutschen gewöhnlich mit dem Ausdruck »Mäßigkeit« wiedergegeben. Ich muß gestehen, daß mich, seit ich mich mit dem Tarot beschäftige, diese Bezeichnung von Bild XIV nie befriedigt hat. So empfehlenswert die Tugend der Mäßigkeit auch ist, der Gehalt von Bild XIV scheint mir auch nach eingehenster Analyse nichts mit diesem Wort gemeinsam zu haben. Dagegen finde ich, daß ein anderes, ähnliches Wort sehr wohl mit Bedeutung und Aussage dieses Bildes in Einklang gebracht werden kann. Das Wort »Temperance« ist verwandt mit dem lateinischen Verb temperare, was mischen bedeutet, speziell das richtige Mischen von Wasser und Wein. (Bekanntlich wurde in der Antike der Wein nicht rein getrunken wie heute, sondern stets mit Wasser verdünnt. Das Mischen der beiden Teile geschah in speziell dafür bestimmten Tonkrügen.) Nach meiner Ansicht liegt hier ein Fall vor, wo sich im Lauf der langen Zeit, in der der Tarot von Generation zu Generation überliefert wurde, entweder eine fehlerhafte Benennung eingeschlichen hat, weil der ursprüngliche Sinn nicht mehr richtig verstanden wurde, oder wir haben es hier mit einer bewußten Tarnung zu tun, bei der das Bild mit einem Titel versehen wurde, der sowohl exoterisch als auch esoterisch einen Sinn ergibt. Wer sich nur oberflächlich und spielerisch mit dem Tarot beschäftigt, wird sich ohne weiteres mit der Übersetzung »Mäßigkeit« zufriedengeben, weil Mäßigkeit ohnehin eine allgemein anerkannte Tugend ist. Wer aber fähig und vor allem willens ist, hinter die Dinge zu sehen, dem ist es auch möglich, die eigentliche Bedeutung des Bildes XIV hinter diesem Ausdruck »Mäßigkeit« zu entdecken, denn die zweite Möglichkeit, die absichtliche Tarnung, erscheint mir persönlich als sehr viel wahrscheinlicher angesichts der Tatsache, daß die Anschauung von Bild XIV zur Dogmatik des exoterisch-kirchlichen Christentums in fundamentalem Gegensatz steht. Wir dürfen nie vergessen, daß in der Zeit, als der Tarot in Europa aufkam, das geringste Abweichen von der offiziellen kirchlichen Lehrmeinung, den qualvollen Tod auf dem Scheiterhaufen bedeuten konnte. Aus allen Gedanken und Überlegungen heraus, die mir mit diesem Bild aufgekommen sind, möchte ich das Wort »Temperance« durch den deutschen Ausdruck »Mischung« wiedergeben. Am Schluß dieses Abschnittes kannst du entscheiden, ob du meiner Ansicht folgen willst oder nicht.

Laß deinen Blick nun wieder eine Weile auf Bild XIV ruhen. Nach der dichten, intensiven Dramatik von Bild XIII und der Fülle seiner Einzelheiten wirkt dieses Bild friedvoll, klar, beruhigend. Laß von neuem, wie du es bereits kennst, deine Gefühle in dir wachsen und laß dich von ihnen immer tiefer in dieses Bild hineintragen.

Du erblickst einen Engel, dessen dominierende Gestalt fast das ganze Bild ausfüllt. Er trägt zwei Kelche in den Händen und gießt aus dem einen Wasser in den andern. Mit einem Fuß steht er im Wasser, mit dem andern auf der Erde. Am Ufer des Wassers sind Irisblüten zu sehen; ein Pfad führt durch die

Landschaft hindurch auf Berge zu, hinter denen die Sonne in Form einer Krone erstrahlt. Das Bild breitet sehr viel Licht aus durch die glühende Sonne, den hellen Himmel und die Strahlen der Aura um das Haupt des Engels. Wenn du nun auf die Füße und Hände des Engels achtest, dann wirst du sehr rasch einer Übereinstimmung gewahr werden. Die Füße und die Hände mit den Kelchen scheinen eine Analogie zueinander zu haben. Betrachte längere Zeit diese Hände und Füße, fühle, was in diesem Bild verborgen sein könnte und laß langsam Worte dafür aus deinem Inneren emporsteigen.

Vielleicht werden es Begriffe sein wie Veränderung, Umwandlung, weder noch, sowohl als auch, Übergang, Überfließen usw. Unter Umständen wirst du dabei plötzlich den Eindruck haben, daß dich aus deinem tiefsten Innern heraus Dinge überwältigen, die du eigentlich schon immer gewußt hast, ein Urwissen, das in der verborgensten Stelle deiner selbst vorhanden ist und das nun, ausgelöst durch die Bildmotive, erst als Ahnung oder Intuition, aber deutlicher und deutlicher werdend, dein Bewußtsein erreicht. Wenn du diese Erfahrung machst, dann laß dir viel Zeit, dich lange damit zu beschäftigen, im Wissen darum, daß etwas sehr Wichtiges mit dir geschieht. Wenn du aber nichts dergleichen verspürst und deine Gefühle und Empfindungen beim Betrachten dieses Bildes in eine ganz andere Richtung gehen, dann sei darüber nicht beunruhigt oder betrübt.

Der Tarot redet, wie er will, und zu jedem Einzelnen so, wie dieser es im Moment braucht und es für ihn gerade richtig ist. Nimm trotzdem immer dankbar an, was er dir im jeweiligen Hier und Jetzt zu sagen hat. Der Tarot spricht nicht immer das aus, was du willst, aber immer das, was du gerade benötigst. Dieses Hineinfühlen und Hineinhorchen in den Tarot wirst du jetzt, je tiefer wir in die zweite Ebene der Bilder eindringen, mehr und mehr anwenden können. Wir werden nämlich feststellen, daß Worte und Begriffe, die dazu geschaffen sind, die Dinge und Angelegenheiten unseres äußeren Lebens zu bezeichnen und sprachlich zu ordnen, nicht mehr ausreichen, um das zu umschreiben, was aus der Tiefe der Tarotbilder entspringt. Das ist weiter nicht schlimm, denn du wirst auch merken, daß der Tarot deshalb nicht aufhört, zu dir zu sprechen, im Gegenteil. Was du nicht vergessen darfst, ist, daß du die Schwelle von XIII, die Transformation, bereits überschritten hast und dadurch auch bereit sein solltest, die Dinge in einer veränderten und auch neu gemischten Form entgegenzunehmen. Könnte die Botschaft, die der Tarot letztlich uns zu geben hat, in Worten unserer Alltagssprache übermittelt werden, dann wäre er ein Buch, angefüllt mit Schriftzeichen, wie andere heilige Bücher der Menschheit auch. Daraus lernen wir mehr und mehr, warum das Buch des Thoth ausgerechnet in dieser uns anfänglich so seltsam anmutenden Form überliefert ist.

Lenke nun deine Aufmerksamkeit auf den Engel und vergegenwärtige dir bei dieser Gelegenheit, was wir über Engel im allgemeinen aus Bild VI erfahren haben. Wir dürfen annehmen, daß wir es auch hier mit einem der vier großen Erzengel zu tun haben. Wenn es uns gelingt, seinen Namen herauszufinden, dann sind wir schon ein gutes Stück weiter zum Kern dieses Bildes vorgestoßen, weil Erzengel einen ganz bestimmten Aspekt Gottes vertreten. Auf seiner Stirne trägt der Engel den gelben Kreis mit dem Punkt in der Mitte, das Symbol der Sonne. Sein Haupt ist umgeben von einem Strahlenkranz. Sonne und Strahlen stehen in enger Verbindung mit dem Licht, dem übergroßen Licht. Nach einer alten Tradition gilt der Erzengel Michael als der Geleiter der Toten in das ewige Licht. Somit dürfen wir also sicher annehmen, daß in diesem Bild der Erzengel Michael steht. Es gibt noch andere Gründe, die dafür sprechen, daß wir hier Michael vor uns haben, die du aber später kennenlernen wirst, wenn du dich mit der Kabbala vertraut gemacht hast. Gehe jetzt noch einmal in Gedanken den Weg von Bild XIII zu Bild XIV durch die beiden Türme auf das Licht der Sonne zu. Möglicherweise erbietet sich vor deinem inneren Blick nun genau das Bild XIV. Schaue noch einmal die Hände und Füße des Engels an: Was sie tun, entspricht nicht dem, was üblich und normal ist. Wir sind doch gewohnt, mit beiden Füßen nur auf einem Grund zu stehen, sei es nun beidfüßig im Wasser oder auf der Erde. Und wenn schon, dann gießen wir nicht Flüssigkeit von einem Kelch in einen andern, der sich äußerlich kaum vom andern unterscheidet. Auf einigen anderen Darstellungen von Bild XIV ist ein Kelch golden und der andere silbern. Auf unserem Bild sind sie von gleicher Farbe, und ich glaube, dies mit gutem Grund, denn auf diese Weise wird wirklich alles offen gelassen, während eine abweichende Färbung in eine bestimmte Richtung weist und damit auch bereits Einengung bedeutet. Gerade das aber ist mit Bild XIV nicht gemeint.

Erde und Wasser sind von ihrer Substanz her gesehen gegensätzlich strukturiert. Wenn du Gelegenheit dazu hast, dann nimm die Arbeit auf dich und geh zu einem Gewässer und stelle, wie der Engel, einen Fuß ins Wasser und den andern auf das Ufer, die Erde. Was verspürst du, was geht in dir vor? Du wirst bald merken, wie deutlich die Ungleichheit von Wasser und Erde ist und wie scharf die Trennlinie dazwischen verläuft. Wechsle dann und stelle dich mit beiden Füßen ins Wasser oder mit beiden auf die Erde. Was empfindest du jetzt dabei? Wenn du keine Gelegenheit hast, dies in der Realität zu vollziehen, dann schließe deine Augen und versuche, es dir so gut wie möglich vorzustellen.

Du wirst die Feststellung machen, daß sich Wasser und Erde in diesem Fall zueinander verhalten wie zwei Ebenen zueinander, das heißt, von der Erde ins Wasser oder umgekehrt ist das gleiche, wie von einer Ebene zur andern gelangen. Blicke jetzt wieder auf den Engel und versuche herauszufinden, was er tun wird. Wird er von der Erde ins Wasser steigen oder vom Wasser auf die Erde? Es ist recht schwierig, diese Frage zu beantworten, denn es kann sowohl das eine als auch das andere sein. Und wie ist es mit den Kelchen? Welcher von beiden ist höher angefüllt?

Wenn du deinen Impressionen etwas weiter nachgehst, wirst du bald zum Schluß kommen, daß die Handlung des Engels gleichzeitig ein »weder noch« und ein »sowohl als auch« ausdrückt. Das bedeutet, seine Bewegungen, wie wir sie uns auch vorstellen würden, sind im Moment angehalten und können auch nicht mehr in ihrem zeitlichen Ablauf ermessen werden. Das heißt, daß auch die Zeit in diesem Augenblick keine Rolle mehr spielt, vielleicht sogar einfach nicht mehr existiert. Diese scheinbar eingefrorene Haltung des Engels, die trotzdem sehr lebendig und dynamisch wirkt und von der wir überhaupt nicht sagen können, wie lange sie anhält und wohin sie sich auflösen wird, ist sehr wichtig für das Erfassen dessen, was uns Bild XIV zu sagen hat. Auch wenn die zeichnerische Struktur des Bildes in keiner Weise darauf hindeutet, so kommen die Worte Nivellierung und Einebnung vielleicht noch am nächsten an das heran, was jetzt ausschlaggebend wird.

Nivellierung – Mischung. Setze diese Worte miteinander in Beziehung und versuche zu erfühlen, was durch das Spannungsverhältnis zwischen diesen beiden Begriffe fließt und was dieses Fließen in dir freisetzt. Es sind seltsame Widersprüche, mit denen wir uns konfrontiert sehen. Einebnung und doch gleichzeitig von einer Ebene zur anderen wechseln, die fließende Bewegung des Wassers zwischen zwei Kelchen, die in dieser Position eigentlich ja nicht angehalten werden kann, und die uns doch den Eindruck des Stillstehens vermittelt, sind Beispiele dafür. Schaue, ob du nicht noch andere solche Widersprüchlichkeiten findest.

Wende nun deine Aufmerksamkeit auf die Brustplatte des Engels. Er trägt ein weißes Quadrat mit einem gelben Dreieck darin, dessen Spitze nach oben gerichtet ist. Um dieses Symbol zu verstehen, müssen wir uns daran erinnern, was wir anläßlich von Bild IX darüber erfahren haben. Wir haben dort gesehen, daß es ein Gesetz der Dreiheit gibt, das darauf hinweist, daß, wenn sich zwei Pole miteinander verbinden, ein Neues, ein Drittes entsteht, und daß alle drei zusammen damit zu einer neuen, übergeordneten Einheit werden. Auf das Dreieck bezogen stellt sich dieses Gesetz dar, indem zwei eindimensionale Linien, die sich in einem Punkt berühren, durch eine dritte Linie miteinander verbunden werden und dadurch zu einer zweidimensionalen Fläche werden. Aus der eindimensionalen Ebene der Linie ist die zweidimensionale Ebene der Fläche geworden. Das läßt uns aufhorchen. Es trifft genau auf Überlegungen zu, die wir uns beim Erkunden dieses Bildes bereits gemacht haben. Wenn du nun das Kleid des Engels musterst, erblickst du genau oberhalb der Brustplatte, im Faltenwurf, wie ein Vexierbild getarnt, das Tetragrammaton *Jod Heh Vau Heh,* der heilige Name Gottes. Die Vermutung liegt nun nahe, daß Brustplatte und Tetragrammaton eine Gemeinsamkeit haben. Wir haben das Tetragrammaton erstmals bei Bild X gefunden und kennengelernt, daß es eine Darstellungsform der vier Elemente ist. Dabei mag dich vielleicht eine Abweichung gestört haben. Alle vier Elemente, Feuer, Wasser, Luft, Erde, sind völlig ungleichartig. Das Tetragrammaton indessen enthält zweimal den gleichen Buchstaben, das *Heh.* Wäre es denn nicht logischer, auch das Tetragrammaton enthielte vier, völlig voneinander verschiedene Schriftzeichen? Wir kommen der Lösung dieses Rätsels näher, wenn wir der Frage nachgehen, ob nicht auch im Tetragrammaton dieses Gesetz der Dreiheit zum Ausdruck kommt, denn das Tetragrammaton, als der heiligste Name Gottes, müßte ja alles in sich enthalten, wodurch sich Gott in diesem Universum manifestiert.

Versuchen wir einmal, diese Frage näher zu untersuchen, indem wir uns in fast spielerischer Weise mit dem Symbol auf der Brustplatte des Engels auseinandersetzen. Nimm ein Blatt Papier und zeichne die beiden einander in der Spitze berührenden Linien eines gleichschenkligen Dreiecks. Die linke Linie bezeichnest du mit dem Buchstaben *Jod,* die rechte mit dem Buchstaben *Heh.* Vor dir hast du nun die erste Voraussetzung zum Gesetz der Dreiheit. Ein männliches und ein weibliches treten miteinander nach dem Gesetz der Polarität in Verbindung. Dadurch entsteht ein neues Drittes. Jetzt schließe das Dreieck durch seine Grundlinie und versehe sie mit dem Buchstaben *Vau*, und das ganze Dreieck umrahmst du mit einem großen, quadratischen *Heh* (ה). Du erhältst dann folgendes Bild:

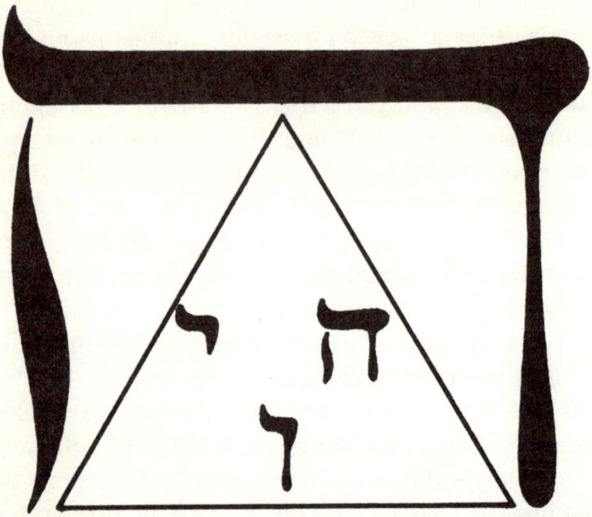

Betrachte nun die Skizze und vollziehe noch einmal gedanklich nach, was im Anfertigen dieser Zeichnung geschehen ist. Eine männliche Linie *Jod* hat sich mit einer weiblichen Linie *Heh* verbunden, und dadurch ist eine dritte Linie entstanden, nämlich *Vau,* die die eindimensionalen Linien zu einer zweidimensionalen Fläche macht. Es ist fast so, als sei die Kraft des *Jod* durch das *Heh* hindurchgeflossen, und dieses Durchfließen oder Durchdringen oder die Mischung mit dem *Heh* habe zu seiner Verwandlung in ein *Vau* geführt. Aber in der Bildung einer neuen Ebene – von den Linien zur Fläche – ist die Kraft des *Jod* nicht zum Stillstand gekommen. Sie drängt in Form des *Vau* weiter und vereinigt sich von neuem, das heißt, sie durchdringt wiederum und vermischt sich noch einmal mit dem zweiten *Heh*. Damit entsteht aber nochmals ein Neues auf einer noch höheren Ebene, und dieses Neue stellt eine analoge Erweiterung und Veränderung vom Dreieck zum Quadrat dar, wie sie in unserem Symbol von den Linien zum Dreieck geschehen ist. Es könnte durchaus sein, denn alles deutet darauf hin, daß sich auf dieser noch höheren Ebene das Tetragrammaton in einer umgestalteten Anordnung der Buchstaben neu bilden würde, was ihm eine ganz andere Bedeutung verleihen würde.

Hier ist aber der Punkt erreicht, wo wir diese Art von Überlegungen nicht nur abbrechen wollen, sondern auch sollten, denn was sich in diesem Gesetz, auf dieser noch höheren Ebene manifestieren wird, das ist nun unserem begrifflichen Denken wirklich nicht mehr zugänglich. Was bleibt, ist die Erkenntnis, daß sich im Gesetz der Drei der Durchgang von einer Ebene zur andern vollzieht, und daß die Bestandteile oder Elemente dieser uns noch vertrauten Ebene auf der neuesten Ebene auf eine uns bisher nicht zugängliche und bekannte Weise neu miteinander verbunden oder gemischt werden. Somit liegt in der Brustplatte des Engel die Enträtselung dessen, was seine Füße und Hände bereits angedeutet haben.

Wir wollen uns nun noch auf die Landschaft konzentrieren, vor der der Engel steht. Sie hat in diesem Bild eine etwas speziellere Bedeutung, die sehr viel mit A. E. Waites persönlicher Anschauung zu tun hat. Beachte die Sonne, die sich in Form einer Krone über dem Horizont erhebt. Krone ist Kether, das oberste Sephirah des Lebensbaums. Betrachte noch einmal den Baum des Lebens auf Seite 52 und seine drei Säulen. Die mittlere der drei Säulen führt vom Sephirah Malkuth aus über Jesod und Tipheret direkt nach Kether. Es liegt nahe, anzunehmen, daß sich diese mittlere Säule hier im Pfad wiederfindet, der vom Wasser direkt zur Sonnen-Krone führt. Denke dir jetzt einmal den Baum des Lebens ohne die verbindenden Pfade, nur aus den einzelnen Sephiroth bestehend. Dann verbinde die Sephiroth Malkuth, Hod und Nezach durch Linien. Du erhältst ein Dreieck, das aussieht wie ein Pfeilbogen mit gespannter Sehne.

Rechts vom Engel sind Iris-Blüten zu sehen. Die Iris ist als Blume der Göttin Diana zugeordnet, doch kommen wir auf deren vielfältige Aspekte bei Bild XVIII noch zu sprechen. Diana ist die Göttin der Jagd, und ihr Attribut ist ein Pfeilbogen. Stelle dir nun in Gedanken vor, daß du auf die gespannte Sehne des symbolhaften Pfeilbogens im Baum des Lebens einen Pfeil aufsetzest und ihn abschießt. Seine Bahn steuert genau der mittleren Säule entlang auf Kether zu. Welche Bedeutung dies hat, damit wollen wir uns im zweiten Band näher beschäftigen, wo wir tiefer in das Geheimnis des Baums des Lebens eindringen werden. Für jetzt laß es einfach ein Beispiel dafür sein, wie vielsagend und wie seltsam gewisse Dinge in den Tarotbildern bildhaft verschlüsselt sein können.

Versuche nun noch einmal zusammenzufassen, was du bei Bild XIV neu erkannt hast. Bild XIV mit dem Namen »Die Mischung« ist die erste Station, zu der wir gelangen, nachdem wir in irgendeiner Weise eine Transformation durchlebt oder durchlitten haben, heiße sie nun Tod im großen, allgemein gebräuchlichen Sinne oder in viel kleineren Ausmaßen. Nun müssen wir lernen, was es heißt, von einer Ebene zur andern zu gelangen, daß Gesetze und Ordnungen, Formen, auf die wir uns bisher verlassen konnten, plötzlich ihre Gültigkeit verlieren oder nicht mehr vorhanden sein können. Wir müssen uns darauf gefaßt machen, uns einer Nivellierung, einer Einebnung zu unterziehen, die notwendig ist, damit alles, was wir durch die Transformation hindurch mitgebracht haben, auf eine gänzlich neue und uns noch unbekannte Weise miteinander verbunden und gemischt werden kann und daß dies gleichzeitig die Erweiterung bedeutet und das Durchstoßen zu einer neuen Ebene oder neuen Dimension. All das geschieht in einer Welt des großen Lichts, die durch den Erzengel Michael repräsentiert ist.

XV Der Teufel
(THE DEVIL)

Der Kontrast zum vorhergehenden Bild XIV, zur »Mischung«, ist groß, erschreckend groß. Lege einmal beide Bilder nebeneinander und vergleiche sie. Auf dem einen hellstes Licht, auf dem andern tiefste, schwärzeste Dunkelheit. Laß deinen Blick hin und her gleiten und beachte die Gefühle, die durch diesen Kontrast aus dir heraussteigen. Die übermächtige Gestalt des Teufels, der dominierend über den zwei angeketteten Menschen thront, ist wohl geeignet, Gefühle der Furcht und Angst zu erzeugen. Ohne Zweifel wird jeder alsbald die Frage stellen, wie es möglich ist, daß nach der Transformation, nach der lichten Höhe der Mischung, der Teufel, der doch das Böse an sich verkörpert, nicht überwunden, nicht besiegt ist, sondern in seiner reinsten Konfrontation auf uns zukommt. Es ist in der Tat nicht leicht, diese Frage zu beantworten, und wir müssen tief in Dinge hineinleuchten, die dir möglicherweise so neu und ungewohnt sind, daß sie dich eventuell beunruhigen werden.

Du hast sicher schon entdeckt, daß Bild XV mit einem andern Bild des Tarot eine verblüffende Ähnlichkeit aufweist, mit

Bild VI. Die ähnlichen menschlichen Gestalten links und rechts unten im Bild, das Motiv des Baums des Lebens und des Baums der Erkenntnis, und der Teufel, der mächtig über den zweien thront, erinnert an die Gestalt des Engels Raphael. Das kann nichts anderes bedeuten, als das Bild VI und Bild XV irgend etwas miteinander zu tun haben. Es wäre vielleicht gut, wenn du, bevor du dich mit diesem 15. Bild beschäftigst, noch einmal durchliest, was wir zu Bild VI gesagt haben. Dann lege Bild VI und Bild XV nebeneinander und achte auf die Unterschiede, die sich dir in diesen beiden Bildern bieten.

Wir haben zwei Menschen vor uns; sie sind wahrscheinlich wieder Adam und Eva. Adam und Eva haben im Paradies vom Baume der Erkenntnis gegessen und wurden dafür aus dem Paradies vertrieben, das heißt, sie wurden unter das Gesetz der Polarität gestellt mit allen damit verbundenen Konsequenzen. Der Mensch empfindet dieses Ausgestoßensein aus dem Paradies zweifellos als Fall in die Tiefe. Das Wort Sündenfall drückt dies ja auch aus. Das bringt mit sich, daß er sich an einem Ende einer Polaritätsachse empfindet, an deren anderem Ende Gott ist, verbildlicht durch das Paradies. Die schichtweise Staffelung von Bild VI macht dies deutlich. Aber irgendwann einmal taucht dem Menschen die Frage auf: »Ist die Position von Adam und Eva wirklich so total entgegengesetzt zu Gott, wie Bild VI dies vermuten läßt?«

Betrachte nun wieder die beiden Bilder VI und XV, die du vor dir liegen hast. Wenn du den Blick von einem zum andern wechselst, dann wird dir als erstes sicher der signifikante Unterschied und Kontrast von Helle und Dunkel zwischen den beiden Bildern auffallen. Kontrast aber bedeutet Polarität. Wenn du diesen Gedanken ein wenig verfolgst, dann wird es sicher bald einmal klar werden, daß Zeichnung und Farbtönung der Bilder VI und XV darauf schließen lassen, daß sie selbst je einen Pol einer Spannungsachse bilden. Wenn es so ist, dann hat dies erheblichen Einfluß auf die Lage des Menschen von Bild VI, er ist dann nicht mehr an einem Ende der Polaritätsachse, sondern in ihrer Mitte, zwischen Bild VI und XV. Das bedeutet, daß ihm nicht mehr nur ein Weg offensteht, nämlich der Weg nach oben zum verlorenen Paradies, wie das in Bild VI offenbar geworden ist, sondern daß sich ihm nun auch ein anderer Weg öffnet, nämlich der Weg nach der entgegengesetzten Seite zu Bild XV hin. Adam und Eva, was immer der Mensch als solcher in seiner Totalität heißt, haben also nicht mehr nur die zwei Möglichkeiten, entweder in ihrem Zustand unten auf Bild VI zu verharren oder die Suche nach dem verlorenen Paradies anzutreten, sondern sie können jetzt einen dritten Weg wählen, den Weg nach der andern Seite, zu Bild XV. Diese Erkenntnis bewirkt nun eine erhebliche Erweiterung unseres bisherigen Denkens und Fühlens. Wenn wir nun Bild XV sehen, dann haben wir darauf die Situation dargestellt, die sich bietet, wenn der Mensch den andern Weg, zur dunklen Polarität hin, eingeschlagen hat.

Wir erblicken Adam und Eva in einer ähnlichen Stellung wie auf Bild VI, und doch hat sich einiges sehr verändert. Der Lebensbaum beziehungsweise der Baum der Erkenntnis, der auf Bild VI hinter beiden emporwächst, ist verschwunden. Statt dessen sind nur noch Rudimente davon erhalten, die durch ein schwanzartiges Gebilde mit den Menschen verbunden sind. Beiden wachsen Hörner aus dem Kopf, beide tragen eine Kette um den Hals, die sie an den schwarzen Block in der Mitte ankettet. Die Hörner bedeuten nun nicht einfach, daß der Mensch dem Teufel verfallen und somit selbst verteufelt ist, sondern Hörner sind ein weitverbreitetes Symbol der Kraft schlechthin. Das Horn als Auswuchs aus dem Körper hat Ähnlichkeit mit dem Stab und weist somit auch in diese Richtung. In der Natur ist das Horn bei manchen Tieren eine Waffe, womit die Kraft im Kampf auf den Gegner übertragen wird. Bei einigen Völkern werden in rituellen Tänzen Hörner um die Stirn gelegt, um Kraft auszudrücken und in Verbindung mit Kraft zu kommen. Wenn wir das Horn in seiner Erscheinungsform als Auswuchs aus dem Körper betrachten, dann können wir auch auf den Gedanken kommen, daß damit ein Zuviel, ein Zuviel an Kraft zum Beispiel, ausgedrückt wird. Jedes Zuviel aber, ob nach der einen oder andern Seite, ist eine Störung der Balance. Die kosmische Ordnung gerät aus dem Gleichgewicht. Somit befinden sich Adam und

Eva in einer Verfassung des extremen Ungleichgewichts und der Disharmonie. Nun wirst du vielleicht einwenden: Wenn der eine Punkt in XV eine Störung des Gleichgewichts ist und der Mensch dort aus der Balance gerät, dann müßte doch eigentlich sein Bestreben zur andern Seite, auf das Paradies hin, analog ebenfalls eine Krise des Gleichgewichtes ergeben. Dieser Einwand hat in gewisser Weise seine Berechtigung, aber näher darauf einzugehen ist hier noch verfrüht. Wir müssen uns im zweiten Band erst noch eingehender mit dem Baum des Lebens befassen, um auf diese Frage schlüssigere und auch verständlichere Antworten geben zu können. Für den Moment sollten wir damit auskommen, daß es innerhalb der kosmischen Ordnung unverkennbar irgend etwas gibt, das ich zunächst einmal das Rolltreppen-Gesetz nennen möchte.

Hast du schon einmal versucht, auf einer abwärtsfahrenden Rolltreppe aufwärts zu steigen? Das ist nicht einfach, und für körperlich nicht so gewandte Menschen nicht einmal ganz ungefährlich. Deshalb möchte ich dir nicht raten, diesen Versuch, falls du ihn noch nicht unternommen hast, jetzt nachzuholen. Es genügt, wenn du dir die Sachlage plastisch vorstellst. Um auf einer abwärtsfahrenden Rolltreppe nach oben zu gelangen, muß man erheblich mehr Kraft und Schnelligkeit aufwenden, als auf einer ganz normalen, stillstehenden Treppe. Ja, du kannst es dir nicht einmal leisten, für einen kurzen Moment stehen zu bleiben, vielleicht um auszuruhen, denn du bleibst dann nicht auf der einmal erreichten Höhe, sondern die Rolltreppe trägt dich unerbittlich wieder nach unten. Gibst du deine Bemühungen überhaupt auf, dann wirst du über kurz oder lang wieder ganz unten an der Treppe stehen. Die Bewegung hört dann auf, aber du bist unten am andern Ende. Auch dann, wenn du nur die eben erreichte Höhe halten willst, bleibt dir nichts anderes übrig, als dich unentwegt zu bemühen, zu streben und die dir geschenkte Kraft anzuwenden. Tust du mehr, als eben nur dieses wenige, das es braucht, um auf einer Ebene zu bleiben, dann wirst du belohnt, indem es dir gelingt, oben einzutreffen. Ich bin sicher, daß dir dieses Rolltreppen-Gesetz nicht unbekannt ist. Jeder Mensch hat es in der einen oder andern Weise in seinem Leben bereits erfahren und erlebt. Wenn du auf deine Umwelt, auf deine Mitmenschen achtest, dann wird es dir noch deutlicher und klarer werden.

Was hat nun aber dieses Rolltreppen-Gesetz mit unserem Bild XV zu tun? Wir haben hier anscheinend den Menschen vor uns, der aufgegeben hat, der stillgestanden ist, der abwärts geführt worden ist und nun ganz unten steht, dort, wo jede Bewegung aussetzt und zum Stillstand kommt. Dies wird ausgedrückt durch die Ankettung des Menschen an den Block. Er ist im wahrsten Sinne des Wortes blockiert. Im Bild VI schaut Adam Eva noch an, das heißt, er erkennt sie. Im Bild XV streckt er nur noch, ohne sie zu sehen, zu erkennen, lässig seine Hand aus. Und sie, Eva, mit dumpfem, gelangweiltem Blick, ist bereit, ihm die schale Frucht zu reichen, ohne mit ihm in Kontakt zu treten, ohne seine Gegenwart zu spüren. Die Kommunikation zwischen den beiden ist nur noch auf einen winzigen, kleinen Punkt reduziert, der nicht mehr genügen kann, die Menschen als Ganzes einander näherzubringen und sie einander erkennen zu lassen.

Betrachten wir nun den Block im unteren Teil des Bildes. Der Block, in seinem Bau als Quader oder Kubus, ist uns wohlbekannt. Wir wissen, es handelt sich dabei um ein Symbol der Materie. Der Block auf Bild XV unterscheidet sich nun stark von den Quadern, die wir bisher kennengelernt haben. Ein Kubus hat normalerweise gleichlange Seiten, der Block von Bild XV aber besteht gewissermaßen nur aus der einen Hälfte eines Kubus. Das zeigt uns ganz deutlich wieder, daß wir uns wirklich am andern Ende, das heißt nur auf der einen Seite der Polarität befinden.

Auf dieser einen, äußersten Seite der Polarität sitzt groß und kolossal der Teufel. Jetzt ist es Zeit, diese Gestalt näher zu charakterisieren. Fasse sie ins Auge und warte, welche Empfindungen und Gefühle und Gedanken der Teufel in dir hervorhebt. Ist es Angst, Abscheu, Faszination? Oder was ist es, das sich in dir regt, wenn du dich dem Teufel gegenüber siehst?

Als Nächstes versuche dann die Einzelheiten dieser Gestalt zu erfassen. Sie ist aus verschiedenen Elementen zusammengesetzt.

Mit Vogelklauen hat sich der Teufel auf dem Block festgekrallt. Die Beine sind von zottiger, tierischer Natur und erinnern an einen Ziegenbock. Der Oberkörper ist menschlich, während der Kopf wieder an das tierisch Ziegenhafte erinnert. Auf der Stirn, zwischen den Hörnern, trägt der Teufel das umgekehrte Pentagramm mit der Spitze nach unten. Sein Rücken ist mit Fledermausflügeln ausgestattet, und auch der Teufel braucht die Gebärde des Magiers »wie oben, so unten«. In der linken Hand trägt er eine umgekehrte, brennende Fackel. Wegen all der verschiedenartigen Elemente ist es nicht einfach, die Gestalt des Teufels zu ergründen; sie ist verwirrend, scheint in viele Dimensionen zu reichen und vielleicht gerade deshalb für viele Menschen so faszinierend oder auch beklemmend zu sein. Wir wissen, der Tarot zeigt uns das kosmische Gesetz, die Realität, und wenn der Teufel darin vorkommt, dann gehört auch er zu dieser Realität. Es fragt sich aber bloß: welche Realität?

Richte deinen Blick jetzt einmal auf den Bauch des Teufels. Du bemerkst dort, unübersehbar gezeichnet, einen Bauchnabel. Und nun mach folgende Überlegung: Wer hat einen Bauchnabel? Die Antwort ist einfach. Nur solche Wesen sind mit einem Nabel versehen, die geboren worden sind, das heißt, die nicht einfach aus sich selbst entstanden sind, nicht durch einen Schöpfungsakt geschaffen, sondern die als Emanation, als Geburt aus einem anderen Wesen herausgekommen sind. Dies erklärt, auf Bild XV übertragen, daß der Teufel in der Form, wie wir sie vor uns haben, nicht ursprünglich ist, er ist geboren worden. Es muß also auch etwas geben, aus dem der Teufel entsprungen ist, oder mit andern Worten, er muß Eltern haben, die ihn gezeugt und in die Welt gesetzt haben. Jedes Wesen, das geboren wird, hat in sich und auch äußerlich erkennbar die Merkmale seiner Eltern, auch dies ist Tatsache und Realität und zeigt sich ja im Tarot im Gesetz der Dreiheit. In unserem Fall wären wir damit befähigt, aus den Elementen, aus denen der Teufel gestaltet ist, ableiten und erkennen zu können, wie seine Eltern beschaffen sind. Der Teufel auf Bild XV besitzt menschliche und tierische Züge gleichzeitig. Er ist deutlich in drei Teile aufgeteilt, die stark zueinander kontrastieren. Der

Kopf sowie der Unterteil des Körpers, vom Bauchnabel abwärts, sind eindeutig tierischer Abstammung, während die Körpermitte, Brust und Arme, menschliche Formen zeigen. Schon seit jeher hat die Menschheit die verschiedenen Körperteile des Menschen mit verschiedenen Seelen- und Gefühlsäußerungen verbunden. So gilt der Kopf als Sitz der Vernunft, des Denkens, des Intellekts, die Brust als anatomische Behausung des Herzens und des Atems, steht in Verbindung mit dem Gefühl, während der Unterleib der triebhaften und sexuellen Sphäre zugeordnet ist. Wäre der Teufel rein tierisch und hätte keine menschlichen Anzeichen, dann wäre er für uns Menschen nicht halb so gefährlich und würde nicht diese Faszination oder Angst ausüben, denn als rein animalisches Wesen, könnte der Mensch ihn in eine andere Welt abschieben, die wenig bis gar nichts mit seiner menschlichen zu tun hat. Dies wird nun unmöglich bei der Betrachtung des menschlichen Rumpfes und der Arme. Bei dieser Offensichtlichkeit wird dem Menschen klar, daß er in näherer Verwandtschaft zum Teufel steht, als ihm lieb ist und er wahrhaben will. Daher rührt denn auch seine Angst vor dem Teufel, die in seinen Attributen Kopf und Unterleib begründet ist. Um diese Angst ganz zu verstehen, müssen wir hier vielleicht ein wenig spekulieren. Denke noch einmal an das Gesetz der Rolltreppe. Soviel weißt du nun, daß es nichts im Universum gibt, das nicht auch seinen polaren Gegensatz hat. Gibt es so etwas wie das Prinzip mit der abwärtsfahrenden Rolltreppe, dann muß es polaritätsgerecht auch ein entsprechendes Prinzip der Gegenbewegung dazu geben.

Hast du dir schon einmal die ganz simple und doch so schwer zu beantwortende Frage vorgelegt, warum du eigentlich in diesem Universum ausgerechnet Mensch bist? Vielleicht bist du auf manchen Gebieten der Naturwissenschaft soweit informiert, daß du weißt, daß in allen Wesen, Pflanzen, Tieren und Menschen ein gleiches Gesetz, sagen wir einmal der Architektur, herrscht. Ob Mensch, ob Tier, ob Pflanze – alle bestehen aus Zellen und haben ihren Stoffwechsel, aus dem sie ihre Lebensenergie beziehen. Dies ist nur ein einfaches Beispiel und der Spezialist könnte sicher zahlreiche weitere anfügen. Wenn wir nun weitergehen, dann können wir uns ganz gut auch ausdenken, daß vielleicht sogar die sogenannte unbelebte Materie, also Steine und Erde, auf irgendeine Art in dieser Kette mit eingeschlossen ist, die unsere Naturwissenschaft heute noch nicht so richtig erkannt hat. Sollte dies zutreffen, dann wären Stein, Pflanze, Tier und Mensch, alle für sich, eine jeweils höhere Ebene in der Entwicklung von ein und derselben Erscheinung, die Leben heißt. Und Leben ist, soviel hast du sicher bis jetzt erkannt, das Wirken des großen kosmischen Gesetzes in allen Dimensionen.

Hast du schon einmal darüber nachgedacht, daß alles, was du jetzt bist, im Kosmos schon immer vorhanden war? Jedes Atom, das mithilft, deinen Körper zu bilden, war von Anbeginn des Universums dabei, wenn auch in einer jeweils anderen Zusammensetzung. Vielleicht bildeten manche Atome deines Körpers einst Moleküle von Steinen, andere gehörten zu Bäumen, Pflanzen, Blumen, und wiederum andere waren vermutlich Teile von Tieren durch Jahrmillionen hindurch. Alle diese Atome haben sich in einem bestimmten Moment zu dem vereinigt, was du jetzt bist, einem Menschen. Was für das Materielle unseres Körpers gilt, warum sollte es für das Seelische, das Geistige nicht auch seine Geltung haben? Seele, Psyche, ist Kraft, Energie, und Energie und Materie sind nach den Erkenntnissen der modernen Naturwissenschaft nur unterschiedliche Erscheinungsformen ein und desselben Ursprungs. Bei aller Gleichheit, die wir bei Stein, Erde, Pflanze und Mensch vorfinden, gibt es doch unübersehbare Verschiedenheiten. Sollte der Stein Leben in sich tragen, so kann er doch, mit den Merkmalen, die für uns Leben ausdrücken, dieses Leben nicht äußern. Die Lebensäußerung der Pflanze ist allein im Wachstum gegeben. Tierisches und menschliches Leben wiederum, unterscheiden sich durch zwei voneinander abweichende Stufen des Bewußtseins. Wenn du nun alle diese Feststellungen miteinander in Verbindung setzt, sie in einer ganz bestimmten Reihenfolge nebeneinander oder übereinander legst, dann kommst du auf die Gegenbewegung zur Rolltreppe, zum Gesetz der Evolution, der Aufwärtsbewegung. Diese beiden Bewegungen geschehen nicht voneinander getrennt, sondern parallel zueinander und irgendwie gleichzeitig.

Wenn du nach Bildern suchst, die dies verdeutlichen könnten, und du dich einigermaßen in der Bibel auskennst, dann wirst du dich jetzt an Jakobs Traum von der Himmelsleiter entsinnen, auf der die Engel aufwärts und hernieder stiegen.

Aber was hat das alles, wirst du jetzt wahrscheinlich fragen, mit der Angst und Faszination des Menschen vor dem Teufel zu tun, mit seiner Mischung von tierischer und menschlicher Natur? Als Mensch weißt du nun nach all diesen Überlegungen, daß du bereits einen langen Weg zurückgelegt hast für dein Menschwerden. Ein Weg, der nach Gesetzen und Prinzipien erfolgt, die dir nicht bewußt waren und deren Geheimnisse du jetzt erst anfängst zu erahnen. Aber gleichermaßen hast du nun auch erfaßt, daß dieser Weg nicht eine Einbahnstraße ist. Was steigen kann, kann auch fallen. Je höher die erklommene Stufe, um so weiter kann der Fall nach unten erfolgen. Niemand ist, auf keiner Stufe, davor gefeit, es gibt viele Beispiele dafür, gerade auch in der Geschichte der Esoterik. Selbst als Mensch hast du die Stufen von Stein, Pflanze und Tier nicht einfach spurlos hinter dir gelassen, sondern all das, was du damals verkörpert hast, was in dir war – vielleicht kannst du sogar sagen, dein damaliges Bewußtsein – hast du mitgenommen in dein jetziges Menschsein. In den meisten Fällen weiß du nicht warum, aber ihren Einfluß spürst du jeden Tag. Du erlebst den Kampf gegen die steinerne Trägheit, gegen die Sehnsucht nach dem rein vegetativen Leben. Du spürst den Einfluß, den das Animalische, das Grausame auf dich ausübt, ganz gegen deinen Willen. All das macht dir vielleicht Angst, verbreitet Schrecken, stiftet Verwirrung. Über all das, glaubst du vielleicht, solltest du doch als Mensch erhaben sein. Es sollte doch auf der jetzt erreichten Stufe aus deinem Bewußtsein getilgt und seine Geltung verschwunden sein. Und doch erlebst du, gerade wenn du dich geistig und seelisch anstrengst, tagtäglich das Gegenteil.

Besonders die animalische Seite, der Teil, der in unserem Bewußtsein noch am wenigsten weit zurückliegt, macht uns am meisten zu schaffen. Wir werden mit ihr zu jeder Zeit konfrontiert. In der Sexualität, im täglichen Kampf der Arbeitswelt, in unseren Auseinandersetzungen und Beziehungen zu den Mitmenschen. Es gibt nichts und kein Gebiet, wo wir nicht gewahr werden, daß die Animalität in uns dauernd auf der Lauer liegt. Dies beängstigt den Menschen, der sich seines Menschseins bewußt ist, zweifellos, und darum kann er diese Macht nicht akzeptieren als etwas, das aus ihm heraus entsteht, sondern glaubt, daß sie von außen auf ihn einwirkt. Er stellt sich ein Wesen vor, das über all die Eigenschaften verfügt und regiert, die ihn bedrängen, vor denen er Angst hat, und daß dieses Wesen fortwährend versucht, ihn von seinem menschlichen Wege abzubringen und auf den Weg zu bringen, den er als den Weg des Bösen bezeichnet. Das ist die Geburt des Teufels. Aus dem Menschen heraus, aus seiner Angst ist er geboren, und abgenabelt steht er als ständig bedrohliches Wesen vor ihm, mit all den Eigenschaften ausgerüstet, die der Mensch in sich selbst nicht annehmen, nicht wahrhaben will. So gesehen ist der Nabel, den der Teufel hat, das Mal des Verlustes der Ganzheit des Menschen, ein Zeichen dafür, daß er sich freiwillig an den Block der Einseitigkeit ketten läßt.

Die Attribute, die der Mensch dem Teufel verleiht, zeigen sehr genau, wovor die menschliche Angst besteht. Einen großen Raum nimmt das zottige Fell ein, das den Unterleib des Teufels bedeckt. Es ist sehr wohl möglich, darin ein Abbild davon zu sehen, wie der Mensch seine Sexualität, seine Triebhaftigkeit erleben kann: als etwas Undurchdringliches, Dschungelhaftes, in dem ihm die Orientierung fehlt. Manchmal erfährt ein Mensch auch, daß er in diesen Zotten, in diesen Haarbüscheln hängenbleiben kann, sich hilflos verstrickt und daraus nicht mehr zu befreien weiß. In der triebhaften Sexualität fühlt sich der Mensch seiner Animalität am nächsten und ängstigt sich auch durch die Sexualität am meisten vor ihr. Das Animalische, Triebhafte, erfährt der Mensch aber nicht nur durch seinen Unterleib, auch sein Kopf kann darin befangen sein, wie die tierischen Merkmale des Teufels ja ersichtlich machen. Durch die Gedanken des Gehirns und die Taten, die diesen Gedanken folgen, erfährt der Mensch immer wieder eine Konfrontation mit dem Teufel. Grausamkeit, Brutalität, Destruktion, sind nur wenige von vielen Möglichkeiten, die sich aus menschlichen Gedanken ergeben können. Immer wieder steht der Mensch vor einem Scherbenhaufen, einem Trümmerhaufen, von dem er sagen kann, daß er ihn nicht gewollt habe, und doch muß er bekennen, daß er Dinge vollbracht hat, die mit seinen menschlichen Idealen nicht in Übereinstimmung, ja, ihnen sogar entgegengesetzt sind. Kein Wunder, daß auch hier, im Gebiet des Kopfes, des Intellektes, der Mensch sich der Überlegenheit eines äußeren Wesens ausgesetzt fühlt.

Die großen Fledermausflügel auf dem Rücken des Teufels können als Symbol der Dunkelheit, der Nacht gedeutet werden, als Zeichen, daß die Kräfte des Teufels im Dunkeln, dort wo kein Licht scheint, angesiedelt sind. Aber vielleicht liegt noch ein anderer Sinn dahinter verborgen. Hast du schon einmal eine Fledermaus im Fluge beobachtet? Ihr Flug ist im wahrsten Sinne des Wortes unberechenbar. Den Flug des Vogels kannst du mit ruhigem Auge verfolgen; er zieht Bahnen und Kreise, die für das menschliche Empfinden voraussehbar sind. Ganz anders die Fledermaus. Plötzliche und scheinbar unmotivierte Richtungsänderungen, die blitzschnell passieren, charakterisieren ihren Flug. Es ist unmöglich, dem Flug einer Fledermaus länger als wenige Sekunden oder sogar Bruchteile von Sekunden zu folgen. So wird die Fledermaus zum Symbol der Unberechenbarkeit, womit die Macht des Teuflischen vom Menschen Besitz ergreift und der er sich manchmal so ausgeliefert fühlt, als wäre er von den Klauen eines Vogels ergriffen, der ihn vom angestammten Boden emporgehoben und in eine Richtung trägt, in die er um keinen Preis gehen will.

Diese ganze Widersprüchlichkeit, diese Angst, die Schrecken, die der Teufel verbreitet, läßt den Menschen normalerweise nicht kalt und unbewegt. Er fühlt diese Widersprüchlichkeit, fühlt sie mit seinem Herzen, mit seiner Brust. Seine Brust, seine Gefühle sind wortwörtlich gespalten, wie dies die beiden starken Begrenzungslinien der Brustmuskeln des Teufels andeuten. Hätte der Teufel keine menschliche Brust, mit menschlichem Fühlen, so würde sich der Mensch dieser Widersprüchlichkeit nicht bewußt; nur durch sein Gefühl kann er sie erfahren.

Als Krone und Krönung seiner Figur trägt der Teufel das umgekehrte Pentagramm, das, wie wir wissen, das Gesetz verkündet, daß die Materie über den Geist herrscht. Genau dies ist das Gesetz, das dem Menschen immer dann begegnet, wenn er sich mit dem Teufel im Kampf befindet. Wenn er den Eindruck bekommt, daß der menschliche Geist an seine Grenze gerät, dann scheint er einer Tatsache des Teufels, der Materie und ihren Gesetzen, wehrlos unterlegen zu sein.

Alles, was wir bisher gesagt haben, betrifft nur die äußere Erscheinung des Teufels; noch haben wir seine Haltung und seinen Ausdruck ganz außer acht gelassen. Dir ist sicher längst aufgefallen, daß er mit seinen Armen die Geste des Magiers imitiert, die Geste mit der Bedeutung »wie oben, so unten«. Wo diese Gebärde auftritt und gerade dann, wenn sie so überdeutlich geschieht wie im vorliegenden Falle, sind wir mit dem großen kosmischen Gesetz in Kontakt und merken, daß auch all das, was wir Teufel nennen, seine Einordnung und seinen Platz in diesem großen Gesetz hat. Diesem Geheimnis auf die Spur zu kommen, wird nun unsere nächste Stufe und Aufgabe sein.

Wo wir die Gebärde des Magiers erkennen können, befinden wir uns im Bereiche der göttlichen Schöpfungsordnung. Auch Bild XV fällt nicht aus diesem Rahmen, und so wie das Göttliche, Gott und seine Ordnung, in jedem Bild des Tarot zu finden sind, sind sie auch hier. Doch gerade dem westlichen, christlich geprägten Menschen ist dies schwierig zu bezeugen. Wir haben schon darauf hingewiesen, daß Bild XV in gewisser Weise ähnlich wie Bild VI ist. Diese Ähnlichkeit beruht nicht nur auf den Gestalten von Adam und Eva, sondern auch der Teufel nimmt einen gleichsam dominanten Rang ein, wie ihn der Erzengel Raphael auf Bild VI hat. Überdenke noch einmal alles, was du bis jetzt über das Wesen der Erzengel weißt. Bei Unsicherheit lies noch einmal nach, was darüber im Kommentar zu Bild VI steht. Wir haben gesehen, daß die vier großen Erzengel in einer unmittelbar direkten Weise mit Gott verbunden sind. Sie sind Gedankenformen, Aspekte göttlichen Wirkens auf die Menschen. Jeder der Erzengel ist Träger eines Buchstabens des göttlichen Tetragrammatons. Wenn du nun die 22 großen Arkana des Tarot als ganze Reihe nebeneinander legst, dann wirst du entdecken, daß in dieser Fassung nach A. E. Waite nur drei Erzengel zu sehen sind. Auf Bild VI

Raphael, auf Bild XIV Michael, und ein weiterer Erzengel auf Bild XX. Nun stellst du sicher die Frage: »Warum nur drei und nicht vier?« Wenn die 22 großen Arkana, wie du immer besser erkennst, eine Darlegung der großen göttlich-kosmischen Schöpfungsordnung sind, dann müssen doch eigentlich alle vier Erzengel ihren Platz darin haben. Wenn du so fragst, bist du auf der richtigen Spur. Wenn du aber ein suchender Mensch bist, der aus der Tradition der westlichen, christlichen Kirche kommt, dann wirst du es nicht leicht haben, diese Frage zu beantworten, denn diese Antwort ist der christlichen Kirche in frühen Zeiten verlorengegangen, oder sie wollte sie nicht mehr wahrnehmen und akzeptieren. Die christliche Kirche kennt den dreieinigen Gott: Gott-Vater, der Schöpfer; Sohn und Heiliger Geist. Jetzt nimm einmal ein Blatt Papier vor dich hin und schreibe an die obere Kante, in der Mitte, Gott-Vater-Schöpfer; auf die rechte Seite des Blattes, auch in dessen Mitte, schreibst du Sohn und gegenüber, auf der linken Seite, heiliger Geist. In Gedanken verbinde nun diese drei Namen mit Linien und du erhältst ein Dreieck.

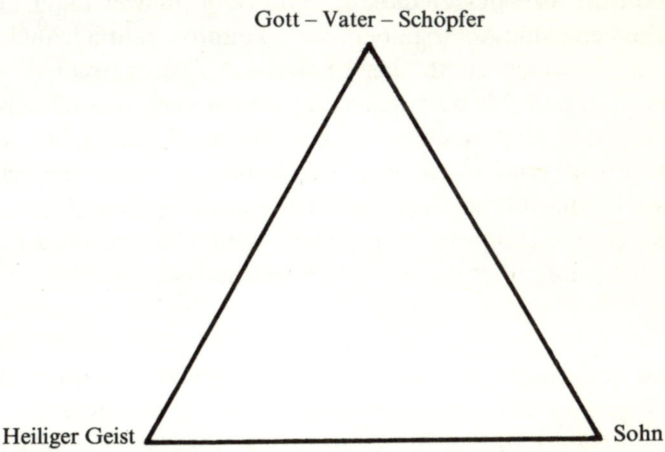

So weit, so gut; du hast nun vor dir ein Schema des Dreieinigen Gottes, wie ihn die christliche Kirche kennt. Nun untersuche einmal die beiden Begriffe Sohn und heiliger Geist und laß deinen Gedanken freien Lauf. Probiere herauszufinden und herauszuspüren, wodurch diese beiden voneinander abwei-

chen. Was ist der Unterschied zwischen Sohn und Geist? Stell es dir plastisch vor, und du wirst der Antwort näherkommen.
Du wirst herausfinden, daß mit Sohn die Gestalt von Jesus Christus gemeint ist, der menschgewordene Gott. Gott nahm die Form eines Menschen an, »homo factus est«, wie es im christlichen Glaubensbekenntnis heißt. Menschsein heißt einen materiellen Aufbau haben und an die Begrenzungen dieser Materie gebunden sein. Auf der anderen Seite steht das Wort Heiliger Geist. Geist ist das Gegenteil von materiell-gebundener Beschaffenheit. Geist ist durch nichts begrenzt, »er weht, wo er will«. Nun erkennst du, daß die Begriffe Sohn und Heiliger Geist je ein Ende einer Polaritätsachse bilden. Diese beiden Enden der Achse treten als Form (Sohn) beziehungsweise als Nicht-Form (Heiliger Geist) in Erscheinung. Stelle nun diese Polaritätsachse auch zeichnerisch dar, indem du zwischen beiden Ausdrücken eine Linie ziehst. Nun wende deine Aufmerksamkeit zum Wort, das du oben in die Mitte des Blattes geschrieben hast, Gott-Vater-Schöpfer. Wahrscheinlich kommt dir jetzt der Gedanke, wenn Sohn und Heiliger Geist eine gemeinsame Achse haben, dann könnte eigentlich auch der Name, der oben steht, das Ende einer Polaritätsachse sein, deren anderes Ende wir noch nicht kennen. Aber wenn wir auch dieses Ende jetzt noch nicht kennen, so ist es nicht weiter schwierig auszudenken, welchen Namen wir dort schreiben müssen. Polarität ist Gegensatz, ist Spannung. Eine Polaritätsachse verbindet immer zwei Gegensätzlichkeiten. Nun meditiere ein wenig über die Begriffe Vater und Schöpfer.

Du stößt vielleicht auf das lateinische Wort »creator« für Schöpfer, von dem sich das Wort Kreativität ableitet. Kreativ sein heißt etwas erschaffen, etwas formen. Der Schöpfer ist also derjenige, der etwas erschafft, mit dessen Wille und Kraft auf eine ganz bestimmte Weise, nach einem ganz bestimmten Plan, etwas entsteht. Der Schöpfer gibt Ordnung und führt sie durch. Das ist das eine Ende der Polaritätsachse. Am anderen Ende ist, was diese Ordnung des Schöpfers vielleicht nicht einfach zerstört, aber wieder durcheinanderbringt. Es kann bedeuten, daß die Form, die von Gott, dem Vater und Schöpfer geschaffen wird, am andern Ende der Achse wieder aufgehoben wird, auseinandergenommen, in ihre Urbestandteile zerlegt, desintegriert. Vielleicht passiert an diesem unteren Ende etwas ganz Analoges zum Vorgang der Zersetzung vom Moment des körperlich-materiellen Todes an. Da beginnen alle die Atome und Moleküle, die bisher nach einem ganz bestimmten Schöpfungsgesetz die materielle, körperliche Basis des Lebewesens gebildet haben, aus dieser Ordnung auszubrechen und wiederum ihren eigenen Weg zu gehen. Sie fügen sich wieder in das Große, Allumfassende ein, das der Mensch als Chaos zu bezeichnen pflegt, aus dem sie vielleicht eines Tages wieder herausgerufen werden, um sich einer neuen, vielleicht anderen Ordnung zu unterstellen.

Jetzt weißt du, was du unten, in der Mitte des Blattes, schreiben mußt: deus desintegrator, Gott, der Auseinandernehmer.

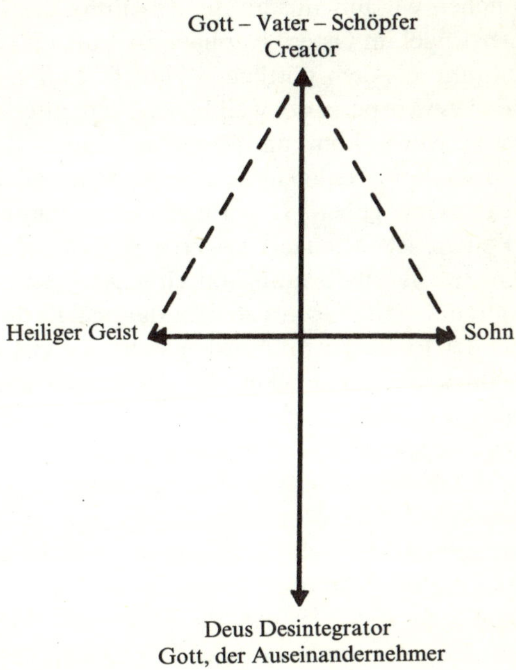

Damit ist aus unserem ursprünglichen Dreieck der Dreieinigkeit ein Kreuz geworden, ein Kreuz, das zwei Achsen umfaßt, die in sich auch gegensätzlich polar sind.

Wir haben die vierte Seite Gottes entdeckt. Gott ist nicht nur drei-, sondern viereinig, und diese vierte Seite wurde von der christlichen Kirche vergessen oder unterschlagen. Ja, mehr noch, diese vierte Seite wurde sogar von Gott abgetrennt, abgenabelt und zu seinem Widerpart gemacht, der mit Gott nichts mehr gemeinsam hat. Die Folgen blieben nicht aus, wie die Geschichte und besonders die Geschichte der christlich geprägten Menschheit zeigt.

Damit Kraft fließen und etwas bewirken kann, ist Polarität notwendig. Jeder Pol birgt in sich ein Kraftpotential einer ganz bestimmten Art. Wenn wir nun herauskriegen wollen, welche Art von Kraft dem Pol Gott-Desintegrator zugeordnet ist, dann brauchen wir uns nur an die Zuteilung der Erzengel zu halten. Der Engel im Osten, Raphael, ist Luft und steht damit in Verbindung mit dem göttlichen Hauch. Ihm gegenüber ist Gabriel, der Verkörperer des weiblichen Elementes Wasser, der Engel, der zu Maria kam, um ihr zu verkünden, daß sie dazu ausersehen sei, dem Heiligen Geist seine menschliche Form in Jesus Christus zu geben. Der Engel des dynamischen, zeugenden Feuers ist Michael, er vertritt den schöpferischen Aspekt Gottes. Deshalb muß ihm entgegengesetzt die vierte, desintegrierende Seite Gottes stehen, dargestellt durch Auriel, dem Engel der Erde, der im Norden steht, wo viel Dunkelheit herrscht. Blick auf die Fackel, die der Teufel umgekehrt in seiner linken Hand hält. Sie kann mancherlei bedeuten. Der Teufel kann beispielsweise damit sagen: »Seht, ich bin Auriel, der vierte der Erzengel und Bestandteil des göttlichen Tetragrammatons, aber die Menschen haben mir die Maske des Teufels aufgesetzt. Ich stehe am anderen Ende des Lichtes, des Feuers, und bin doch mit ihm verbunden.«

Betrachte nun diesbezüglich die Geste des Magiers »wie oben, so unten«. Vielleicht kommt dir nun die Stelle aus dem

Johannesevangelium in den Sinn: »Und das Licht scheint in der Finsternis.« Auch diese Worte haben mit der Fackel zu tun.

Da wir die vierte Seite Gottes neuentdeckt und das Kreuz als Verbindung und Ausgleich von Gegensätzen gezeichnet haben, fällt es uns nun leichter, vieles mehr zu begreifen. Damit Kraft fließen und mit dieser Kraft etwas bewirkt werden kann, sind zwei entgegengesetzte Pole notwendig. Jeder Pol enthält zugleich ein Kraftpotential und ist bereit zum Austausch mit anderen, ihm entgegengesetzten Polen. Im Kreuz des viereinigen Gottes fließen diese Kräfte in die vier Elemente und Harmonie, gewähren den Einklang in der göttlichen Schöpfungsordnung. Wenn man nun einen dieser Pole herauslöst, und das hat, wie wir wissen, die christliche Kirche einmal in ihrer Geschichte getan, dann wird seine Kraft aus der kosmischen Ordnung herausgerissen, und sie wird frei und verfügbar für andere Zwecke, was meistens persönliche Macht und Machtausübung heißt. In diesem Falle setzt der Mensch sich selbst an die Stelle des göttlichen, schöpferischen Jod. Oder aber das Kraftpotential wird einfach nur so aus dem Zusammenhang herausgenommen und ist dann sozusagen frei vagabundierend und autonom. Darum wird es sich mit dem erstbesten, ihm gegenteiligen Kraftpotential verbinden, und die Kraft wird zu strömen beginnen, unkontrolliert und deshalb in ihrer Wirkung unübersehbar, ja chaotisch. Der »deus desintegrator« ist die Seite Gottes, die im Atomzeitalter ihre ganz besondere Bedeutung gewonnen hat.

Wir wissen, Adam und Eva sind dem Gesetz der Schwerkraft unterworfen. Wenn sie sich nur ihrer eigenen Trägheit hingeben, verfallen sie ganz der Erdpolarität, der Erde, aus der sie selbst geschaffen sind. So fallen sie aus der Ordnung und sind deshalb blockiert. Und doch ist ihre Lage nicht hoffnungslos. Blick auf die Schlingen der Kette, die über ihren Schultern hängen, sie sind weit und können jederzeit über den Kopf gestreift werden. Bloß, sie merken es nicht. Auch hier sind sie vollständig blockiert vor jeder Erkenntnis. Und doch ist Erkenntnis vorhanden, wenn auch nur andeutungsweise und verschwommen. Wenn du die Anzahl Kettenglieder zählst, die die beiden an den Block schmieden, dann wirst du mit einiger Phantasie darauf kommen, daß es sich um 22 Kettenglieder pro Kette handeln könnte, die gleiche Zahl wie die großen Arkana des Tarot. Wenn es so sein sollte, dann läge auch hier eine große Weisheit verborgen, die du nicht für wichtig genug erachten kannst. Durch den Tarot verläuft der Weg, der dich nach oben führen könnte, weg von der Blockade, zur Befreiung, aus dem Dunkel hinaus zum Licht. Und trotzdem, es sind die gleichen 22 Kettenglieder, die Adam und Eva auch gefesselt haben. Darüber solltest du lange und tief meditieren. Der Tarot, das Buch des Thoth, kann ein Weg zum Dunkeln und in die Blockade sein, wie er auch ein Weg zum Licht und in die Freiheit sein kann. An dir ist es, ihn in der dir entsprechenden Richtung zu gehen.

Aber noch ein weiteres, kaum merkliches Zeichen der Hoffnung ist in diesem Bild zu erkennen. Betrachte noch einmal das umgekehrte Pentagramm über der Stirn des Teufels. In seiner Mitte siehst du eine geometrische Figur, gebildet aus einem Trapez und einem Dreieck darüber, dessen Spitze nach oben weist. Wende nun deinen Blick zum Bauch des Teufels. Dort erblickst du genau das Umgekehrte. Die beiden Begrenzungslinien der Brustmuskeln bilden die Grundlinie des Trapezes, und die Oberschenkel des Teufels umschließen die Spitze des Dreiecks, die nun aber nach unten zeigt. Wenn du nun diese durch den Bauch geformte Figur zu einem vollständigen Pentagramm ausweitest, erhälst du das Pentagramm, dessen Spitze nach oben gerichtet ist. Ein verborgenes Zeichen dafür, daß auch hier, wenn du es nur erkennst und willst, der Geist den Sieg über die Materie davontragen kann und der Weg nach oben zum Licht frei wird.

Die Gestalt des Teufels auf unserem Bilde ist in ähnlicher Weise abgebildet, wie wir sie von der Überlieferung der geheimnisvollen Erscheinung des Baphomet kennen. Die Gestalt des Baphomet hat eine wichtige Rolle in den Ritualen des Templerordens gespielt, der im 14. Jahrhundert in so unvorstellbar grausamer Weise vom französischen König und von Papst Klemens V. ausgerottet worden ist.

Baphomet ist also in den Ritualen der Templer, die wir heute nicht mehr kennen, offenbar hoch verehrt worden. Es gibt nun viele Spekulationen darüber, wer oder was Baphomet gewesen sein könnte. Das wenige, das uns aus den Vernehmungsprotokollen der Templer über ihre Riten überliefert ist, erscheint ohne inneren Zusammenhang, bizarr, absurd und wohl eher verständlich als Produkt des gequälten Gehirns der Gefolterten. Und doch; wenn wir das wenige mit dem vergleichen, was wir aus dem XV. Bild des Buches des Thoth gelesen haben, dann gewinnen diese Bruchstücke einen gewissen und auch tiefen Sinn. Ich spekuliere nur: Könnte es vielleicht gewesen sein, daß die Templer versucht haben, die Viereinigkeit Gottes wiederherzustellen? Könnte es sein, daß sie erkannt haben, wie verhängnisvoll sich die Herauslösung des einen Kraftpotentials und dessen Verteufelung für die Menschheit auswirken könnte? Wahrscheinlich sind es gar nicht die sagenhaften Schätze und der Reichtum der Templer gewesen, die König und Papst zur Verfolgung des Ordens verlockt haben, es hat eher die Tatsache zugetroffen, daß sie um ihre Macht gebangt haben, denn Macht ausüben, das wissen wir jetzt, ist nur möglich mit Hilfe des »Teufels«, der herausgelösten vierten Seite Gottes, also, wenn man »Gott zerstückelt«. Wenn aber diese losgelöste Seite zur Harmonie und Ganzheit der göttlichen Schöpfungsordnung zurückgeführt wird und auch in unser Bewußtsein wiederkehrt, dann wird alle menschliche Machtwillkür hinfällig, weil dann alles dem einen großen Ganzen dient. Hatten vielleicht deshalb Kirche und König solche Angst vor den Templern?

XVI Der Turm

(THE TOWER)

Wer eben die Erkenntnis gewonnen hat, daß die Ketten den Menschen auf Bild XV blockieren, der streift sie ab und kann dadurch den Weg zur Befreiung antreten. Doch er mag vom Anblick des anschließenden Bildes XVI beunruhigt, ja vielleicht sogar schockiert sein. Sturz, Fall, Vernichtung und Zerstörung sind die Worte, die uns dabei sofort in den Sinn kommen. Haben wir dazu unsere Ketten abgelegt, um nun von der Höhe nur um so tiefer in den Abgrund geschmettert zu werden?

Das eine jedenfalls wissen wir jetzt: Der Tod, die Transformation, bringt nicht das Ende aller Probleme. Ganz im Gegenteil: Der Mensch, der durch die Pfeiler der Tranformation geschritten ist, wird mit ganz entscheidenden und wichtigen Tatsachen konfrontiert. Ihm wird gezeigt, daß Transformation nicht etwa heißt, daß ihm von jetzt an jede Entscheidung abgenommen wird und er auf der neu erreichten Ebene nichts tun oder ausruhen kann. Wie wir noch sehen werden, haben die Bilder

XIV, XV und XVI in gewisser Weise einen Zusammenhang; ihre Reihenfolge ist nicht so beliebig, wie es im ersten Augenblick vielleicht erscheinen mag. Aber bevor wir uns solchen Überlegungen hingeben und uns allzusehr vom ersten, vermutlich negativen Eindruck des Bildes leiten lassen, gehen wir wieder daran, die Botschaft, die dieses Bild uns überlassen will, in der bisher gelernten und gewohnten Weise zu dechiffrieren.

Das Bild hat seinen Namen von dem auf einer Felsenspitze errichteten Turm. Ein Blitz schlägt in seine Zinnen und setzt sie in Brand. Die Krone, die sich auf dem Turm befunden hat, fällt nach unten. Gleichzeitig stürzen zwei menschliche Gestalten durch einen Feuerregen hindurch in die Tiefe.

Fangen wir zuerst mit der Betrachtung des Turmes an. Was mit dem Turm an sich symbolisch ausgedrückt wird, das sollte für dich nicht mehr schwierig zu verstehen sein. Seinem Aussehen nach erinnert er an den Stab, an den Phallus, und wie diese beiden bedeutet er Kraft, einfach Kraft an sich. Alles, was du in diesem Bild an Details wahrnimmst, ist letztlich Ausdruck von Kraft. Der Blitz, das Feuer, die stürzende Krone, die fallenden Menschen, in all dem spielt das Wirken irgendeiner Kraft. Um zu begreifen, welche spezielle Kraft mit dem Turm gemeint ist, brauchst du nichts weiteres zu tun, als dir konkret, in allen Etappen, vorzustellen, wie ein Turm entsteht, wie er gebaut wird. Stein wird auf Stein gelegt, höher und immer höher wächst das Bauwerk, denn Höhe ist sein Ziel und Höhe allein der Zweck des Turmbaus. Möglichst weg von der Erde, immer höher hinauf. Der Turmbau bezeichnet also eine gerichtete Kraft, eine Kraft, die in die Höhe hinanstrebt. Aber das ist es doch gerade, was uns Bild XV als Aufgabe gestellt hat, zu wachsen, aufwärts zu streben, nicht in der Tiefe zu verharren. Warum legt uns dann Bild XVI in diesem Moment, wo wir angefangen haben emporzusteigen, die Schreckenskunde von Fall, Brand und Zerstörung vor?

Es ist wichtig, dir diese Fragen zu stellen. Du solltest jetzt im Buche des Thoth so gut bewandert sein, daß dir die Antworten darauf nicht mehr schwer fallen. Gehe noch einmal zurück zu den Bildern VII, VIII und vor allem X, und suche nach dem, was sie gemeinsam haben. Du wirst sehen, daß dieses Gemeinsame darin besteht, zwischen zwei extremen Polen die Mitte zu finden und ihr Gleichgewicht, die Balance zu halten, zu erkennen, daß es ein Zuwenig wie ein Zuviel geben kann und daß es unsere Aufgabe ist, diesen Extremen auszuweichen und sie auf der Polaritätsachse zum Ausgleich zu bringen.

Bild XV und XVI nun zeigen uns in drastischer Weise zwei solche Extrempunkte, die du dir vielleicht am besten auf einer vertikalen Achse vergegenwärtigen kannst. Halte deshalb am besten einmal Bild XVI senkrecht über Bild XV und laß das entstandene Verhältnis auf dich wirken. Du wirst sicher bald erfassen und spüren, was damit gemeint ist. Unten im Bild XV ist blockierte, geballte Kraft, die trotz ihrer Erstarrung nichts von ihrer möglichen Wirkungskraft eingebüßt hat. Sie scheint nur auf den Zündfunken zu warten, der sie zur Explosion bringt, damit sie ihr verheerendes Wirken entfalten kann. Bild XVI oben erweist genau das Gegenteil. Hier ist Kraft in Bewegung. Sie wartet nicht, sondern sie wirkt. Wenn wir diese beiden Bilder wiederum als Enden einer Polaritätsachse annehmen, dann können wir den unteren Pol (XV) als ein »Zu tief« bezeichnen, woraus klar erfolgt, daß der obere Pol (XVI) ein »Zu hoch« kennzeichnet. Somit können wir den ersten Schluß aus der Betrachtung dieser beiden Bilder ziehen. Der Mensch, der sich in XV von den Ketten befreit hat und sich auf den Weg nach oben begibt, wird nicht automatisch, ohne sein Zutun, auf den richtigen Weg geleitet. Hier gilt es, Entscheidungen zu treffen, den Überblick über das Ganze nicht zu verlieren und aus all dem heraus die richtige Wahl zu treffen.

Jetzt nimm noch einmal Bild XIV zur Hand. Du erinnerst dich – wir haben dort nur kurz und so weit als nötig darauf hingewiesen, daß in diesem Bild der Pfad, der vom Wasser auf die Sonnen-Krone zuführt, mit dem kabbalistischen Baum des Lebens in Beziehung steht. Der Turm auf Bild XVI hat nun offensichtlich auch Bezug dazu. Darauf deuten nicht nur die stürzende Krone (Kether), sondern auch die drei Fenster im oberen Turmteil, in denen du leicht eine symbolische Darstellung der drei obersten Sephiroth des Lebensbaums erkennen kannst. Damit mußt du dich vorerst abfinden, daß sehr vieles, was durch die Sephiroth ausgedrückt werden soll, für dich jetzt noch nicht in allen Einzelheiten verständlich ist. Das wird erst der Fall sein, wenn du im zweiten Band mit dem Baum des Lebens besser vertraut geworden bist. Dann wird es Zeit sein, zu Bild XVI zurückzukehren und deine Erkenntnisse darin, anhand des Neugelernten, zu vertiefen. Aber das Wichtigste, das dir Bild XVI mitteilen will, kannst du auch ohne jenes Wissen erkennen.

Kehre noch einmal zum Turmbau zurück. Er ist ein Versuch, mittels künstlich aufeinander gesetzter Steine, eine natürliche Grenze zu überragen, um in noch höhere Höhen zu kommen. Vielleicht kommt dir jetzt auch der biblische Mythos vom Turmbau zu Babel in den Sinn, obgleich dieser sinngemäß nicht unbedingt direkt mit unserem Bild zu tun hat. Und doch ist im Kern dieses Mythos etwas, das auch für unser Bild XVI seine Gültigkeit hat. Die Menschen zu Babel wollten einen Turm bauen, um zu Gott zu gelangen, das heißt, zu werden wie Gott. Das Unternehmen endete aber im Chaos der Sprachverwirrung, weil das Ziel des Baues über den natürlich gesetzten Grenzen lag. Mensch ist Mensch und an die menschliche Ordnung gebunden. Will er diese Ordnung durchbrechen, das heißt, sein Menschsein überflügeln und wie Gott werden, dann verletzt er die kosmische Ordnung und fördert das Chaos. In unserem Bild XVI ist der Ausgangspunkt derselbe. Auch hier wünscht der Mensch Höhe zu erzielen, vielleicht sogar in der durchaus lauteren und reinen Absicht, Gott zu erreichen, nicht zu werden, wie Gott, sondern einfach zu Gott hinzugelangen. Aus diesem Bestreben heraus baut er sich seinen Turm, der die Form des Baumes des Lebens hat. Hier liegt nun der entscheidende Fehler. Statt den der göttlichen Schöpfungsordnung entsprechenden Baum des Lebens zu erkennen und sich ihm einzufügen, baut der Mensch einen eigenen Baum des Lebens und krönt ihn mit seinem Kether. Das ist die Abweichung, der Anlaß, wo die göttliche, kosmische Schöpfungsordnung verlassen wird, wo ein Element dieser Schöpfung aus seiner geregelten Bahn ausbricht und damit die Harmonie des Ganzen gefährdet, sofern nicht eine Korrektur eintrifft. Das Eintreffen dieser Korrektur ist das Motiv, das uns in Bild XVI offenbar wird. Der Mensch erfährt drastisch, daß die von ihm auf die Zinnen des Turmes gesetzte Krone nicht das göttliche Kether ist, sondern daß der Blitz, der sie seitwärts hinabwirft, aus dem wirklichen Kether stammt. Mit dieser Krone stürzen auch die beiden Menschen, die wieder Adam und Eva sein könnten. Die Krone auf der Turmspitze stürzt zur linken Seite, links ist die Seite, von der wir herrühren, ist unsere Vergangenheit. Der Fall in die Tiefe von allzu großer Höhe bedeutet also Sturz zurück, zu dem Ort, von dem wir hergekommen sind, möglicherweise zu XV.

Zugegeben, bis jetzt klingt dies alles nicht sehr optimistisch und ermutigend, und die Frage hängt sicher schon in der Luft, ob es sich denn überhaupt lohnt, sich vom Teufel loszumachen, den Weg aufwärts einzuschlagen, nur, um eines Tages den Rückschlag zu erleiden, dem Fall in noch entferntere Tiefen zu erliegen. Aber wie du bereits weißt, ist jedes Tarotbild in sich polar, ebenso Bild XVI, wobei es schon seinen Sinn hat, wenn uns gerade dieses Bild zuerst seine negative Seite vor Augen führt, uns das als erstes auffällig macht, was wir nicht tun sollen. Denn unsere Aufgabe ist es nun, die andere Seite aufzuspüren und den in ihr verborgenen Sinn aufzudecken. Die Kraft, die bei der Loskettung nach XV erneut freigesetzt worden ist, sollen wir nicht für nutzloses Lamentieren und Resignieren verschleudern, sondern dazu gebrauchen, um herauszufinden, wohin denn unser Weg führt, und zwar der richtige Weg. Auch hier gilt es nun zu erkennen, was hinter den Dingen liegt, so eindeutig und klar sie auf den ersten Blick auch erscheinen mögen.

Wende nun dein Augenmerk zum Blitz, der in den Turm schlägt, und du entdeckst, daß er mit einer Pfeilspitze ausgestattet ist. Erkennst du den Zusammenhang zu XIV? Wenn nicht sofort, dann suche danach, du bist jetzt imstande dazu.

Die Kraft des Blitzes setzt den Turm in Flammen, Feuer schlägt aus den Fenstern, und ein Funkenregen stürzt hernieder. Der

Blitz entfacht also Feuer. Nun vergegenwärtige dir noch einmal alles, was du schon über Feuer weißt, erlebe noch einmal in dir selbst seine elementare Kraft.

Feuer, das ist die dynamische Kraft, die Leben hervorruft, die belebt, und nun erleben wir sie auf unserem Bild merklich auch in ihrer polaren Gegensätzlichkeit, als Feuerkraft, die verbrennt, zerstört, etwas Gewordenes in Staub und Asche verwandelt. Indessen, was auf unserem Bilde zerstört wird, ist doch nur das fälschlicherweise Errichtete, ist nicht der echte Baum des Lebens, sondern der vom Menschen nachgeahmte, der sich als Störfaktor der großen kosmischen Ordnung erwiesen hat. Die Zerstörungskraft des Feuers ist hier also vor allem eine korrigierende Kraft, mit der die ursprüngliche Ordnung wiederhergestellt und in die Balance gebracht wird. Die Kraft des Feuers wirkt also in zwei Ausführungen. Entweder zerstörend oder belebend, aber sein Ziel ist stets dasselbe: Gleichgewicht und Harmonie bewahren.

Vielleicht wird dir einmal später bei deinen weiteren Studien das Büchlein: »Die Chymische Hochzeit, Christiani Rosenkreutz Anno 1459«, von Johann Valentin Andreä, in die Hände fallen. Dort wirst du auf eine Stelle treffen, die große Ähnlichkeit mit unserem Bild XVI hat. Christian Rosenkreutz schildert dort die Vorbereitungen und Arbeiten alchemistischer Art, die getroffen werden, um die Leichname eines auf mystische Weise enthaupteten Königspaares wieder zu beleben. Schauplatz dieser Arbeiten sind mehrere Geschosse eines Turmes, in dessen oberstem Stock die Leichen des Königspaares aufgebahrt sind. Im entscheidenden Moment nun, als das große Werk vollendet wird, bemerkt Christian Rosenkreutz, wie sich im Dach des Turmes ein Loch bildet, durch das ein heller Feuerstrahl hindurchschießt und in die Leichname fährt, die im selben Moment die Augen öffnen und wieder zum Leben erweckt sind. Hier tritt der zündende Blitz nicht als Zerstörer in Aktion, sondern als Lebensspender. Das wichtige daran ist aber, daß jene Wiederbelebung nach einem alchemistischen

Prozeß erfolgt. Ich weiß nicht, ob und wieviel du vom Wesen der Alchemie kennst. Wichtig für uns ist hier nur, daß du darüber informiert bist, daß sich die Alchemie der immerwährenden Veredelung und Verfeinerung eines profanen Stoffes widmet, bis er sich schließlich in lauteres Gold verwandelt. Der Urstoff, von dem ausgegangen wird, die prima materia, muß sich viele Umwandlungen gefallen lassen, muß immer wieder ihre Form ändern, muß immer wieder Zerstörung und Neuschaffung über sich ergehen lassen, bis sie endlich das wird, wozu sie bestimmt ist: Gold. Dies ist ein langer und mühsamer Weg, der nicht mit einem einzigen Schritt vollzogen werden kann.

Gerade dies ist vielleicht der Fehlschluß, dem die beiden stürzenden Menschen zum Opfer gefallen sind, indem sie geglaubt haben, das Ziel oben so schnell wie möglich und möglichst ohne Anstrengung erreichen zu können. Nun fallen sie nieder, zurück zu ihrem Ausgangspunkt, wo sie neu beginnen müssen und lernen, auf andere Weise, Schritt für Schritt, nicht nach eigenen kühnen Plänen, sondern sorgsam die kosmischen Gesetze beachtend, mit einem neuen Zeitbegriff hinaufzustreben.

Im Gegensatz zu Adam und Eva auf Bild XV sind die beiden stürzenden Menschen bekleidet, ja, die Gestalt rechts, scheinbar eine Frau, trägt sogar eine Krone. Über die Bedeutung dieser Kleidung läßt sich mancherlei spekulieren und nachdenken. Wenn wir davon ausgehen, daß die Menschen den Turm errichtet haben, um Macht zu erringen und Macht auszuüben, dann könnten ihre Kleider und die Krone Insignien der Macht und der Hierarchie sein. Aber auch diese äußeren Zeichen bleiben nicht bestehen und stürzen mit in die Tiefe. Sie sind nutzlos und nichts als Tand. Wenn wir aber die Funken beachten, die die Menschen bei ihrem Sturz begleiten, dann haben wir die Möglichkeit, den Umstand und die Dinge auch ganz anders zu sehen. Betrachte einmal genau die Form dieser Funken. Du wirst entdecken, daß sie die Gestalt des hebräischen Buchstabens Jod haben. Jod ist der erste Name des Tetragrammatons, das Symbol für die belebende Kraft des Feuers. Dann zähle die

Anzahl der Funken. Auf linken Seite zählst du 12, auf der rechten 10 und beide werden dir jetzt etwas sagen. 12 ist die Zahl des Zodiak, 10 ist die Anzahl der Sephiroth im Baum des Lebens. Den Tierkreis als die Zahl 12 haben wir bisher in seiner Form als Ordnungskreis des Kosmos kennengelernt. Hier wird vermutlich aber noch eine seiner anderen Perspektiven einbezogen. Der Tierkreis ist in 12 Zeichen aufgeteilt, von denen jedes eine spezielle Äußerung psychischer Kraft verkörpert, die dem Menschen mehr oder minder gegeben ist und die seine Persönlichkeit prägt. Auch die 10 Sephiroth im Baum des Lebens sind verschiedene Äußerungen von Kraft. Aber es sind nicht Kräfte, die ausschließlich der menschlichen Seele eigen sind, sondern im Kosmos, im Ganzen wirksam sind. Alle diese Kräfte nun stehen den Menschen bei, dargestellt als mitfallender Feuerregen. Das kann also nichts anderes bedeuten, als daß der Mensch, auch wenn er gefallen ist, nicht einfach hilflos und verlassen ist, sondern daß ihm auch in der Tiefe diese Kräfte jederzeit zu einem möglichen Neubeginn zur Verfügung stehen. Der Sturz hinab endet somit nicht in der Endgültigkeit. Auch Kleider und Krone können vielleicht in diesem Zusammenhang gesehen werden. Sie haben die Farben rot und blau. Rot ist die Farbe marsischer Kraft, Energie an sich, und Blau die Farbe des Wassers, die Kraft des Gefühls. Auch diese beiden Kräfte bleiben den Menschen, bildlich ausgedrückt, als Schutz der Kleider erhalten und als Werkzeuge für ihren neuen Beginn und Wiederaufstieg. Die Krone, die dem einen Menschen auch während dessen Sturz nicht vom Kopf fällt, soll sie ihn vielleicht an das echte Kether erinnern, ihn bis zu seinem neuen Ausgangspunkt behüten und ihm als Richtschnur dienen, damit er nicht mehr den Weg der falschen, sondern diesmal der echten Krone findet?

So ist auch der Sturz von der Höhe in die Tiefe für den Menschen nicht nutzlos, sondern dient als Lernprozeß und echte Chance, wenn er geirrt hat. Er muß lernen, weder zu tief unten in der Trägheit zu verharren noch in Übermut zu hoch hinaus zu wollen. Er muß auch lernen, seinen Weg innerhalb der gegebenen kosmischen Schöpfungsordnung zu gehen, wie er durch den Baum des Lebens weiß, dessen Bild er aus dem Paradies mitgenommen hat, statt einen eigenen, nach seinen egoistischen Interessen ausgerichteten Baum des Lebens zu pflanzen.

Daß der Turm dem Stab ähnlich sieht, haben wir gesagt. Bei der Besprechung des Bildes vom Magier haben wir am Stab noch gesehen, daß er zum Symbol des englischen Wortes »I« werden kann. Das gleiche könnte denn auch vom Turm gelten und würde bedeuten, daß der Mensch in der Gefahr ist, bei jedem Turmbau der Aufblähung seines Ichs zu erliegen. Jeder Mensch, und besonders ein Mensch, der sich mit esoterischen Fragen beschäftigt, steht immer wieder in der Gefahr, sein persönliches Ich aufzublasen wie ein Luftballon. *Ich* weiß es besser, *ich* kann es besser, *ich* bin besser und so weiter. Bis der Ballon eines Tages dem Druck nicht mehr standhält und zerplatzt. Auch das hieße Fall vom Turm in die Tiefe.

Das Tröstliche, das hinter den scheinbaren Schrecknissen von Bild XVI verborgen liegt, ist, daß kein Sturz endgültig verläuft. Dem Menschen wird die Kraft, die er braucht, um seinen Weg neu anzutreten, nicht weggenommen. Aber er muß lernen, daß dieser neue Weg nach oben allmählich hinaufführt, von Stufe zu Stufe, daß er ein Weg ist, der ständige Veränderung fordert, wobei der Mensch lernen muß, sich dieser stetigen Veränderung gleich einem alchemistischen Prozeß zu unterziehen. Dabei kann er sich die große Lehre zu eigen machen, daß nichts, was der Mensch schafft, bestehen bleibt, daß alle Werke seiner Hände und seines Geistes verfallen, wenn ihre Zeit gekommen ist, damit aus den übrigbleibenden Urstoffen ein Neues, Höheres, Edleres enstehen kann. In Bild XVI wird der Mensch mit der Kraft an sich konfrontiert, sowohl mit ihrer belebenden als auch zerstörenden Auswirkung. Beide muß er als Bestandteile der großen kosmischen Ordnung kennen und akzeptieren lernen, wenn nötig auch an sich selbst. Er muß lernen, die polare Kraft in der richtigen Weise zu nutzen, um zur Harmonie der kosmischen Ordnung beizutragen und nicht, um sie zu persönlichem Machtgewinn zu mißbrauchen.

Der Turm ist auf einer Felsspitze errichtet. Die Felsspitze

eines Berges ist ein natürlich gewachsener Turm, und daran soll der Mensch erkennen, daß ihm Grenzen gesetzt sind. Er soll sich mit diesen natürlichen Türmen begnügen, ohne sie künstlich erhöhen zu wollen. Blick um dich, und du wirst sehen, wie zahlreich die Türme sind, die sich heutzutage im Bau befinden oder gerade befunden haben. Aber alle diese vom Menschen erzwungen überhöhten Türme sind dazu verurteilt, eines Tages, wenn die Zeit es will, vom zündenden, korrigierenden Blitz auf das richtige Maß zurückverwandelt zu werden.

XVII Der Stern
(THE STAR)

Welch ein Kontrast, welch neuartige Stimmung bietet sich dem Auge wieder dar nach den düsteren, schwarzen und in deiner Seele Beklemmung erzeugenden Bildern XV und XVI. Ein solch starker Wechsel hat im Tarot immer eine Bedeutung, ähnlich dem Wechsel der Tonart innerhalb eines Musikstückes. Bereiten wir uns vor, ein neues Gebiet auf unserem Weg zu durchwandern. Vor einem mit großen Sternen bedeckten Himmel kniet eine Frau auf einer grünen Wiese, den einen Fuß ins Wasser gestellt. Aus zwei Krügen gießt sie Wasser, aus dem einen auf die Erde, aus dem anderen in das Wasser. Ganz rechts im Hintergrund auf einem Baum sitzt ein Vogel. Das linke Knie auf der Erde und der rechte Fuß im Wasser sowie das Ausleeren der Krüge gibt dir bestimmt die Assoziation zu Bild XIV und wird dich zur Annahme führen, daß Bild XVII irgendwie mit Bild XIV verbunden ist. Aber es wäre verfehlt, wenn du gleich voreilig denken würdest, Bild XVII nehme in irgendeiner Weise die Thematik von Bild XIV wieder auf und sei von daher zu erfassen. Etwas vom wichtigsten, das du lernen mußt, ist, daß jedes Bild im Buche des Thoth erst für sich allein gelesen werden muß. Sicher, du wirst immer wieder auf Ähnlichkeiten in den Motiven stoßen – wir haben dies ja auch schon erfahren –, und doch ist es sehr wichtig, nicht vorschnell Beziehungen herzustellen, sondern jedes Bild ganz aus ihm heraus zu erfassen. Erst dann, wenn du eine Seite im Buch des Thoth für dich allein gelesen hast, kannst du suchen, ob vielleicht Verbindungen zu anderen bestehen.

Die Frauengestalt sagt uns am Anfang noch nicht viel, und ihre Tätigkeit scheint widersinnig und unlogisch. Doch manchmal muß ein Bild nicht von dem her, was im Mittelpunkt unübersehbar dargestellt ist, gelesen werden, sondern der Weg zur Mitte führt oftmals über ein scheinbar unwichtiges, ganz am Rande gezeichnetes Detail. So auch hier. Betrachte den Vogel am rechten Bildrand. Er ist leider nicht klar gezeichnet auf unserem Bilde, und es ist deshalb nicht einfach, zu erkennen, um welchen Vogel es sich handelt. Aber von andern Fassungen des Bildes XVII her wissen wir, daß hier ein Ibis-Vogel gemeint ist. Um nun damit etwas anfangen zu können und von da aus weiterzukommen, mußt du zudem wissen, daß der Ibis eine Tierdarstellung des Gottes Thoth in seiner Inkarnation als Mondgott ist. Der Ibis wurde deshalb gewählt, weil sein gebogener Schnabel an die Mondsichel erinnert. Wenn nun der Gott Thoth persönlich in einem Bild erscheint, dann muß dessen Aussage und Inhalt von ganz besonderem Gewicht sein. Es ist fast so, als würde er diesem Bilde ein persönliches Siegel aufdrücken mit dem Hinweis: »Das, was ich hier auf dieser Seite meines Buches zu sagen habe, das nimm dir ganz besonders zu Herzen.«

Die Frage, die sich uns natürlicherweise nun aufdrängt, ist: »Warum erscheint der Gott Thoth in seiner Inkarnation als Mondgott auf einem Bild, das ›Der Stern‹ genannt ist?« Wenn du einmal bis zu dieser Frage vorgedrungen bist, dann wird es jetzt für dich leichter, denn du hast bereits gelernt, daß mit dem Symbol des Mondes vielerlei ausgedrückt werden kann. Nimm dir vielleicht Zeit, ohne vorerst weiterzulesen, um auf ein Blatt Papier all das niederzuschreiben, was dir über den Mond einfällt.

Als etwas vom Bemerkenswertesten wirst du dich sicher daran entsinnen, daß der Mond mit Weiblichkeit zu tun hat, wie er ja auch im Kopfschmuck der Hohepriesterin in Erscheinung tritt. Im Bild VII haben wir die Mondphasen in Verbindung mit Urim und Thummim, dem als Orakel dienenden Brustbild des Hohepriesters, kennengelernt und dabei erkannt, daß der Mond, durch seinen deutlich erkennbaren Phasenwechsel, für die Menschen auch zum Symbol der zyklisch ablaufenden Zeit und deren Messung wurde. Als Drittes haben wir den Mond, in dem all das enthalten ist, was wir in unserer menschlichen Sprache mit Seele bezeichnen. Somit können wir nun, vom Gott Thoth persönlich geleitet, den Schluß ziehen, daß alles, was in diesem Bild ausgedrückt werden soll, irgendeinen Zusammenhang hat mit Frau, Zeit und Seele.

Aber noch tiefer müssen wir in das Geheimnisvolle eindringen. Der Ibis-Vogel hat uns den Hinweis gegeben, beim Lesen des Bildes nicht mit dem Vordergründigen zu beginnen. Folgen wir also seinem Rat und wenden uns den Elementen zu, die sich hinter der Frau befinden. In der Mitte, am Himmel, strahlt unübersehbar der große Stern, der dem Bild den Namen gegeben hat. Links und rechts von ihm leuchten ebenfalls achtzackige Sterne, vier auf der linken Seite und drei auf der rechten. Spekulieren wir ein wenig mit diesen Zahlen. Vier, das kennen wir, ist die Zahl der Materie. Drei ist das Gesetz der Dreiheit: Aus eins und eins wird drei und zugleich eine neue Einheit. Zählen wir die beiden Zahlen zusammen, dann erhalten wir sieben, die Zahl der Venus, und Venus ist das Prinzip des Ausgleichs, der Harmonie und führt uns zugleich zu Bild III, zur Herrscherin.

Stellen wir noch einige weitere Überlegungen an. Statt zu addieren, multiplizieren wie die Zahl der weißen Sterne, drei mal vier ist zwölf, die Anzahl der Tierkreiszeichen. Wir gelangen somit zum Tierkreis, der die Anzahl der seelischen Ausdrucksmöglichkeiten der menschlichen Persönlichkeit darstellt wie auch den himmlischen Meßkreis bildet, der den Verlauf des kosmischen Jahres angibt. Damit sind wir bei der Zeit angelangt.

Hast du übrigens bemerkt, was wir betreiben? Wir spielen einfach. In Erinnerung daran, daß der Gott Thoth sein Buch zugleich als Spiel verstanden haben will, mischen wir einfach die Elemente unseres Bildes spielerisch durcheinander, scheinbar absichtslos, aus dem Zufall heraus, und sammeln das, was sich daraus ergibt. In wunderbarer Weise werden wir nach dem Gesetz des Thoth offenbar in eine ganz bestimmte Richtung gelenkt. Fahren wir also mit diesem Spiel fort. Die drei weißen Sterne sind auf der Seite des Ibis-Vogels. Könnte es sein, daß sie deshalb dem Mond nahestehend sind? Schon auf einem andern Bild sind wir der Zahl drei in Verbindung mit den Mondphasen begegnet, nämlich auf dem Bilde der Hohepriesterin, deren Kopfschmuck, die Kugel, umrahmt von den zwei sichelförmigen Kuhhörnern, ein Symbol der vier Mondphasen ist. Das könnte bedeuten, daß unsere drei Sterne auch eine Darstellung der vier Mondphasen sind, des zunehmenden und abnehmenden Mondes, des Vollmondes und des Neumondes, der, nicht vorhanden und unsichtbar, auch keines eigenen Zeichens bedarf. Nun wollen wir noch weiterspielen und kombinieren. Die vier Mondphasen multipliziert mit der Zahl sieben, der Zahl der Venus, geben die Zahl achtundzwanzig, die Anzahl der Tage, denen die Frau in ihrem körperlichen Zyklus unterstellt ist. Unser anfänglich nutzloses und zufälliges Spiel führt uns nun wirklich genau in den Bereich hinein, den wir von Anfang an als zentrales Thema dieses Bildes herausgespürt haben.

Nun wird es Zeit, daß wir uns der Frau in der Mitte des Bildes zuwenden. Sie hat leuchtend blondes Haar, das die Farbe des Elementes Feuer ausdrückt, und korrespondiert dadurch mit dem großen Stern über ihr, der die gleiche Farbe aufweist. Daß das Element Feuer in diesem Bild so dominant in Erscheinung tritt, ist eine erste Dissonanz, oder sagen wir besser, ein erster polarer Gegensatz zu den Resultaten, die unsere spielerischen Kombinationen gebracht haben, und die allesamt Symbole der Frau und Weiblichkeit sind, sogar noch verstärkt durch die Farben Blau (Wasser), Weiß (silbern, Mond) und Grün (Erde). Kraß ist nun, daß die Frau selbst durch ihr Haar Trägerin des männlichen Elementes Feuer ist. Mit dieser Tatsache werden wir uns später noch beschäftigen müssen.

Im spielerischen Umgang mit dem Bild haben wir nun also erkannt, daß wir uns mit dem Pol der weiblichen Elemente Wasser und Erde und dem Pol des männlichen Feuerelementes auseinandersetzen müssen. Wir stoßen damit bald auf eine Vereinigung von polaren Gegensätzen, die wir im alltäglichen Sprachgebrauch mit dem Ausdruck Sexualität zu bezeichnen pflegen. Wo sich in unserem Alltag das Männliche mit dem Weiblichen als Gegensatzpaar verbindet, brauchen wir das Wort Sexualität, und obgleich dieses Wort sehr abgenutzt und verbraucht ist, wollen wir es vorerst übernehmen und offen sein dafür, daß es eine Erweiterung und Vertiefung erfahren könnte, die wir bisher vielleicht nicht gekannt haben.

Wenn wir das Wort Sexualität nennen, so bezeichnen wir damit normalerweise die körperliche Begegnung von Mann und Frau, oder meistens sogar nur noch den Geschlechtsakt. Sexualität gehört zum menschlichen Leben, sie kann nicht ausgeklammert werden, denn sie gehört von Anbeginn an auch zur großen kosmischen Schöpfungsordnung.

Ohne Sexualität, das heißt, ohne immer wiederkehrende Begegnung von Mann und Frau, würde jedes Leben auf der Erde mit der Zeit erlöschen. Das ist die eine Aufgabe der Sexualität: Sie dient der Erhaltung des menschlichen Lebens, sie ist Ursache und Ausgangspunkt aller Fruchtbarkeit. Das Zeichen dieser Fruchtbarkeit erblickst du im Krug, aus dem Wasser auf die Erde fließt. Das in die Erde einsickernde Wasser bewirkt, daß der dort ruhende Samen zu neuem Leben erweckt wird und zu keimen beginnt. Das auf die Erde gegossene Wasser zerfließt dort in fünf Rinnsale, in denen du mit Leichtigkeit ein Pentagramm sehen kannst. Da das Pentagramm das Symbol des Menschen ist, so hat menschliche Sexualität die Aufgabe, einen neuen Menschen zu bilden. Und zwar nicht nur zusammengesetzt aus den vier Elementen, sondern auch mit der nach oben weisenden Spitze versehen, die den alles Materiell-Elementare durchdringenden und beherrschenden Äther oder Geist verkörpert.

Was aber ist mit dem anderen Krug, aus dem Wasser ins Wasser läuft? Wasser zur Erde, das ergibt einen Sinn, darin läßt sich das Symbol der menschlichen Fortpflanzung erkennen. Aber was ist Wasser zu Wasser? Ist dies nicht reinweg zwecklos, nirgendwohinführend, ein Spiel? Das Wort Spiel aber sollte uns aufhorchen lassen, denn wir haben gerade bei unserem Bild XVII gelernt, daß ein scheinbar ungerichtetes Spiel, auf seltsame zielgerichtete Weise, mitten in wichtige Dinge hineinführen kann. Der große Gott Thoth hat sein Buch als Spiel konzipiert, denn aus dem anscheinend absichtslosen und zufälligen Zusammenspiel der Bilder wachsen die großen Erkenntnisse. Es wäre deshalb ganz verfehlt, das große Spiel als etwas Unbrauchbares und Überflüssiges zu betrachten, das allein Kindern und Narren vorbehalten bleibt.

Thoth selbst weist durch seine Präsenz in diesem Bild daraufhin, daß im Spiel die Wurzel aller Erkenntnis liegt. Dies gilt natürlich auch auf der Ebene, auf der wir uns jetzt befinden, der menschlichen Sexualität.

Leben hervorbringen, fruchtbar sein, ist nur die eine Seite der Sexualität, aber der zweite Krug in der rechten Hand der Frau beweist, es gibt auch noch eine andere, eine Seite, die dem vorsatzlosen, willenlosen, planlosen Spiel folgen soll, allein der Lust verpflichtet. Auch diese Seite der menschlichen Sexualität gibt es und muß es geben. Auch sie ist Bestandteil der großen göttlichen Schöpfungsordnung. Darum soll sich auch der Mensch diesem Spiele der Lust, um der Lust willen, hingeben, aber nicht mit schlechtem Gewissen und verhaltenen Schuldgefühlen wegen der fragwürdigen Unproduktivität solchen Tuns, sondern im vollen Bewußtsein, daß damit ein Teil der göttlichen Schöpfungsordnung erfüllt wird. Gerade dies fällt dem westlichen Menschen, geprägt durch die geistige Tradition der letzten Jahrhunderte, nicht leicht. Die Antwort, warum dies so ist, kannst du aus den Karten XV und XVI entnehmen.

Aber noch etwas anderes steht dem westlichen Menschen im richtigen Umgang mit der Lust im Wege: seine allzu enge Auffassung von Sexualität. Wir haben schon erwähnt, daß im westlichen Sprachgebrauch mit Sexualität meistens die körperliche Vereinigung von Mann und Frau gemeint ist. Sicher, sie gehört auch zur Sexualität, ist sogar ihre dichteste und intensivste Seite; aber hast du dir schon einmal die Frage vorgelegt, wo Sexualität eigentlich beginnt, und welche Bereiche sie umfaßt? Sexualität geschieht überall dort, wo polare männliche und weibliche Kräfte ausgetauscht werden. Daher ist der Geschlechtsakt nur eine und, wie wir gesehen haben, vielleicht auch die intensivste Möglichkeit. Spekulieren wir mal wieder und nehmen wir an, daß der uns sichtbare und faßbare Körper nur der dichteste innerhalb einer ganzen Abstufung von Körpern ist, wie dies auch manche esoterische Schulen lehren. Dann erschiene es nicht unlogisch, daß dieser Austausch von Kräften zwischen zwei polar entgegengesetzten Körpern bereits in einem distanzmäßig gesehen viel größerem Rahmen stattfindet, als wir dies anzunehmen gewohnt sind. Du kannst dies selbst fühlen, wenn du einmal bewußt und aufmerksam darauf achtest, was passiert, was du fühlst, wenn du dich in der Nähe eines Menschen befindest, für den du als eine polare Gegensätzlichkeit auftrittst. Du wirst feststellen, daß es ja gar keiner materiell-körperlichen Berührung bedarf, um diesen Austausch von Kräften zu erleben, daß jede Distanz, die ein Mensch zu einem anderen inne hat, in irgendeiner Weise an einem solchen polaren Kräfteaustausch beteiligt ist, der jeweils seine eigene Art aufweist. Je feiner du zu beobachten und zu fühlen verstehst, um so erstaunter wirst du sein über den Reichtum an Möglichkeiten, der dir zur Verfügung steht. Du wirst sinngemäß an deinem eigenen Körper erfahren, daß Sexualität viel, viel früher beginnt, als du angenommen hast, und viel mehr Bereiche umfaßt, als du denkst.

Diese Erkenntnis ist wichtig, wenn es um das Geheimnis des Kruges geht, aus dem Wasser zu Wasser gegossen wird. In den Ringen, die sich durch seinen Strahl im Teich bilden, sind alle diese mannigfaltigen Ausdrucksmöglichkeiten angedeutet, und nur der Mensch, der alle, aber auch alle Ringe in das Spiel des polaren Kräfteaustausches einzubeziehen vermag, kann wahrhaftig die ganze Fülle der Lust genießen. Das aber sind Dimensionen, die uns westlichen Menschen weitgehend verloren gegangen sind. Wobei wir sogar fragen müssen, ob sie überhaupt je in den natürlichen Gaben des Menschen gelegen haben, denn sonst würde der Tarot, als ein Weg der menschlichen Bewußtseinserweiterung und Entwicklung, nicht mit einem so besonderen Gewicht dieses Thema berühren.

Damit ist uns eine erste Erkenntnis über die Bedeutung der Frau mit den zwei Krügen gegeben. Der Kräfteaustausch zwischen einer männlichen und einer weiblichen Polarität, den wir Sexualität nennen, hat zweierlei zum Ziel. Zum einen dient er der Fortpflanzung, der Fruchtbarkeit und der Erhaltung des Lebens überhaupt. Das wird dargestellt durch den linken Krug: Wasser zur Erde. Der andere Krug: Wasser zu Wasser, zeigt die Wichtigkeit der Sexualität als Lust und Spiel und daß dieses unnütz Erscheinende dem Menschen als ein tiefer Sinn seines Lebens gegeben und aufgegeben ist. Damit der Mensch den richtigen Sinn seines Lebens findet, muß er auch lernen, Lust zu erleben und Lust zu leben. Wer nicht fähig ist, Lust um der Lust willen zu akzeptieren und sich ihr in spielerischer Weise hinzugeben, der weiß nicht um eine wichtige Dimension seines menschlichen Lebens und bleibt darum letzten Endes unerfüllt.

Aber mit dieser Erkenntnis ist der Sinn von Bild XVII noch lange nicht erschöpft. Du hast bemerkt, daß die Frau, einen Fuß im Wasser, und das Knie auf die Erde aufgestützt, dich mit Recht an Bild XIV erinnert. In Bild XIV geht es um die Mischung in rechter Weise. Die Stellung der Frau deutet an, daß sie das Gleichgewicht zwischen Wasser und Erde gefunden hat. Um das richtige Maß und die richtige Mischung geht es also auch hier. Kein Krug hat Vorrang vor dem andern, aus beiden fließt gleichviel Wasser, tränke es nun die Erde oder fließe es zum Wasser zurück, aus dem es genommen wurde. Das bedeutet, daß wir auch im polaren Kräfteaustausch, in der Sexualität, die richtige Mischung beachten sollen. Wer nur Wasser zur Erde fließen läßt, verstößt ebenso gegen das Gleichgewicht des großen kosmischen Gesetzes wie derjenige, der sich mit vollen Zügen ausschließlich dem Spiel des Wassers zu Wasser hingibt. Beides muß in der richtigen Mischung geschehen, sei es gleichzeitig oder nacheinander. Jede Einseitigkeit ist auch hier ein

Durchbrechen der kosmischen Ordnung, und darum solltest du in deinem Leben sorgsam und bedachtsam das Wasser aus deinen Krügen zu gleichen Teilen zur Erde wie zum Wasser fließen lassen. Aber dabei ist zu beachten, daß Fruchtbarkeit, also Wasser zu Erde, nicht unbedingt physische Nachkommenschaft, also Kinder, bedeuten muß. Es bedeutet einfach Fruchtbarkeit. Es bedeutet, daß aus der Begegnung einer männlichen mit einer weiblichen Polarität etwas Drittes entstehen soll, das, nach dem Gesetz der Dreiheit, für sich wiederum ein Ganzes bildet. Gewiß, das wird in vielen, vielleicht in den meisten Fällen ein Kind sein, aber es gibt noch zahlreiche andere Formen, die aus der Vereinigung männlicher und weiblicher Kräfte entstehen können. Aber dies sind offene Fragen, die du in deinem persönlichen Leben, auf deine eigene Weise, lösen mußt. Du mußt dir nur bewußt sein, daß dieses Gesetz für den Menschen überhaupt, für den Menschen in seiner Totalität gilt, denn die Frau auf unserem Bilde ist nackt, und Nacktheit bedeutet im Tarot ja immer, daß die betreffende Aussage den ganzen, totalen Menschen angeht.

Wenn dies so ist, dann stellt sich die nicht unberechtigte Frage, warum denn auf unserem Bild nur eine Frau ist, und nicht auch ein Mann in irgendeiner Weise miteinbezogen, denn dieses Gesetz gilt ja nicht für die Frau allein, sondern der Mann ist ihm genauso unterstellt.

Eine erste Antwort darauf liegt vielleicht im leuchtenden, blonden Haar der Frau, dem Zeichen männlicher Feuerkraft. Eine andere Antwort ist, daß eigentlich nur an der Frau die Dimension der menschlichen Fortpflanzung ganz sichtbar wird. Wo Wasser zur Erde geschüttet wird, ist der Anteil des Mannes nicht weniger wichtig als derjenige der Frau. Aber wenn der Zeugungsakt geschehen ist, verändert sich der Stand des Mannes. Die Wichtigkeit des Geschehens verlagert sich, von der Natur aus gesehen, ganz auf die Seite der Frau. Ja, die Natur geht manchmal sogar grausam mit dem Männlichen um, wenn es einmal seine Funktion als Spender des belebenden, dynamischen Feuers erfüllt hat und seiner ledig geworden ist. Besonders in der Insektenwelt gibt es viele Beispiele dafür. Nur die Frau also ist imstande, all das bildlich sichtbar zu machen, was in Bild XVII ausgedrückt werden soll. An ihr wird nicht nur allein die Zeugung, sondern auch die daraus folgende Geburt erkennbar, und auch das Erleben der Lust um der Lust willen ist bei der Frau tiefer und stärker als beim Mann hinsichtlich und als Ausgleich der Schmerzen und der Mühsal, die sie bei der Geburt und Mutterschaft erlebt. Aus diesen Gründen hat der Tarot vielleicht die Frau als Verkünderin und Trägerin der Botschaft von Bild XVII ausgewählt. Aber sie gilt genauso für den Menschen in seiner männlichen Erscheinungsform, eben für den Menschen in seiner Totalität.

Betrachten wir jetzt noch den großen, achtzackigen Stern, der dem Bild seinen Namen gegeben hat. Er begegnet uns nicht zum ersten Mal; in Bild VII ziert er das Haupt des Wagenlenkers. Im regelmäßigen Lauf der Gestirne erkennt der Mensch die große, harmonische Schöpfungsordnung Gottes, und der achtzackige Stern im besonderen ist ein Symbol der Urbegegnung des Menschen mit Gott. Wenn über der Frau, dem Menschen, der Wasser zu Erde und Wasser zu Wasser gießt, ein großer, goldner, achtzackiger Stern steht, umsäumt von silbernen, ebenfalls achtzackigen Sternen, dann kann dies nur ein Zeichen dafür sein, daß in all dem, was uns Bild XVII gelehrt hat und erkennen läßt, die Möglichkeit liegt, Gott in seiner Ursprünglichkeit zu begegnen und zu erfahren.

XVIII Der Mond

(THE MOON)

Dieses Bild ist das zweite innerhalb der großen Arkana im Tarot, das keine menschliche Gestalt aufweist. Es hebt sich auch sonst irgendwie von den andern Bildern ab. Um in seine Tiefe einzutauchen, ist es hier besonders wichtig, daß du es lange Zeit auf dich einwirken läßt, ohne zu versuchen, seinen Gehalt intellektuell zu verstehen. Lege also das Bild vor dich hin, betrachte es lange Zeit und beobachte wieder, welche Gefühle und Empfindungen sich in dir regen. Wenn du dir Zeit genug läßt, wirst du vielleicht feststellen, daß sie von ganz besonderer Art sind, denen du bisher noch nicht begegnet bist. Du könntest sogar an einen Punkt kommen, wo es dir schwer fällt, dich wiederum von diesem Bilde zu lösen. Sollte dies eintreten, dann ist es Zeit, sich von den Gefühlen weg den Gedanken zuzuwenden und die einzelnen Elemente des Bildes von ihrer Bedeutung her zu erfassen.

Warum das Bild den Namen »Der Mond« trägt, ist offensichtlich, denn er beherrscht in seiner Erscheinung das ganze Bild. Da ist nicht nur das schlafende, menschliche Gesicht des Mondes, sondern er ist eingebettet in die Form einer Sonne und bildet eine Einheit mit ihr. Wir sind gewohnt, im täglichen Sprachgebrauch zwischen Mond und Sonne einen Zusammenhang zu sehen. Die Sonne erleuchtet den Tag, das Licht des Mondes erhellt die Nacht. Und doch unterscheiden sich diese beiden Gestirne wesentlich voneinander. Die Sonne strahlt mit ihrem direkten Licht. Alle Wärme und Erleuchtung kommt von ihr selbst. Ganz anders beim Mond. Der Schein des Mondes ist indirekt. Er selbst verfügt über keine eigene Lichtquelle, sondern das, was wir Mondlicht nennen, ist nur eine Widerspiegelung des Sonnenlichtes. Dies ist für das Begreifen von Bild XVIII von großer Bedeutung, und in der Zeichnung wird ja auch darauf hingewiesen, indem Sonne und Mond eine Einheit bilden.

Über den Mond haben wir auf unserem Weg durch die großen Arkana des Tarot bereits viel erfahren. Er ist uns kein Unbekannter mehr, und es ist gut, wenn du dir in diesem Moment noch einmal alles vor Augen führst, was Mond bedeutet, und auch, was der Mond für dich persönlich symbolisiert und beinhaltet.

Hier in Bild XVIII tritt nun noch ein weiterer Aspekt hinzu: der Mond als Symbol der Widerspiegelung, der Reflexion. Damit kommen wir in einen Bereich, in dem das Direkte seine Faßbarkeit verliert und wir gewisse Tatsachen und Realitäten nur noch durch ihr Spiegelbild kennenlernen können. Wenn du intensiv erleben und erfahren willst, was damit gemeint sein kann, dann gehe einmal in einer klaren Vollmondnacht in eine Landschaft, die du kennt, wenn sie im strahlenden Sonnenlicht daliegt. Du wirst merken, wie durch den Glanz des Mondes alles eine Veränderung, eine Verwandlung erfahren hat. Du siehst alles, was dir bisher bestens vertraut und bekannt gewesen ist, in einem buchstäblich neuen und anderen Licht. Du wirst den

Mond als den großen Verzauberer und Verwandler gewahr, der dir durch sein Leuchten Dinge zeigt, die dir im direkten Tageslicht verborgen geblieben sind. Ja, es kann sein, daß du vielleicht erst jetzt ihr eigentliches Wesen zu erkennen glaubst. Alles erhält im Mondschein ein verändertes Aussehen; es zeigt seine andere, eben die Nachtseite. Daraus können wir ableiten, daß Bild XVIII auch die andere Seite des Menschen meint, die wir ebenso seine Nachtseite nennen könnten. Eine Seite also, die schwer zu betrachten und zu erfassen ist, die du jedoch so gut wie möglich kennen solltest, wenn du den Anspruch erheben willst, ganz Mensch zu sein.
Aber beginnen wir nun Struktur und Elemente von Bild XVIII genau anzuschauen und ihren Zusammenhang zu untersuchen. Am unteren Bildrand befindet sich Wasser. Ein Krebs ist eben im Begriff, vom Wasser ans Land zu steigen. Oder ist er daran, vom Ufer ins Wasser zurückzusinken? Ein Pfad schlängelt sich nach hinten in die gebirgige Landschaft. Er führt zwischen zwei hundeähnlichen, heulenden Tieren, dann zwischen zwei Türmen hindurch, und verliert sich am Horizont in einer Bergkette. Über all dem lastet groß und ernst das Bild des Mondes, von dem Tropfen, in der wohlbekannten Form des hebräischen Buchstabens Jod, herunterregnen. Wasser und Mond haben einen Zusammenhang, das weißt du vom Bild der Hohepriesterin her, die ja den Kopfschmuck der Isis als Darstellung der vier Mondphasen trägt und deren Gewänder das Aussehen von fließendem Wasser haben. In Bild III, der Herrscherin, begegnet dir das Wasser als Fluß. Du findest es auch auf Bild XIV und XVII wieder als Sinnbild der elementaren, weiblichen Kraft der Seele. Seine magische Waffe ist der Kelch, der alles in sich birgt und in dem wir unschwer ein Symbol der Geborgenheit des Mutterleibes, des Uterus erblicken können. Ich glaube, wir dürfen ruhig annehmen, daß das Wasser auf Bild XVIII ein tiefes Wasser ist, auf dessen Grund Dinge liegen, die uns verborgen und nicht zugänglich sind. Eine der Kreaturen, die in der Tiefe dieses Wassers zu Hause sind, ist der Krebs, der sich hier am Rande des Ufers befindet und bei dem wir nicht erwägen können, ob er das Ufer erklimmen oder in die Tiefe

zurückgleiten will. Das Symbol des Krebses steht nicht nur in der eher oberflächlichen, astrologischen Zuordnung, sondern in einem viel tieferen Sinne in sehr enger Verbindung mit dem Mond. Wenn du die Gestalt des Krebses genau beobachtest, dann findest du sofort den Bezug seiner sichelförmigen Schere zu den Mondphasen. Ja, mit einiger Phantasie kannst du in Schere und Kopf des Krebses auch die Ähnlichkeit mit dem Kopfschmuck der Isis feststellen.

Ferner ist der Krebs ein Tier, das sich sowohl vorwärts als auch rückwärts bewegen kann, so daß er damit zum Symbol der wechselnden Phasen des zunehmenden und abnehmenden Mondes wird. Die vier Beine, die der Krebs auf jeder Seite hat, könnten auch eine Andeutung der vier Mondphasen sein. Zusammen ergeben sie die Zahl acht, die Zahl der Ursprünglichkeit, des Uranfangs, des unendlichen Ablaufs der Zeit, ein vielleicht verfremdeter Ausdruck der Lemniskate. Der Krebs auf Bild XVIII ist uns also ein Zeichen dafür, daß wir uns zum Urbeginn zurückbegeben müssen. Mit diesem Urbeginn ist nicht nur dessen religiöse, philosophische Bedeutung gemeint, sondern auch seine ganz materielle, biologische. Wir müssen dorthin zurück, wo die Erscheinung von Leben in unserer Welt überhaupt ihren Anfang nahm. Der Krebs vertritt als Tiergattung eine der ersten Formen des Lebens. Er hat seinen ursprünglichen Ort im Wasser, von wo aus auch alles andere Leben hervorging. Im Gegensatz zu den meisten höher entwickelten Lebewesen trägt er noch, anstelle des stützenden Skelettes, eine Schale nach außen hin. Wir erkennen demnach im Krebs ein Symbol, das das Embryonale mit all seinen Aspekten in sich vereinigt. Dieser Krebs, der den Ursprung, vor allem den biologischen, darstellt, hängt nun an der Uferkante, um entweder, den Möglichkeiten seines Ganges gemäß, den Pfad in die Tiefe des Bildes zu begehen oder sich wieder in die dunkle Geborgenheit der Wassertiefe sinken zu lassen.

Das erste, das dem Krebs begegnet, wenn er den Pfad in die Tiefe des Bildes wählt, sind die beiden hundeähnlichen Tiere beiderseits seines Weges. A. E. Waite hat leider in diesem Bild nicht mit so wünschbarer Deutlichkeit ausgedrückt, was eigentlich mit diesen beiden Tiergestalten gemeint ist. Indessen wissen wir von andern Tarotfassungen her, daß es sich links um einen Hund und rechts um einen Wolf handeln soll. Hund und Wolf gehören zusammen. Der Wolf verkörpert die ursprünglichen, animalischen Kräfte, die nur vom rein Triebhaften beeinflußt sind; er ist gleichzeitig der Ahnherr des Hundes. In generationenlanger Arbeit hat der Mensch den Wolf zum Hund, zu seinem Freund und Begleiter herangezogen, läßt ihn als Haustier an seinem Leben teilhaben, hat ihn im wahrsten Sinne des Wortes domestiziert und in seine menschliche Umwelt integriert. Jeder Mensch birgt in sich selbst alle Qualitäten eines Wolfes. Dies sagt nicht nur ein Sprichwort, sondern wir können es im täglichen Lebenskampf beobachten und erleben.

Aber menschliches Leben und damit menschliche Kultur können nur dann entstehen, wenn der Wolf gebändigt wird, wenn seine ursprünglichen, animalischen Triebkräfte von den ungehemmten und unkontrollierten Trieben und Instinkten des Unbewußten losgelöst und dem bewußten, menschlichen Willen unterstellt und so nutzbar gemacht werden. Daß der Pfad zwischen diesen beiden Formen animalischen Lebens hindurchführt, zeigt, daß der Mensch hier eine wichtige Entscheidung zu fällen hat und daß diese Entscheidung eng mit seiner Nacht- und Schattenseite verbunden ist. Soll sich der Mensch ganz seiner animalischen, triebhaften Wolfseite zuwenden und sie hemmungslos ausleben oder soll er die Kräfte, die ihm von diesem Teil her zur Verfügung stehen, aufnehmen, sie zügeln und sie zur Verwirklichung der Ziele einsetzen, die ihm als Menschen gegeben sind? Durch letzteres würde aus dem Wolf ein Hund als die beherrschte, gelenkte Wolfskraft, die dem Menschen zu seinem Freund und Gefährten wird. Somit verkörpert der Hund dasjenige, das durch dieses Bild XVIII dem Menschen als erste Aufgabe gestellt ist, sobald er den Zustand des Embryonalen verlassen hat, nämlich den Urtrieben und Urinstinkten des Unbewußten weder zu verfallen noch sie zu ignorieren und vor ihnen davonzulaufen, sondern diese starken Kräfte buchstäblich zu domestizieren, gerichtet und gemäßigt sich dienlich zu machen. Dies ist eine Aufgabe, der sich der

Mensch immer wieder unterziehen muß und die nie zur Vollendung kommt. Beachten wir aber auch hier, daß der Pfad inmitten der beiden Tiere verläuft, so daß auch Hund und Wolf, auf ihre Weise, Endpunkte einer Polaritätsachse sind.

Das Wölfische in seiner ungebändigsten, rein nur von Trieb und Instinkt geleiteten Art haben wir nun kennengelernt, aber es gibt auch das Hündische, das zur negativ degenerierenden und pervertierten Form der domestizierten Wolfskraft werden kann. Es tritt überall dort in Erscheinung, wo die ursprüngliche, naturhafte Trieb- und Instinktwelt des Menschen verdrängt und verschüttet worden ist, wo der Mensch sich nicht mehr frei und ehrlich zu seinen Trieben und Bedürfnissen bekennen darf, sondern darauf angewiesen ist, ihnen im Verborgenen, Versteckten, eben in der Nacht- und Schattenseite nachzuleben. Auch hier gilt es also einmal mehr, den Pfad in der Mitte zu finden und zu betreten.

Aber mit der Bewältigung der Polarität zwischen dem Wölfischen und dem Hündischen ist die Botschaft, die uns die beiden Tiere zu sagen haben, noch längst nicht erschöpft. Beide heulen den Mond an. In der Mythologie ist ein den Mond anheulender Hund Symbol der Göttin Hekate. Die Hekate ist eine seltsame Göttin, die uns durch die Bilderwelt der griechischen Mythologie überliefert ist. Auch wenn wir sie vor allem von daher kennen, so mag ihr Ursprung doch noch viel, viel weiter zurückliegen. Das Wort Hexe ist wahrscheinlich auch von ihrem Namen abgeleitet oder hat mit ihm einen gemeinsamen Ursprung. Hekate regiert über alles, was in der dunklen Schattenwelt enthalten ist und daraus emporsteigt. Sie ist die Göttin alles Vergrabenen, der Gräber überhaupt. Das hat auch für die menschliche Seele seine Bedeutung. Es gibt so vieles, das der Mensch nicht wahrhaben will. Er vergräbt und verbannt es in sein Nacht- und Schattendasein. Alles, was der Mensch an sich selbst nicht akzeptieren will, opfert er der Hekate, und damit wird Hekate auch die große Göttin der Verdrängung. Das allgemein bekannte exoterische Gesicht der Hekate ist das der Herrscherin über alles Dunkle und Verdrängte. Sie ist die Königin des Reiches der Schatten, aus dem die Gespenster und

Nachtmahre sich erheben und die den Menschen zu keiner Zeit in Ruhe lassen, auch wenn er sie noch so weit von sich gewiesen glaubt.

Diese Seite der Hekate ist ihre unheilvolle und gefürchtete, aber es gibt noch eine andere, esoterische Seite von ihr. Auf alten Abbildungen und Standbildern wird sie oft dreiköpfig dargestellt, und dies ist ein Hinweis darauf, daß sich Hekate auf drei verschiedenen Ebenen, als drei verschiedene Gestalten und unter drei Namen manifestieren kann. Sie wohnt im Himmel, auf der Erde und in der Tiefe des Urmeeres gleichzeitig. Im Himmel bei den Göttern trägt sie den Namen Selene und ist die sanfte, liebevolle Göttin des Mondes. In ihr wird alle Sanftmut und Annehmlichkeit des Weiblichen vereint. Selene ist Vorbild des Weiblichen, das erlebt und erfreut. Sie repräsentiert das der Frau, was jedermann zu besitzen und zu genießen wünscht, und manche Frau glaubt auch, daß sie imstande sei, all das ausschließlich zu verkörpern und zu geben. Selene ist die Spenderin des göttlichen Nektars, der die Götter stärkt.

Auf der Erde trägt Hekate den Namen Diana. Diana ist die Göttin der Jagd. Mit scharfen Pfeilen bewaffnet, umgeben von einer Meute von Hunden, durchstreift sie die Wälder und Felder. Sie steht auf vertrautem Fuß mit dem Menschen, doch ihre Eigenschaft hat sich, verglichen mit Selene, verändert. Diana ist unberechenbar, aus ihren Händen kann dem Menschen sowohl Gutes als auch Böses zukommen, und kein Gesetz und keine Regel gibt an, wann das eine oder das andere der Fall sein wird. Wer sich mit Diana einläßt, muß auf beides gefaßt sein.

Hekate ist der Name, den die Göttin in der Unterwelt trägt. Hekate ist in nächster Nähe, ja vielleicht sogar identisch mit der alles verschlingenden, zerstörenden Urmutter. Wer in ihre Gewalt gerät, bleibt ihr verfallen und droht in ewiger Versteinerung zu erstarren. Warum dies so ist, darüber mach dir jetzt noch keine großen Gedanken. Wir werden, sobald wir uns näher mit dem Baum des Lebens beschäftigen, den Grund dafür kennenlernen. Ein Grund übrigens, der nicht mit der negativen Beurteilung des Weiblichen überhaupt einhergeht und der auch nicht von der Diskriminierung der Frau in gewissen menschlichen Gesellschaften herrührt. Wichtig ist jetzt nur, daß du dich mit den drei Gesichtern der Hekate vertraut machst.

Die dreiköpfige Hekate reicht in viele Dimensionen hinein. Zunächst zeigen sich in ihr ganz real die drei menschlichen Eigenheiten des Weiblichen. Die Selene unserer Tage thront nicht mehr auf dem Olymp bei den Göttern, sondern herrscht als Illusion des Weiblichen in der Welt des Films und der Bildschirme. Sie ist als die Frau schlechthin im Spektrum der Regenbogenpresse zu finden, sie ist die Seite der Frau, die uns die Werbeindustrie als typisch weiblich vorhält und zur Nachahmung empfiehlt. Achte darauf, und du wirst Selene in tausenderlei Gestalt im Spiegel der Illusionen unseres Alltags wiederfinden.

Hekate, die finstere Göttin aus der Unterwelt, ist nicht so leicht zu sehen. Ihrem dämonischen Unwesen begegnet man vor allem in den Sprechzimmern der Psychotherapeuten und Psychiater, wo Menschen, die es nicht geschafft haben, sich vom Urbild und Urerlebnis des Mütterlichen zu lösen, verzweifelt mit ihr kämpfen, gleich dem Krebs auf dem Uferbord, um nicht in die Tiefe des Wassers zurückzufallen und damit jeder eigenen und individuellen Lebensäußerung verlustigt zu gehen.

Zwischen Selene und Hekate hindurch führt der Weg des Mannes, wie Odysseus das Schiff zwischen Szylla und Charybdis hindurch navigierte. Der Mann muß das Weibliche, die Frau, weder im Himmel noch in der Unterwelt suchen, sondern auf der Erde in der Gestalt der Göttin Diana finden und akzeptieren lernen, der Göttin, aus deren Händen Gutes und Böses kommt. Der Mann, der Diana gefunden und akzeptiert, ja sogar lieben gelernt hat, der ist wahrhaft befreit. Er steht auf dem Boden irdischer, materieller Realität, und weder Selene noch Hekate können ihm zur Gefahr werden.

Aber auch die Frau wird ständig mit den drei Erscheinungsformen der Hekate konfrontiert. Für ihre Verwirklichung als Frau muß sie wählen, welches der drei Gesichter sie der Welt zeigen will. Als Frau kann sie den Weg Selenes gehen, sich in der glitzernden, widerspiegelnden, illusionären Welt des Traumes und der Wünsche bewegen und sich dort anzusiedeln suchen. Sie wird zu ständigem Lächeln gezwungen sein und ewig auf der Hut sein müssen, damit ihre andere Seite nicht entblößt und ihr Gesicht nicht von den Zügen Hekates durchdrungen wird. Sie wird sich gefallen lassen müssen, daß dieser Traum als Realität gilt und nur die eine Seite, eben Selene, an ihr wahrgenommen wird. Aber es gibt auch Frauen, die bewußt den Standort Hekates wählen, weil er Macht, unbegrenzte Macht bedeutet. Ja, nicht selten sogar Macht über Leben und Tod der Töchter, Söhne und Männer. Wenn eine Frau sich aber für Diana entscheidet, dann erreicht sie die Verwirklichung ihres Menschseins auf der irdisch materiellen Ebene am ehesten. Sie läßt sich damit weder in den Himmel heben noch in die Unterwelt verstoßen, sondern hat alle Möglichkeiten, Mensch in seiner weiblichen Polarität zu sein. Sie wird weder vergöttert noch verteufelt, sondern als Frau anerkannt, ja vielleicht sogar geliebt, als Frau, aus deren Händen sowohl das Gute wie das Böse aufbrechen kann.

Wenn du jetzt genau hinsiehst, dann erkennst du diese drei Ebenen der Hekate in unserem Bild XVIII sehr genau wieder. Oben am Himmel steht der Mond Selenes, unten ruht das Urmeer, das die schreckliche Hekate verbirgt, und in der Mitte erstreckt sich die Erde, die Wohnstatt der Diana. Zwischen diesen drei Ebenen gibt dir das XVIII. Tarotbild die Wahl für deinen Weg. Aber mit dieser vorerst nur rein auf den Menschen bezogenen Betrachtungsweise ist die Welt der dreiköpfigen Hekate nur zu einem Teil erfaßt. Du bist ihrer Herrschaft auch im Nebeneinander und Miteinander verschiedener Realitäten unterstellt.

Hast du dir schon einmal überlegt, was mit dem Wort Realität gemeint ist? Gewöhnlich brauchen wir das Wort nur im Rahmen unseres Tagesbewußtseins. Was wir am Tage, im Licht der Sonne erfahren, erleben, vollbringen, das ist für uns Realität. Realität ist, was wir im buchstäblichen Sinne begreifen können. Diese Realität aber ist nicht die einzige. Wenn du nachts im Schlafe träumst, ist dir dann klar, daß du träumst? Der Augenblick des Traumes weit ab vom Tagesbewußtsein ist für dich nicht weniger Realität, denn du erlebst ihn ja. Daß du geträumt hast, weißt du erst beim Aufwachen, zu dem Zeitpunkt, wo du wieder in die andere Realität hinüberwechselst. Daran solltest du erkennen, daß es verschiedene Realitäten gibt, die miteinander existieren, wenn sie es auch nebeneinander tun, und daß es möglich ist, von der einen in die andere hinüberzugehen, wie dir das Erlebnis von Traum und Tagesbewußtsein beweist.

Wenn du dich schon vermehrt mit dem Gedankengut der Esoterik beschäftigt hast, dann bist du sicher schon auf den Begriff des Astralen oder der Astralwelt gestoßen. Was astral oder die Astralwelt bedeutet, darüber gehen die Anschauungen und Erklärungen weit auseinander. Ich kenne nicht zwei Esoteriker, die darüber die gleiche Meinung vertreten. So nimm auch das folgende, das ich zu diesem Thema sagen werde, als meine persönliche Meinung, ohne Anspruch auf Lehre und Dogma. In der Astralwelt sehe ich eine Realität, die nicht von den Gesetzen der Welt der Materie geprägt ist oder, genauer ausgedrückt, in der sich die Materie soweit verflüchtigt und verdünnt hat, daß sie mit den uns zur Verfügung stehenden Mitteln, vor allem den menschlichen Sinnen, nicht mehr ohne weiteres wahrgenommen werden kann. Traum, Imagination, Vorstellungskraft, sie alle gehören in den Bereich der Astralwelt oder, wie ich lieber sagen möchte, der Astralebene, weil in dem Wort Ebene das Einanderdurchdringen des Materiellen und Astralen besser zum Ausdruck kommt.

Symbole und Elemente des Astralen können der Schatten und jede Spiegelung sein, also Reflektion. Der Schatten kann das Ausmaß der Dinge verzerren, sie vergrößern oder verkleinern. Der Spiegel zeigt uns die Dinge seitenverkehrt oder läßt uns, bei entsprechender Lichtführung, ihre andere Seite ersehen. Darum ist Bild XVIII, das vom Licht des Mondes, vom Spiegellicht der Sonne allein erhellt ist, auch eine Darstellung der Astralebene. Der Umgang mit der Astralebene, der Wechsel von der einen Realität in die andere, und vor allem das Zurückkehren zu der dem Menschen von Natur aus gegebenen Ebene, gehört zum wichtigsten auf dem Gebiete der Esoterik. Aber so tief dich auch die Erfahrung der Astralebene in das Wesen der Dinge hineinblicken läßt, sie ist nicht ungefährlich und bedarf ganz besonderer Vorsicht. Es sind verschiedene Techniken zur Erkundung der Astralwelt entwickelt worden, aber ich erachte es im jetzigen Moment für dich zu früh, sie kennenzulernen. Wenn du auf dem begonnenen Wege weiterschreitest, dann wirst du eines Tages reif genug dafür sein, und die Tür zu dieser Welt wird dir von irgendeiner Seite her, auf irgendeine Weise geöffnet werden, sobald es an der Zeit ist.

Hier wollen wir uns damit begnügen, anhand des Bildes XVIII auf die Gefahren hinzuweisen, die im Bereich des Astralen auf uns lauern und auf die uns auch wieder die Gestalt der dreiköpfigen Hekate aufmerksam macht.

Für den Menschen, dem die Realität der Materie als natürlicher Ort seiner Existenz gegeben ist, kann der Weg in die Astralebene zur bequemen Flucht vor den Anforderungen seines Daseins werden. Das ist der Mensch, der sich in Tagträumen und Spekulationen verliert, statt das Werk zu verrichten, das ihm in der Realität der Materie zu tun aufgegeben ist. Ein solcher Mensch jagt der Illusion von Selene nach. Dann gibt es die andere Möglichkeit, das tiefe Hinabdringen in das Reich des Astralen, gleich dem Untertauchen ins Urmeer, wie es etwa mit Hilfe von Drogen geschieht, sowohl der chemischen als auch der meditativen. Hier kann nun die Gefahr drohen, in zu große Nähe der alles verschlingenden Hekate zu geraten und den Rückweg nicht mehr zu finden. Einem solchen Menschen geht die Beziehung zur uns gängigen Realität verloren, und es besteht die Möglichkeit, daß er sein weiteres Leben in der Obhut einer psychiatrischen Klinik verbringen muß. Denk immer daran, daß ein anderer, esoterischer Titel von Bild XVIII »Das Chaos« heißt. Aber auch auf der Ebene des Astralen gibt es einen mittleren Pfad. Dazu gehört der nächtliche Traum, wenn wir lernen, seine Sprache zu verstehen und die Botschaft seiner Bilder auf unser Leben nutzbringend zu übertragen. Auch das Hineingehen in die eigene Tiefe, das Erforschen und Kennenlernen des Ortes, wo sich in dir selbst die beiden Ebenen durchdringen, gehört, wenn es mit Hilfe und Anleitung eines erfahrenen Analytikers oder Psychotherapeuten geschieht, zum mittleren Pfad.

Gewaltig stehen die beiden Türme in der Landschaft. Sie sind ein mahnendes Beispiel dafür, daß auch im Astralen die Polarität nicht aufgehoben ist, sondern für den Unerfahrenen auf eine ganz ungewohnte und vielleicht sogar erschreckende Weise in Erscheinung treten kann. Beachte auch die Warnung der fünfzehn fallenden Tropfen in der Form des hebräischen Buchstabens Jod: Sie weisen darauf hin, daß Bild XV nicht weit entfernt ist. Wenn du die Strahlen zählst, die sich als Kranz rings um den Mond herumziehen, dann zählst du sechzehn lange und sechzehn kurze. Sie heben die Botschaft der großen Höhe und des tiefen Falls von Bild XVI hervor.

Vielleicht bis du jetzt zur Ansicht gelangt, daß Bild XVIII vorwiegend Negatives und Schlechtes aussagt. Dem ist nicht so, es zeigt einfach nur die andere Seite, die andere Seite der Dinge, der Menschen, die andere Seite von dir selbst. Wenn du dich ganz kennenlernen und deinen Entwicklungsweg wirklich konsequent weitergehen willst, dann wirst du nicht darum herumkommen, eben auch diese andere Seite anzuschauen und dich mit ihr auseinanderzusetzen, denn der Pfad des Mondes bringt dich letztlich zum Licht der Sonne.

Betrachte zum Schluß noch die Steine, die rechts am Ufer des Wassers liegen. Es sind vier helle und drei dunkle: die dunkle Dreiheit, die zur hellen Vierheit wird. Du kennst das Symbol von Bild XIV, der »Mischung« her, wo der Engel es auf seiner Brust trägt. Daß es hier in dieser verkappten Form erscheint, ist nicht ohne Bedeutung und soll dir einen ermutigenden Denkanstoß geben über Ziel und Zweck des Weges, den du gehen wirst, wenn du ihn auf Bild XVIII beschreitest.

XIX Die Sonne

(THE SUN)

Das nächste Bild, das wir nun miteinander betrachten werden, ist der umfassenden Darstellung der Sonne gewidmet. »Natürlich«, wirst du sagen, denn längst hast du erkannt, daß die Bilder XVII, XVIII und XIX eine zusammengehörende Gruppe bilden. Daß diese Zusammengehörigkeit nicht nur für die äußeren Bildmotive gilt, sondern auch für ihre tieferen Aussagen, das werden wir später noch erläutern. Zunächst aber wollen wir das Bild der Sonne für sich betrachten und auf uns einwirken lassen. Schalte erst einmal, wie gewohnt, jedes Denken möglichst aus und lasse dich ganz von deinen Gefühlen und Empfindungen leiten. Wenn du willst, kannst du neben das Bild der Sonne noch einmal Bild XVIII legen, damit du den polaren Gegensatz zwischen diesen beiden Bildern noch stärker verspürst und dadurch auch Bild XIX gefühlsmäßig besser erfassen kannst.

Als erstes fällt uns auf, daß auch Bild XIX, ähnlich wie Bild XVIII, in drei Schichten oder Ebenen aufgebaut ist. Wiederum haben wir oben am Himmel mächtig und groß die Sonne, die dem Bild ihren Namen gegeben hat. Die Mitte des Bildes wird von einer steinernen Mauer geprägt, hinter der Sonnenblumen hervorwachsen. Im Vordergrund steht ein weißes Pferd, auf dem ein nacktes Kind mit einer roten Standarte in der Hand reitet.

Sonne wie Mond gehören zu den wichtigsten und ausdrucksreichsten Symbolen der Menschheit. Als Lichtquelle des Tages, beziehungsweise der Nacht, entsteht durch sie eine Polaritätsachse. Wie wir wissen, hat die Menschheit diese beiden Pole seit jeher als Gegensatz von männlich und weiblich gesehen, obwohl, wie wir gerade bei Bild XVIII gesehen haben, ihre Bedeutung damit längst nicht völlig umschrieben ist. Aber gehen wir nun vom Gegensatzpaar männlich – weiblich aus.

Wie fast immer bei Symbolen beruht ihre Zuordnung auch hier auf einer genauen Beobachtung des Naturgeschehens. Die Sonne ist Spenderin des Lichtes, das vom Mond empfangen, in eine neue Lichtform umgewandelt und so erneut abgestrahlt wird. Darin zeigt sich eine direkte Analogie zu Zeugung, Empfängnis und Geburt. Näher auf diese Zusammenhänge werden wir wiederum dann eingehen, wenn wir im zweiten Band den Baum des Lebens schildern werden. Der Kern der Sonne ist von zweierlei Strahlen umgeben, von geraden und wellenförmigen. Beide geben Auskunft darüber, welcher Art das Licht beziehungsweise die Energie ist, die die Sonne aussendet. Die geraden Strahlen deuten Richtung an, das heißt gerichtete Energie, ausströmend von einem zentralen Punkt aus. Aber gleichzeitig ist diese Energie nicht nur Richtung, sondern auch Vibration, Schwingung. Dies deuten die gewellten Strahlen an. Ins Große, Kosmische übersetzt, könnte dies heißen: Alles, was ist, kommt als Energie von einem Zentrum her und strahlt und dehnt sich in einer Richtung nach allen Seiten hin aus. Aber es ist auch Schwingung, so daß die Energie oder dieses Totale, das vom Zentrum ausgeht, zu jeder Zeit in einer Rückbeziehung zu diesem Zentrum steht. Ich weiß, dies ist vielleicht nicht ganz einfach zu begreifen, aber nimm dir Zeit und meditiere darüber, und wenn du genug Geduld aufbringst, dann wirst du auf den tieferen Sinn des Gesetzes der Polarität stoßen.

Für uns ist Sonne identisch mit Leben schlechthin, denn gäbe es keine Sonne, wäre auf unserer Erde auch kein Leben möglich. Es ist daher absolut verständlich, daß die Sonne in den Religionen und Kulturen der Völker schon immer eine sehr bedeutende Stellung eingenommen hat. Aber wie alles ist auch die Sonne dem Gesetz der Polarität unterworfen. Ihr Licht und ihre Wärme sind der Quell allen Lebens. Aber wenn ihre Energie zu stark wird, erwärmt und belebt sie nicht mehr, sondern verbrennt und zerstört. Wird aus der Wärme ihrer Strahlung Hitze, kann das Leben zugrunde gehen, wie die Wüste beweist. Wieder einmal mehr gilt es, die Mitte zu finden, die richtige Begrenzung. Zu wenig Sonne wie zu viel Sonne kann jeweils Tod und Vernichtung herbeiführen. Nur wo die richtige Distanz eingehalten und die Grenze erkannt wird, kann Leben in seiner mannigfaltigen Pracht blühen und gedeihen. Die genaue Analogie dazu wiederfährt ebenso der männlichen Erscheinungsform des menschlichen Lebens. Der Mann ist dem belebenden Element Feuer zugeordnet und nach dem Gesetz »Wie oben, so unten« ist auch dem Manne die Möglichkeit gegeben, dieses Feuer in der richtigen und falschen Weise zu gebrauchen. Mit seinem dynamischen Feuer kann er Leben erzeugen und lebendig erhalten, aber läßt er jede Hemmung fallen, dann wird rings um ihn her durch sein Feuer bald nichts als ausgedörrte, tote Wüste sein. Der Mann tut gut daran, sich stets an diese Gesetze zu halten und zu erinnern, daß ihm darin ein Gleiches oder Analoges mitgeteilt wird, wie der Frau im Bild der Hekate.

In der Mitte des Bildes bemerken wir eine Mauer aus wohlzusammengesetzten Steinen. Jede Mauer dient dem Schutz und der Abgrenzung. Das kann im vorliegenden Fall nichts anderes heißen, als daß diese Mauer gebaut worden ist, damit immer die richtige Entfernung zum Licht und zur Energie der Sonne wahrgenommen werden kann. Dort, wo die Mauer steht, spendet die Sonne am meisten von ihrer lebensfördernden Kraft. Gleichzeitig ist der Mensch davor geschützt, weiterzugehen in den Bereich, wo ihre Strahleneinwirkung töten könnte. Damit wird die Mauer zum Symbol des Lebensraumes des Menschen überhaupt, dessen er gewahr werden muß. Der Mensch muß sich über seine Grenzen klarer werden, die ja nicht nur Einschränkung bedeuten, sondern ihm auch den Ort anweisen, an dem er seine Möglichkeiten am besten und am fruchtbringendsten entfalten kann. Wir sollten sogar die Überlegung anstellen, ob wir in den Steinen, aus denen die Mauer zusammengefügt ist, nicht die gleichen Bausteine vor uns haben, mit denen der Mensch in Bild XVI in seinem Übermut versucht hat, den Turm zu bauen, um damit über die ihm gesetzten Grenzen hinauszustoßen. Welch ein Unterschied ist doch zwischen jenem Turm und dieser Mauer! Die Mauer zeigt, daß der Mensch einen Lernprozeß durchgemacht hat, daß er seinen Standort gefunden, erkannt und die Mauer errichtet hat als Zeichen, daß er seine Umgrenzung nicht aus Resignation, sondern eben aus Einsicht und Erkenntnis akzeptiert, daß ihm gerade darin sein größtmögliches Wachstum gewährleistet ist und daß er innerhalb der Mauer gerade das erhalten kann, das er mit der Erklimmung des Turmes vergeblich zu erreichen versucht hat.

Damit aber ist der Mensch sich selbst bewußt geworden. Bewußtsein oder Bewußtheit ist die andere große Bedeutung, die dem Symbol der Sonne zugeschrieben wird, wie ja der Mond über den andern Teil, das Unbewußte, regiert. Indem der Mensch zur Bewußtheit vordringt, wird er auch Persönlichkeit.

Das »Ich bin«, das ihn durch die beiden Türme der Transformation auf Bild XIII hindurch begleitet hat, wird ihm hier in Bild XIX neu geschenkt. Damit siehst du auch ein, daß das weiße Pferd nicht einfach zufällig auf diesem Bild da ist, sondern daß Bild XIX offenbar in sehr enger Verbindung zu Bild XIII steht, denn auch jener Weg der Transformation auf Bild XIII hat letztlich auf die Sonne zugeführt. Vielleicht bewahrheitet sich dir jetzt eine Ahnung, daß alle die Bilder, die Stationen, die wir seit XIII miteinander ergründet haben, nicht einfach gesondert gültig sind, sondern daß diese so verschiedenartigen und manchmal seltsamen Bilder in einem tiefen und geheimnisvollen Zusammenhang stehen, der erst nach und nach deutlicher und sichtbarer zutage tritt. In Bild XIII haben wir das weiße Pferd kennengelernt als Träger und Symbol der Elemente, die dem Menschen in ihrer Kraft sowohl freundlich als auch feindlich gesinnt sein können. Das gleiche verkörpert es auch hier, und es ruft uns stets von neuem die sowohl lebenspendende als auch lebenvertilgende Macht der Sonne ins Gedächtnis. Der Mensch nun, der gleich dem Kind auf dem weißen Pferd reitet und dazu weder Sattel noch Zaumzeug braucht, ist sich der Ambivalenz der elementaren Kräfte in ihm und außerhalb seiner selbst bewußt geworden. Ohne äußere Hilfsmittel, nur in engem Hautkontakt, vermag er das Tier ganz nach seinem Willen zu lenken. Dies ist wahrhaft die höchste Form des Bewußtseins, die dem Menschen zugänglich ist und zuteil werden kann. Denn dadurch erlebt der Mensch das weiße Pferd auch in einer anderen Symbolik, nämlich als das sonnenhafte Tier und Himmelstier, das das Reittier der Götter ist. Dieses Pferd ist also ein Sinnbild der durch die Vernunft, eben durch die hermetischen Gesetze, gebändigten Kraft. Wer das weiße Pferd reitet, verbindet sich mit dem Symbol für Jugend, Kraft, Sexualität und hat am hellen und dunklen Stück all dessen teil, das vom weißen Pferd dargestellt wird.

Auf unserem Bild reitet ein Kind auf dem weißen Pferd. Das Kind ist immer ein Symbol der Erneuerung, der Neugeburt. Auf einem Pferde reitend, erfährt das Symbol des Kindes noch eine Erweiterung, denn dem Menschen, der das Sonnenhafte in der rechten Weise in sein Leben integriert hat, werden dann alle diese durch das Pferd verkörperten Kräfte neu verliehen. Deshalb wird das Kind zum Symbol der Neuwerdung überhaupt. Auf seinem Kopf trägt es einen Kranz von sechs Blüten. Wir dürfen vermuten, daß sich auf der hinteren Seite seines Hauptes noch einmal sechs befinden. Dann hätten wir auch hier das Symbol des Tierkreises, und der Blütenkranz wäre somit ein Zeichen dafür, daß auch der neugewordene Mensch wieder alle zwölf Seelenkräfte neu erhalten hat und daß überdies diese Neuwerdung ein Gesetz ist, das im ganzen Kosmos seine Geltung hat.

Das Motiv des Kindes, sitzend auf einem weißen Pferd, ist

A. E. Waites Deutung dieses Bildes und weicht stark von anderen Fassungen von Bild XIV ab. Auf den anderen Darstellungen sind meistens zwei Kinder zu sehen, die einander an den Händen halten oder sonst miteinander in Beziehung stehen. Dafür fehlt das weiße Pferd. Die Darstellung zweier Kinder ist sicher eine Anspielung auf das Gesetz der Polarität, aber die Polarität aus einer ganz besonderen Sicht. Ein Merkmal des bewußtlebenden Menschen ist seine Fähigkeit zur Kommunikation, zur Hinwendung zum Du. Ein Mensch, der gemäß Bild XVIII in den Tiefen seines eigenen Unbewußten bleibt, ist dadurch extrem auf sich selbst zurückgeworfen und konzentriert, er verliert dadurch mehr und mehr die Möglichkeit zur Kommunikation. Kommunikation aber, das Vermögen, im anderen ein Du, einen Partner zu sehen und ihn bei aller Verschiedenheit als gleichwertig anzuerkennen, das ist das Kennzeichen des bewußtlebenden, sonnenhaften Menschen. Dies soll auch ausgedrückt werden durch die beiden Kinder, die miteinander Kontakt aufnehmen. A. E. Waite hat indessen diese Perspektive nicht außer acht gelassen. Auf seinem Bild hält das Kind seine Arme weit ausgebreitet, und es ist dir, dem Betrachter, zugewandt, als wolle es mit dieser einladenden Gebärde sagen: »Komm zu mir, setz dich zu mir aufs weiße Pferd und werde auch ein Kind, ein Neugewordener, wie ich.«

Aber wohlverstanden, Kommunikation ist nicht gleich Vereinigung und Gleichwerdung. Bei der Kommunikation bleiben Persönlichkeit und Individualität eines jeden für sich erhalten, sie verschmelzen nicht miteinander, sondern treffen nur aufeinander. Auch dies gehört zum großen Thema Begrenzung, das in diesem Bild enthalten ist. Wo zwei Menschen miteinander kommunizieren, selbst auf sehr enge und intime Weise, müssen Grenzen respektiert und Grenzen eingehalten werden, da sie nicht ohne nachteilige Folgen überschritten werden können. Es gilt hiermit für jeden einzelnen, sowohl die Grenzen des anderen zu respektieren als auch gleichzeitig die eigenen zu bewahren. Dies gilt ganz besonders auch für das Zusammentreffen des Männlichen mit dem Weiblichen, was in diesem Bilde in einer feinsinnigen Weise auch mit hineinverwoben ist.

So wie die Frau in Bild XVIII die Entscheidung fällen muß, wie sie ihre Weiblichkeit verwirklichen will, muß der Mann dies analog mit seiner Männlichkeit in Bild XIX tun. Er muß sich entschließen, wie er seine elementare Feuerkraft in der Kommunikation mit seinem Partner anwenden will. Er muß die Grenzen ermitteln, innerhalb derer sein Feuerelement den Partner belebt, wobei er sie auch so weit stecken könnte, daß er den andern mit seiner Sonnenkraft ausbrennen würde. Aber auch die Frau muß sich überlegen, wie weit sie gewillt ist, sich dieser männlichen Kraft des Feuers auszusetzen. Entweder sie verspürt seine lebenzeugende Kraft, oder sie erliegt der Versuchung, so viel von der enormen Hitze und Energie in sich einfließen zu lassen, daß sie schließlich verdorrt.

Wenn du die beiden Brustwarzen und den Bauchnabel des Kindes durch Linien miteinander verbindest, wird daraus ein Dreieck, das mit der Spitze abwärts zeigt: das esoterische Zeichen für Wasser. Dies ist eine zarte, aber sehr wichtige Mahnung, im strahlenden Glanz der Sonne nicht das andere Element, das Wasser, zu vergessen oder zu vernachlässigen. Der Mensch, der sich nur dem Bewußtsein ergibt, nur aus seinem Kopf, aus seinem Intellekt heraus lebt, setzt sich ebenso großer Gefahr aus wie der Mensch, der nur in seinem Unbewußten verharrt. Wo nur Kopf und Verstand herrschen, da tut mit Sicherheit die sengende Kraft der Sonne ihre Wirkung und läßt diesen Menschen und seine Umgebung nach und nach zur toten Wüste werden. Deswegen warnt das geheimnisvolle Dreieck auf dem Leib des Kindes auch immer wieder: »Vergiß das Wasser in dir nicht, laß deinen Quell nicht versiegen, halte genügend Wasser der Seele bereit, damit du kühlen und ausgleichen kannst, sobald du der Sonne zu nahe kommst oder bemerkst, daß ihre Kraft in dir zu stark zu werden droht.«

Am Scheitel des Kindes steckt eine rote Feder. Die Feder ist bei den verschiedensten Völkern schon immer Träger einer vielfältigen Symbolik gewesen. So wurde sie für manche wegen ihres blattähnlichen Aussehens zum Symbol der Vegetation, des Blühens und Wachsens, das durch die Sonnenkraft hervorgerufen wird. Die Feder stammt vom Vogel, der in den Lüften, im Himmel, zu Hause ist und der Sonne am nächsten kommt. Der Kopfschmuck der Indianer vor allem, stellt einen solch engen symbolischen Bezug zur Sonne her. Aber die Feder hat lange Zeit auch als Werkzeug zum Schreiben gedient. Schreiben heißt, Gedanken und Worte in eine feststehende, bleibende Form bringen. Das Formulieren und Niederschreiben wird ganz aus dem Bewußtsein des Menschen heraus geleistet und ist deshalb eine sonnenhafte Handlung. Die rote Feder begegnet uns nun auf unserem Gang durch die großen Arkana nicht zum ersten Mal. Wir haben sie zuerst im Helmbusch des Todes auf Bild XIII gesehen, ihre Verbindung zur Sonne, die hinter den beiden Türmen scheint, entdeckt und als alchemistisches Zeichen für den Stein der Weisen identifiziert, von dem man sagt, daß er die Sonne trägt. Du siehst, daß auch hiermit Bild XIII und XIX merkwürdigerweise miteinander verknüpft sind.

Wenden wir uns nun noch einmal der Mauer zu und den vier Sonnenblumen, deren Blütenkronen über die Mauer hinausragen. Mauer heißt Grenze, Begrenzung, wie wir herausgefunden haben, und zwar nicht nur zwischen einem Diesseits und Jenseits, sondern auch zwischen Höchst- und Tiefstmaß. Mauern nämlich, die zu tief sind, bilden kein Hindernis und bieten auch keinen Schutz. Mauern, die zu hoch sind, verdunkeln und beengen den Blick, und sie sind es, die den Menschen nicht in richtigen, angemessenen Grenzen, sondern gefangen halten. Keine Mauer sollte so hoch sein, als daß über ihren Rand die Sonnenblumen nicht noch höher wachsen könnten, und sie sollte den Blick freilassen für das Naturgewachsene, Naturhafte und Natürliche. Vier Blüten erkennst du, und es wird dir nicht schwerfallen, sie mit den vier Elementen in Verbindung zu bringen. Feuer, Wasser, Luft, Erde – sie alle werden durch je eine Blüte versinnbildlicht. Sonnenblumen tragen ihren Namen nicht wegen ihres sonnenhaften Aussehens, sondern weil sie die Fähigkeit besitzen, ihre Blüten immer nach dem Lauf der Sonne zu richten, so daß sie deren Strahlenkraft wie ein Kelch immer voll empfangen können. So laß auch du, ihrem Vorbild folgend, die Kraft und das Licht der Sonne in alle vier Elemente einströmen, über die du verfügst und aus denen du bestehst. Wo du auch bist, und in welcher Lage du dich auch befindest, vergiß nicht, der Sonnenblume gleich, dich jederzeit dem Licht der Sonne zuzuwenden und es tief und umfassend in dich aufzunehmen. Daß damit nicht nur das reale Licht des Gestirns, das wir Sonne nennen, gemeint ist, darüber, glaube ich, brauchen wir an dieser Stelle keine weiteren Worte mehr zu verlieren. Nimm dies bitte nicht als Zeichen, daß ich den Schleier des Geheimnisses allzu eifrig über gewisse Dinge breite, um sie dir mit Wichtigtuerei vorzuenthalten. Aber es wird Zeit, daß du dich langsam aus meiner führenden Hand löst. »Wiederherstellung« nebst »Neuwerdung«, ist ein weiterer esoterischer Name dieses XIX. Bildes. Wenn du den Weg vom Magier bis hierher ernsthaft und mit reinem Herzen vollzogen und dich ganz und gar der Botschaft dieser Bilder geöffnet hast, dann wirst du jetzt etwas von dieser Wiederherstellung, von dieser Neuwerdung an dir verspüren. Du wirst dich selbst erkennen im Kind, das auf dem weißen Pferd reitet, den Stab der Kraft in der Hand, mit der flammenden Standarte des Feuers. Nun bist du reif und bereit zur Wiederauferstehung, die von manchen mit dem exoterischen Wort »Gericht« bezeichnet wird.

XX Gericht

(JUDGEMENT)

Dies ist ein Bild, das du nach deinen herkömmlichen Vorstellungen vielleicht schon längst erwartet hast, in viel größerer Nähe zu Bild XIII. Aber auch hier, wie in so vielem, basiert der Tarot auf einer anderen Überzeugung. Zwischen Tod und Gericht, beziehungsweise Auferstehung, bestehen sechs Bilder, die wir nun eines nach dem andern für sich betrachtet haben, und nur sehr wenige von den Informationen, die wir den einzelnen Bildern entnommen haben, scheinen in einem unmittelbaren Zusammenhang mit einer eventuellen Existenz der menschlichen Seele nach dem Tode zu stehen. Ja, eigentlich alles, was wir auf diesen sechs Bildern gefunden haben, hat uns als noch lebende und in der Welt der Materie existierende Menschen direkt angesprochen und berührt. Dies hat uns gelehrt und veranlaßt, den Tod nicht als ein Ende und als Abschluß zu wähnen, sondern als einen Prozeß des Lebens, der jederzeit, in irgendeiner Form und »Wie oben, so unten« eintreten kann. Einmal mehr also sind wir mit der Tatsache konfrontiert, daß die Bilder des Tarot, auch wenn sie eine sinnvolle numerische

Reihenfolge aufweisen, nicht nur als Etappen und Schritte in der Folge dieser numerischen Zählung zu verstehen sind, sondern daß sie in jeder Hinsicht auch simultan, das heißt gleichzeitig einander durchdringend, ihre Wirkung und Aussagekraft haben.

Und doch ist die mögliche Erwartung nicht falsch, daß die sechs Bilder, die zwischen Tod und Gericht liegen, auch etwas aussagen über den Prozeß, dem die menschliche Seele unterworfen ist, nachdem ihr die Transformation des Todes widerfahren ist. Wenn du nun die Botschaften des Tarot bisher mit offener Seele in dich eingelassen hast, dann muß dir dieser lange Prozeß, der zwischen Tod und Auferstehung liegt, eigentlich viel logischer und dem großen kosmischen Gesetz entsprechender erscheinen als der exoterische Glaube, daß die Seele unmittelbar nach dem Tode in eine andere Welt entschwindet, in der sie dann für ewig verharrt. Wenn du die Proportionen miteinander vergleichst, daß ein Mensch nur wenige Jahrzehnte auf dieser Erde weilt und danach eine endlose Ewigkeit in einer anderen, dann wird dir vielleicht das Mißverhältnis, das in dieser Anschauung liegt, völlig klar. Wenn etwas dem Gesetz der kosmischen Harmonie nicht entspricht, dann das. Diese Gesinnung ist vor allem im christlichen Denken verwurzelt, aber gerade in der Bibel sind meiner Ansicht nach Spuren vorhanden, die deutlich das gleiche vertreten wie der Tarot. Auf einige möchte ich jetzt zur besseren Illustration dessen eingehen.

Nach allgemeiner Angabe der Evangelien ist Jesus drei Tage nach seinem Tod auferstanden. Diese Auferstehung, der Wiedereintritt ins Leben, macht ihn zum Verwandelten. Obgleich er mit seinen Jüngern in Verbindung tritt, hat sich doch etwas mit seiner Erscheinung grundlegend verändert. Die Berichte über den auferstandenen Jesus weisen immer wieder auf diese Veränderungen hin. Aber nicht nur in den Auferstehungsberichten begegnen wir diesen seltsamen drei Tagen, wir finden sie zum Beispiel auch in der Erzählung des Lukas (2; 41–52) vom zwölfjährigen Jesus im Tempel. Der zwölfjährige Jesus (beachte die Zahl 12), der sich bis da offenbar durch nichts von andern

Kindern unterschieden hat, geht seinen Eltern während einer Pilgerfahrt nach Jerusalem plötzlich verloren. Als sie ihn nach drei Tagen im Tempel wiederfinden, ist er ein Verwandelter, ein Lehrer geworden, der mit den Gelehrten wie mit seinesgleichen diskutiert und spricht. Auch der in den Evangelien zitierte Ausspruch von Jesus, daß er den Tempel abreißen und nach drei Tagen in einer viel schöneren Form wieder aufbauen werde, gehört in diesen Zusammenhang. Schließlich klingt dieses Motiv auch in der Erzählung von der Bekehrung des Paulus an. Saulus, auf der Reise nach Damaskus, um dort die Christen zu verfolgen, begegnet in einer Vision Jesus. Nach diesem Erlebnis ist er drei Tage lang blind, und als er nach dieser Zeit seine Sehkraft wiedererlangt, ist auch aus ihm ein Verwandelter, aus dem Saulus ein Paulus geworden. Der Verfolger hat sich in den Apostel und Verkünder des Evangeliums umgewandelt. Dies sind nur einige wenige Stellen; der Kenner der Bibel wird sicher noch mehr wissen. Aber alle zeigen in die gleiche Richtung. Wenn du diese Stellen alle einmal genauer auf ihren esoterischen Gehalt hin untersuchst, dann wirst du herausfinden, daß sie der Bildfolge XIII bis XIX des Tarot entsprechen. Und nicht zu vergessen: Auch im apostolischen Glaubensbekenntnis steht »niedergefahren zur Hölle«, was uns ebenfalls Bild XV deutlich vor Augen hält.

Die sechs Bilder, die zwischen Tod und Auferstehung eingeschoben sind, zerfallen in zwei Gruppen: XIV, XV, XVI und XVII, XVIII, XIX. Die erste Gruppe dieser sechs Bilder will, daß nach der Transformation des Todes eine Nivellierung und Neumischung erfolgt, die die ganze Persönlichkeit des Menschen umfaßt. Danach wird – wir wollen sie mangels eines besseren Ausdruckes jetzt noch so nennen – die menschliche Seele in XV und XVI damit konfrontiert, daß trotz der Neumischung das große kosmische Gesetz unverändert seine Geltung behält und sie, die »menschliche Seele«, mit den Möglichkeiten und Gefahren dieses großen Gesetzes vertraut gemacht wird. Dann ist der Mensch vorbereitet genug, um mit seiner erhalten gebliebenen Individualität, aber mit einer neuen Persönlichkeit, wieder in den Kreislauf des kosmischen Geschehens eingegliedert zu werden. Diese Eingliederung erfolgt in den Bildern XVII, XVIII und XIX. Lege vielleicht diese drei Bilder nebeneinander, damit du sehen kannst, wie deutlich diese Aussagen sind.

Die Folge Stern, Mond, Sonne ist zunächst einmal gekennzeichnet durch eine ständig wachsende Intensität des Lichtes. Der Stern leuchtet am schwächsten, die Sonne am hellsten. Die drei Bilder sind aber auch identisch mit den drei Stadien, in denen der Mensch zu einer neuen Persönlichkeit herangebildet wird. Bild XVII führt uns die Zeugung vor Augen, in Bild XVIII begegnen wir dem Menschen in seinem embryonalen Zustand, der ihn ganz in der Welt des Unbewußten verharren läßt, und Bild XIX, der Durchbruch zum Licht der Sonne, betont auch den endgültigen Durchbruch zur neuen, neugewordenen, wiederhergestellten Persönlichkeit. Hier ist der Mensch kurz vor dem Geburtsakt. Wir haben schon bemerkt, daß in allen drei Bildern XVII, XVIII, XIX in irgendeiner Form die Zahl acht vorkommt. Im achtzackigen Stern, in den acht Beinen des Krebses und den acht Reihen der Mauer. Acht ist, um es einmal mehr zu sagen, die Zahl des Uranfangs, des Neubeginns, die Lemniskate. Dies würde bedeuten, daß wir in jedem der drei Bilder: Stern, Mond und Sonne einen Aspekt dieser Neuwerdung, dieses Neubeginns haben. Bestätigung und Verdeutlichung des bisher Gesagten sind noch die menschlichen Gesichter von Mond und Sonne. Das Gesicht eines Menschen ist Ausdruck seiner Persönlichkeit. Bei der Zeugung wird diese Persönlichkeit als Ganzes noch nicht gesehen, deshalb ist auch der Stern gesichtslos. Das Embryo aber trägt bereits alle Anlagen seiner Persönlichkeit, wenn auch im Unbewußten und gleichsam wie schlafend in sich. Deshalb sind auch die Augen des Mondes geschlossen. Erst im Licht der Sonne, des Bewußtseins, blickt uns der Mensch als wache, lebendige Persönlichkeit mit offenen Augen an.

Einmal mehr möchte ich dich darauf aufmerksam machen, daß all diese Gedanken, die ich soeben dargelegt habe, nicht als

Dogma oder sogar Lehrmeinung des Tarot erachtet werden dürfen. Was mit dem Menschen nach seinem Tode geschieht, darüber weiß ich genausowenig wie du. Ich habe in den vorangegangenen Zeilen einfach das niedergelegt, was ich aus dem Buche des Thoth herausgelesen habe. Es ist mir aber vollkommen klar, daß es meine persönliche Antwort ist, die ich auf mein Fragen vom Buche des Thoth erhalten habe. Dir mag eine andere gegeben sein, die für dich nicht weniger Wahrheit und Wirklichkeit enthält als die meine für mich.

Auf Bild XX erblickst du einen Engel, der kraftvoll in seine Trompete stößt, die mit einem Banner versehen ist, worauf ein rotes Kreuz abgebildet ist. Die schallenden Töne haben offenbar Menschen auferweckt, die in den steinernen Sarkophagen lagen. Sie haben sich aufgerichtet und begrüßen mit erhobenen Armen den Engel. Dabei fällt auf, daß die auferweckten Menschen ihre Sarkophage nicht verlassen, sondern in ihnen stehen bleiben, und daß diese Sarkophage wie Boote auf dem Wasser schwimmen. Das sagt sehr viel über das Wesen der Auferstehung aus, die nicht einfach in irgendeiner geistigen Welt erfolgt, in irgendeinem imaginären Jenseits, sondern es ist ausdrücklich eine Auferstehung in der materiellen Welt. Auch die Quaderform der Sarkophage setzt die Materie fest; der wiederauferstandene Mensch ist wahrlich in sie hineingestellt. Wiederum ist ihm die Materie als Behausung gegeben, als die Dimension, in der sich seine Existenz von neuem verwirklichen soll. Die Sarkophage gleiten wie Boote auf dem Wasser, das vielleicht das Urmeer ist, das Wasser des Lebens, das Meer, das sich hinter dem Vorhang der Hohepriesterin ausbreitet und durch ihre Gewänder fließt. In diesem Urwasser wird die Materie, in der Form des Sarkophages, zum schützenden Boot, das uns trägt und birgt, das uns davor bewahrt, den Boden unter den Füßen zu verlieren und in der Tiefe des Wassers zu ertrinken. Als Boot wird die Materie zum Gefährt, das uns unserem Ziel zuträgt. Diese schwimmenden Sarkophage sind ein sehr wichtiges Zeichen, und du solltest dich intensiv mit ihnen beschäftigen, denn sie werden dir mehr und mehr über das Wesen der Materie sagen. Du wirst aus ihnen erkennen, daß die Materie kein

Gefängnis ist, keine Beschränkung, daß der Mensch nicht an sie gebunden oder gefesselt ist, wie man manchmal hören kann, sondern daß sie dem Menschen auch Geborgenheit gibt und Schutz, und daß sie Träger seiner Seele und Individualität ist.

Hier wird nun deutlich, in welch besonderem Maße das Bild XX mit dem Bild XIV zusammenhängt. Was in Bild XIV nivelliert und gemischt wurde, entsteht nun in Bild XX in einer neuen, verwandelten Gestalt. Die Neumischung ist vollendet, die Individualität erhält eine andere Persönlichkeit. Diese Erkenntnis nun beschränkt sich nicht auf eine Ebene oder Dimension allein. Das Mysterium von Tod, Neuwerdung und Auferstehung spielt sich nicht nur im großen, vielschichtigen Bereich zwischen dem Diesseits und einem Jenseits ab, sondern es kann sich, und das sollte dir jetzt nichts Fremdes mehr sein, auch nur innerhalb einer einzigen Ebene und in ganz alltäglichen Gegebenheiten äußern. Hier bewahrheitet sich einmal mehr das große Gesetz »Wie oben, so unten«. Du solltest jetzt so weit sein, daß du aus eigener Kraft und eigenem Vermögen mehr über diese Dinge herausfindest, ihre Wechselbeziehungen immer besser erkennst und der anleitenden Worte immer weniger bedarfst. Du wirst erkennen, daß es nicht immer notwendig ist, sich dem physischen Tod zu unterziehen, um eine neue Persönlichkeit zu werden, daß aber jeder Verwandlung und Erneuerung der Persönlichkeit immer in irgendeiner Weise das Erlebnis von Tod und Auferstehung vorausgeht.

Wir haben jetzt ständig von Verwandlung, Erneuerung und Auferstehung gesprochen und ganz außer acht gelassen, daß der Titel des Bildes ja eigentlich »Gericht« heißt, obwohl bezüglich der Auferstehung die Vorstellung des Jüngsten Gerichts nicht weit ist. Aber vielleicht ist mit dem Wort Gericht hier etwas ganz anderes gemeint. Jedes Gericht bedeutet normalerweise, einen Tatbestand untersuchen und, aus dem Resultat dieser Untersuchung, ein Urteil fällen, das möglichst alle Umstände berücksichtigt, sowohl diejenigen, die dem zu Beurteilenden zum Vorteil, als auch die, die ihm zum Nachteil gereichen. Sie bilden die Bestandteile und Elemente des resultierenden Urteils, das die Existenz, das Leben des Betreffenden in der

Zukunft bestimmen wird. Wir wollen jedoch den Namen Gericht weniger mit Strafe und Vergeltung verbinden als vielmehr mit der Frage und Untersuchung: Was ist vorhanden und was nicht? Auch was dies betrifft, können wir auf Bild XIV zurückgreifen. In Bild XIV werden die Elemente des menschlichen Lebens neu gemischt, aber der Engel kann nur das mischen, was der Mensch mitbringt, er fügt auch nichts hinzu und nimmt nichts hinweg. Somit ist der Mensch, der in Bild XX als andere Persönlichkeit wiederaufersteht, zusammengesetzt aus den Elementen seiner Vergangenheit, aus dem, was er schon früher gehabt und hierher mitgebracht hat. Demzufolge ist das sein neuer Ausgangspunkt, und damit muß er nun arbeiten. Wie beurteilst du diese Gedanken, deren Inhalt oft mit dem Begriff Karma bezeichnet wird?

Du erkennst hoffentlich, daß der Tarot Karma in einer andern Weise sieht als unter dem primitiven Gesichtspunkt des »Auge um Auge, Zahn um Zahn«. Karma bedeutet im Tarot nicht einem übermächtigen Gesetz der Vergeltung und Rache hilflos ausgeliefert zu sein, sondern besagt, daß der Mensch durch seine Taten und Erfahrungen die Möglichkeit hat, sich in seinem Leben Stück für Stück weiterzuentwickeln und aufwärts zu bewegen, so daß mit jeder Mischung seine Elemente reichhaltiger und feiner werden, so daß die daraus hervorgehende Auferstehung auf einer jeweils höheren Stufe erfolgen kann, auf welcher Ebene sie auch geschehen mag.

In Bild XX begegnen wir dem letzten der vier Erzengel. Es ist Gabriel, der Engel der Auferstehung und Offenbarung, zu dessen Aufgaben es gehört, den Menschen die göttliche Botschaft zu verkünden.

Die Töne aus der Trompete des Engels fängt die Frau mit offenen Armen auf. Diese Töne werden dargestellt durch sieben Striche, das heißt, jeder Ton an sich ist Vibration oder Schwingung, und jede Tonleiter besteht aus einer Folge von sieben solchen Tönen bis hin zum achten Ton. Dieser achte erklingt fast gleich wie der Ausgangston der ersten Tonleiter, denn er ist auch wieder Anfangston einer neuen, aber eine Oktave höher. Kann es ein besseres Beispiel von dem geben, was mit Bild XX gemeint ist, als die sieben Töne der Tonleiter, die sich von Oktave zu Oktave auf immer höheren Ebenen analog wiederholen?

Ton ist also Vibration, Schwingung, und unter diesem Aspekt wird der Ton dieser Trompete zur göttlichen Energie, die uns Menschen zur Wiederbelebung und Wiederauferstehung geschenkt wird. Ein Theosoph kann in den sieben Strichen sogar ein Abbild der sieben Strahlen sehen.

Nun betrachte noch einmal die drei Menschen, Mann, Frau und Kind, die im Vordergrund des Bildes stehen.

Sie nehmen unterschiedliche Haltungen ein, und wenn du genauer hinblickst, wirst du darin Buchstaben erkennen. Die Haltung der Frau deutet ein umgekehrtes L an, die ausgestreckten Arme des Kindes können als U gedeutet werden, während des Mannes Stellung an ein X erinnert. Zusammengesetzt heißt dies LUX, das lateinische Wort für Licht. Damit wird ein weiteres Mal gesagt, was Auferstehung sein kann. Auferstehung ist Erleuchtung, wie sich auch im blonden Haar der drei Menschen kundtut. Auferstehung ist ein Sieg des wahren Lichtes über die Dunkelheit, ein Sieg über die Dunkelheit von Bild XV und XVI, in denen wir jetzt auch die große Versuchung sehen, die den Menschen veranlassen will, vom rechten Wege abzuweichen.

Im Hintergrund erheben sich schneebedeckte Berge. Sie erinnern an das Bild des Eremiten, und Bild XX hat in der Tat auch viel mit dem Eremiten zu tun. Auf seine eigene Art stellt Bild XX Ende des Weges und Rückschau auf seine lange Strecke dar, und wie Bild IX, der Eremit, Voraussetzung zum Erklimmen einer neuen Ebene ist, so stehen wir auch in Bild XX am Beginn einer weiteren, noch höheren Ebene, die uns in den Bildern XXI und 0 offenbart wird.

XXI Die Welt
(THE WORLD)

Mit Bild XXI betreten wir also ein drittes Mal eine neue Ebene innerhalb der großen Arkana des Tarot. Laß das Bild wiederum auf dich wirken, so wie du es gewohnt bist. Je höher wir in der Reihe der Bilder fortschreiten, um so wichtiger wird dieses Anschauen, ohne nach Worten oder formulierenden Gedanken zu suchen. Wir kommen jetzt sowieso in Sphären hinein, in denen die Wortsprache zunehmend unmöglicher wird und den Sinn der Dinge nicht immer ganz zu treffen vermag. Gib dich also von jetzt an dieser reinen Betrachtung möglichst lange und intensiv hin.

Jetzt erst, nachdem in dir Gefühle und Empfindungen wachgerufen worden sind, und du spürst, daß die Betrachtung des Bildes bei dir einen Prozeß ausgelöst hat, wollen wir uns dem erkennenden Lesen dieser Seite im Buche des Thoth widmen. Die Struktur des Bildes ist im Grunde sehr einfach. In den vier Ecken des Bildes siehst du die Köpfe der vier Figuren, die dir bereits von Bild X her bekannt sind. Was sie bedeuten, haben wir schon dort geschildert. Das nächste Bildelement ist ein ovaler Kranz, der von zwei roten Schleifen zusammengehalten wird. In seiner Mitte schwebt frei eine tanzende Gestalt, umhüllt von einem violetten Schal, mit zwei weißen Stäben in den Händen. Dies sind die drei Ebenen, aus denen sich Bild XXI zusammensetzt.

Als erstes wenden wir uns dem grünen Kranz zu. Laß deine Augen rundherum diesem Oval entlang kreisen und spüre, was diese Bewegung in dir hervorruft. Vielleicht kommt dir plötzlich die Assoziation zu Bild X, das Rad des Schicksals, und es fällt dir auf, welch großer Unterschied doch zwischen dem Rad und dem Oval besteht. Besonders wenn du den Namen »Die Welt« noch mit einbeziehst, dünkt dich vielleicht der Gegensatz noch größer. Hat denn die Welt, die diesem Bild den Namen verliehen hat, nicht die Form einer Kugel? Müßte demnach nicht, um der Kugelform der Welt gerecht zu werden, das Symbol des Kreises in diesem Bilde erscheinen? Du kannst dich fast immer darauf verlassen, daß solche – scheinbare – Paradoxien im Tarot ihre ganz besondere Bedeutung haben und daß hinter ihnen wichtige Aussagen verborgen sind.

Zwei Symbolfiguren lassen sich vom Kranz ableiten. Die eine ist das Ei, die andere die Ellipse. Das Ei ist ein reichhaltiges, vielbedeutendes Symbol. Zunächst ist es Sinnbild des Keims des Lebens, in dem die Ganzheit aller schöpferischen Kräfte angelegt ist. Dann kann es ein Symbol des Uranfangs sein, wie zum Beispiel das Weltei, das wir in der Mythologie vieler Kulturen finden. Im Weltei ist die ganze Welt mit all ihren Grundelementen als Möglichkeit enthalten, und sie entsteht dann aus diesem Ei heraus zur Realität, ähnlich wie aus dem Ei das Kücken herausschlüpft. Aber auch seiner Form wegen ist das Ei oftmals zum Träger ganz bestimmter Ideen geworden. Es hat eine der einfachsten und doch vollkommensten Formen, die durch die Natur hervorgebracht werden. In diesem Sinne wird das Ei auch zum Symbol der Vollkommenheit und der Harmonie. Diesbezüglich nähert und verbindet sich das Ei mit dem, was durch die mathematische Figur der Ellipse ausgedrückt wird. Wir haben auf unserem Gang durch die 22 großen Arkana immer wieder erkannt, daß die Himmelsgestirne dem Menschen Symbol kosmischer Ordnung waren, und daß ihre, sich im Laufe der Jahre und der Zeit verändernden Bahnen dem Menschen sehr wahrscheinlich als erste Orientierung und Hilfe für die Aufstellung eines Kalenders dienten.

Wie der große Astronom Kepler in den nach ihm genannten Gesetzen nachgewiesen hat, vollziehen die Planeten ihren Umlauf um die Sonne nicht in einer Kreisbahn, sondern in einer Ellipse. Somit wird auch die Ellipse zum Symbol kosmischer Ordnung und Harmonie. Ei und Ellipse sind in der Form des grünen Kranzes zusammengefaßt, der darum Ausdruck der Fruchtbarkeit und, durch seine Blätter, der Summe aller befruchtenden, lebenspendenden Kräfte ist, die die Welt in Bewegung und Harmonie erhalten. Sicher fällt dir auf, daß der Kranz oben und unten durch zwei rote Schleifen in der Form der Lemniskate zusammengebunden wird. Für den Moment wollen wir uns jedoch nicht mit ihrer möglichen Sinngebung im vorliegenden Bild auseinandersetzen, sondern mit der Gestalt im Innern des Kranzes.

Diese Gestalt macht den Anschein, als tanze sie schwerelos im leeren Raum. Ihr Körper ist von einem Schal umschlungen, in den Händen hält sie je einen Stab. Die zwei Stäbe gleichen demjenigen in Bild I in der rechten Hand des Magiers. Auch hier wird dir wahrscheinlich wieder eine Paradoxie oder Ungereimtheit auffallen. Wir haben nämlich mehrmals erkannt, daß Nacktheit im Tarot immer den Menschen in seiner Totalität darstellt. Je weiter wir in den großen Arkana vorwärtsgekommen sind, um so häufiger ist uns der nackte Mensch begegnet. Während er in der ersten Ebene des Tarot nur im VI. Bild in Erscheinung tritt, finden wir ihn in der zweiten Reihe ab Bild XV, mit Ausnahme von Bild XVI, nur noch in dieser umfassenden Totalität, als Menschen an sich. Eigentlich dürften wir erwarten, daß Bild XXI, das, wie wir bereits schon spüren, innerhalb der ganzen Reihe der großen Arkana eine Sonderstellung einnimmt, diese Sicht des Menschen als Ganzheit fortsetzt, ja, sogar noch intensiviert, daß also gerade auch hier die Nacktheit ihren natürlichen Sinn hätte. Stattdessen treffen wir hier auf den von einem Schal bedeckten Körper, und durch die Art der Umhüllung ist er weder nackt noch bekleidet, oder sowohl das eine als auch das andere. Ein Schal hat große Ähnlichkeit mit einem Schleier, er ist nicht dazu bestimmt, einen Menschen zu bekleiden, ihn vor dem Einfluß der Kälte zu bewahren, sondern der Schal dient zur Verhüllung. Seine Funktion ist, etwas zu verbergen, was dem Auge nicht preisgegeben werden soll. Verhüllung bedeutet Geheimnis, und was bei dieser tanzenden Figur in Bild XXI verhüllt, also geheim bleiben soll, liegt deutlich in der Geschlechtsregion. Es kommt dir nun sicher keinen Augenblick der Gedanke, daß A. E. Waite im Bild XXI, wo es um Gesetzmäßigkeit und Ordnung geht, plötzlich die Ideale des viktorianischen Zeitalters, in dem er ja lebte, propagieren will. Nein, aber dieses zu verhüllende Geheimnis hat, dessen können wir gewiß sein, trotzdem etwas mit dem Genitalbereich des Menschen zu tun. Es ist jedoch nicht einfach, das Geheimnis des hinter dem Schal Verborgenen allein durch die Kombination der Einzelteile von Bild XXI zu enthüllen, obwohl es auch nicht unmöglich ist. Wir dürfen hier schon einmal, sozusagen als Ausnahme, die die Regel bestätigt, ein wichtiges Merkmal eines Tarotbildes nicht aus der Sicht der Bildelemente selbst erfassen und erklären, sondern aus der den Tarot begleitenden Tradition heraus.

Diese Tradition sagt, daß der Schal die Tatsache verbirgt, daß diese Gestalt nicht, wie der erste Blick glauben läßt, eine Frau ist, sondern auch männliche Geschlechtsorgane hat. Wir haben hier den Androgyn vor uns, das Wesen, das in sich das Männliche und das Weibliche in vollkommener Harmonie vereinigt. Der Androgyn ist das Menschensymbol des Ausgleichs der Gegensätze, der in ihm selbst vereinigten Polarität. Nun erkennen wir auch die Bedeutung der beiden Stäbe, die er in seinen Händen trägt. Wenn wir mit diesen beiden Stäben ein Kreuz bilden, haben wir ebenfalls das Symbol für Vereinigung von Gegensätzen. Mit Recht wirst du jetzt eventuell einwenden, daß doch jeder dieser Stäbe des Androgyns an beiden Enden zugespitzt ist und deshalb eine Polaritätsachse für sich bildet, die ebenfalls beide Pole in sich enthält und vereint. Du wirst als Stütze deines Einwandes vielleicht das Bild des Magiers zur Hand nehmen, der ja nur einen Stab in seiner Hand trägt. So lege denn, um die Antwort auf deine Frage zu finden und diesen scheinbaren Widerspruch zu enträtseln, das Bild des Magiers neben das des Androgyns.

Der Magier hat tatsächlich nur einen Stab der Polarität. Auf dem Tisch vor ihm liegen aber die vier magischen Werkzeuge Stab, Kelch, Schwert und Münze, die, wie du ja weißt, unter anderem auch die vier Elemente symbolisieren. Die vier Elemente sind auch wieder in zwei Polaritätspaare aufgeteilt. Stab und Schwert gehören der männlichen Polarität an, Kelch und Münze der weiblichen. Bild I hat uns gezeigt, daß dem Magier die Aufgabe gestellt ist, den Umgang mit den vier magischen Waffen zu erlernen und damit sein Werk zu tun. Bild XXI zeigt, daß dieses Werk gelungen ist und der Magier sein Ziel erreicht hat. Er trägt jetzt zwei Stäbe, von denen jedes Ende für je eine der vier magischen Waffen steht. Aber die Aufgabe des Magiers wäre nur zur Hälfte gelöst, wenn ihm nur rein an der Bewältigung äußerer Dinge gelegen wäre. Die Handhabung der vier magischen Waffen hat nicht nur die äußere Welt verändert, auch der Magier selbst ist darüber zum Androgyn geworden, der nun das Männliche wie das Weibliche buchstäblich in sich verkörpert. Ist nicht genau das dem Magier zu Beginn der zweiten Ebene des Tarot in Bild XII deutlich vor Augen geführt worden? Aber dies gilt natürlich nicht nur für ihn, für den Menschen in seiner männlichen Erscheinungsform. Nimm noch einmal das Bild der Hohepriesterin hervor. Auch sie verfügt über die vier magischen Waffen in Form des Kreuzes, das sie auf ihrer Brust hat. In Bild XI ist ihr die analoge Aufgabe zugewiesen wie dem Magier in Bild XII. Auf zwei verschiedenen und doch analogen Wegen gelangen Mann und Frau schließlich an das gleiche Ziel, zum Androgyn von Bild XXI. Damit erhalten allerdings die vier Enden der beiden Stäbe noch keinen anderen, speziellen Sinngehalt. Sie werden einfach zum

Ausdruck der vier heiligen Buchstaben des göttlichen Tetragrammatons *Jod-Heh-Vau-Heh*. Aus der doppelten Zweiheit ist endgültig die neue, höhere Einheit der Vier geworden.

Daß es sich hier nicht um bloße theologisch-theoretische Spekulationen handelt, beweist uns der Einblick in den Ablauf des kosmischen Naturgeschehens. Wir wissen längst, daß die Zeit des Menschen in Jahren gemessen wird und das Jahr seinerseits seine Ordnung vom Stand der Sonne am Himmel bezieht. Ein Jahr gliedert sich in vier Jahreszeiten, die jeweils durch ein ganz bestimmtes, astronomisches Datum eingeleitet werden. Am 22. Juni, wenn die Sonne in das Sternbild des Krebses eintritt, erreicht sie ihren höchsten Stand am Himmel, am Tage des Sommersonnenwendepunkts. Exoterisch bezeichnen wir dieses Datum als den längsten Tag und die kürzeste Nacht. Am 22. Dezember, am Tage des Wintersonnenwendepunkts, hat die Sonne ihren niedrigsten Stand, und wir sprechen von der längsten Nacht und dem kürzesten Tag. Dazwischen liegen der 21. März beim Eintritt der Sonne in das Tierkreiszeichen Widder und der 24. September beim Eintritt der Sonne in das Zeichen der Waage. Also zwei Daten, Äquinoktium genannt, an denen Tag und Nacht genau gleich lang sind. Dies sind die vier heiligen Feste der Esoterik, die untrennbar mit dem Namen Gottes und der Meditation über seine kosmische Schöpfungsordnung verbunden sind. Schon rein äußerlich gesehen wird der Buchstabe *Jod* zum Symbol des höchsten Sonnenstandes. Das aus dem Buchstaben *Jod* heraus entwickelte tiefgezogene *Vau* versinnbildlicht den tiefsten Stand der Sonne. Diese beiden sind unterbrochen durch je einen Buchstaben *Heh,* von denen der eine dem Frühlingsäquinoktium und der andere dem Herbstäquinoktium entspricht. Beide Äquinoktien sind die Feste des Androgyns, an denen jeweils der Ausgleich der Gegensätze, der Polarität in der Natur beobachtet und erfahren wird. Vielleicht machst du nun den Vorwurf der Unlogik, in dem du darauf hinweist, daß doch die Buchstaben *Jod* und *Vau,* die so gesehen Extrempunkte einer Polarität sind, nach unserer bisherigen Anschauungsweise eigentlich den männlichen Pol darstellen, während wir die beiden *Heh,* die hier nun den Ausgleich der Gegensätze symbolisieren sollen, dem weiblichen Element zugeordnet haben. Dies ist auch richtig so, aber vergiß nicht, wie wir schon bei Bild XIV festgestellt haben, daß mit dem Durchbruch zu einer höheren Ebene sich auch die Zuordnungen verändern können und daß darin sehr vieles Geheimnis bleibt und Geheimnis bleiben muß.

Diese dritte Ebene des Tarot mit den Bildern XXI und 0 ist eine Ebene, in der sehr viel Geheimnis vorhanden ist. Es wird auch zunehmend schwieriger, mit Worten das auszudrücken, was gemeint ist. Vergiß das keinen Augenblick beim Betrachten der Bilder XXI und 0. Wenn du für die Erkenntnis dessen, was in diesen beiden Bildern auch verborgen liegt, die Wirklichkeit heranzuziehen versuchst, die das Christentum mit dem Wort Gnade bezeichnet, dann bist du nicht mehr weit von der Wahrheit entfernt.

Das Gesetz des Ausgleichs der Gegensätze, der Synthese der Polarität, wird uns noch einmal als das große Gesetz des Universums überhaupt vor Augen gestellt, damit wir es zu erkennen vermögen. Unter diesem Aspekt steht Bild XXI mit einer anderen Darstellung der »Welt« in Verbindung mit Bild X. Aber nun ist eine weitere, noch größere Dimension dazugekommen. Es geht nicht einfach nur um die Außenseite, um das Getriebe der Welt, sondern in Bild XXI steigt der Mensch selbst als ein Universum im Kleinen, als Mikrokosmos, auf eine höhere Ebene. Darin erkennen wir nun auch Zweck und Ziel des ganzen Weges, den wir gemeinsam bis hierher zurückgelegt haben: Die Berufung und Entwicklung des Menschen zum Mikrokosmos, damit sich in ihm und durch ihn die große kosmische Schöpfungsordnung in allen ihren Teilen verwirkliche. Dies und nichts anderes verkörpert der tanzende Androgyn.

Der Androgyn ist das Symbol des vollkommenen Ausgleichs der Spannung und der Überbrückung der Polarität. Daß dieser Spannungsausgleich nicht zu irgendeiner vollendeten, tiefen Ruhe, zur Bewegungslosigkeit irgendeines Nirwanas führt, das zeigt uns sein Tanz. Spannung ist dazu da, um überbrückt und ausgeglichen zu werden. Wo dies geschieht, da fließt Energie, die alles in Bewegung hält. Der Tanz ist der perfekteste Ausdruck dieser Bewegung, die wir Leben nennen. Im Tanz drückt unser Körper aus, was wir fühlen und empfinden, er ist die Sprache der Seele mittels des Körpers, und darum das Sinnbild der Beseelung der Materie überhaupt. Aber diese Energie kann nur da wirksam und zur Erweckung des Lebens werden, wo der Mensch sich der Gegensätzlichkeit der Polarität stellt. Hier lege nun für einen Moment neben Bild XXI das Bild XV, damit du erkennst, welch großer Unterschied zwischen diesen beiden Bildern herrscht. Bild XV bringt uns drastisch die Erstarrung vor Augen, die die Folge ist, wenn der Mensch sich dem ständigen Ausgleichen der Polaritäten entziehen will. Nach dem Gesetz, das wir anläßlich dieses Bildes geschildert haben, sind wir Menschen täglich versucht, durch unsere natürliche Trägheit dem Gesetz des Ausgleichs der Gegensätze und Spannungen zu entfliehen, weil wir in der Ruhe und Problemlosigkeit den Sinn unseres Lebens zu finden hoffen. Diese Einstellung aber muß und wird uns zu Bild XV führen. Die Verwirklichung des Lebens und unserer selbst ist nur durch Bild XXI, als tanzender Androgyn möglich. Tanz hat aber nicht mit Betriebsamkeit und Geschäftigkeit zu tun. Er hat auch nicht mit dem zu tun, was wir normalerweise unter Leben verstehen, was in Wirklichkeit jedoch nur Verzicht auf Leben heißt, indem wir Dinge und Güter erwerben wollen, von denen wir glauben, daß sie uns das Leben bringen werden, und mit denen wir eines Tages dann die bittere Erfahrung machen, daß sich das Leben nicht kaufen läßt. Leben bedeutet eben nur leben im Jetzt und in jeder Spanne Zeit, die dir auf dieser Ebene zugemessen ist. Das ist die Botschaft des tanzenden Androgyns.

Du bist als Mensch, als Mikrokosmos dazu berufen, dieses große Gesetz, das wir als das Gesetz des Kosmos überhaupt erkannt haben, auf deiner Ebene, in deinem Leben zu integrieren. Akzeptiere dein Leben als eine immerwährende Konfrontation von polaren Gegensätzen, die du auszugleichen versuchst, damit die Kraft frei wird und fließen kann, die dich selbst wiederum belebt, und dir dazu verhilft, zum tanzenden Androgyn zu werden. Es sei dir nichts zu klein, keine Banalität zu nebensächlich, um die Gültigkeit dieses Gesetzes zu beweisen.

Nehmen wir einmal einen Sektor des menschlichen Lebens, den fast alle Menschen in irgendeiner Weise kennen, die Partnerschaft, vor allem die Partnerschaft von Mann und Frau, geschehe sie nun im Bund der Ehe oder in einem anderen Rahmen. Immer wieder wurde uns eingeprägt, daß das Glück einer Beziehung aus dem Fehlen jeglicher Spannung bestehe, obwohl das Gegenteil der Fall ist, wie uns der Tarot klar zeigt. Nur wo eine tägliche Konfrontation und der Zusammenprall zweier polar gegensätzlicher Menschen erlebt und gemeistert wird, kann Kraft fließen, die Leben erzeugt. Wir sind leider daran gewöhnt, dieses Gesetz nur auf der Ebene der körperlichen, genitalen Sexualität, im engen Rahmen der körperlichen Vereinigung zu sehen. Aber gehe einmal daran, dieses Prinzip, das du im körperlich-genitalen Bereich so stark und mächtig erleben kannst, auch auf alle anderen Bereiche deiner Beziehungen auszudehnen, und du wirst die Botschaft des tanzenden Androgyns in einer Art und Weise erleben, die vielleicht dein ganzes Leben verändern, neu und lebendiger machen wird.

Ich habe dieses Beispiel gewählt, um dir zu zeigen, daß die Botschaft des Tarot auch auf dieser hohen Ebene nichts verliert an Aktualität für deinen Alltag. Es gibt im ganzen Tarot nichts, das nicht zu jeder Zeit und an jedem Ort in deinem Leben gültig und umsetzbar ist. Wenn du dies einmal begriffen und anerkannt hast, dann bekommst du etwas vom Wichtigsten, das dir der Tarot überhaupt geben kann. Du kannst dann eine große Veränderung erfahren, die dich mehr und mehr in einen Zustand bringt, den wir Menschen mit dem Begriff Glück bezeichnen, denn wenn du einmal die Ordnung und die Gesetze des Kosmos und auch dich selbst, den Menschen als Mikrokosmos, erkannt hast und du dein ganzes Menschsein in dieser Ordnung einfügst, dich als Teil dieses großen Ganzen fühlst und erkennst, was anderes könnte Glück sein als dieses Gefühl?

Noch zwei Dinge hat uns der tanzende Androgyn zu sagen. Wenn du die beiden Stäbe nach oben hin verlängerst und sie unten miteinander verbindest, erhältst du ein Dreieck, und wenn du dazu noch darauf achtest, daß sein linkes Bein das rechte kreuzt, dann wirst du das Zeichen für Sulfur erkennen, das Symbol für die große, belebende Kraft, die den Kosmos in Bewegung hält.

Der Schal ist spiralförmig um den Androgyn gewickelt. Er bildet nicht die Spirale, die von einem Punkt aus verläuft oder auf ein Zentrum hin ausgerichtet ist, sondern die Spirale, die, einer Wendeltreppe gleich, sich von unten nach oben, beziehungsweise von oben nach unten, erstreckt. Nun kannst du selbst wählen, was dir diese Form der Spirale zu sagen hat. Du kannst in ihr ein Symbol des Aufstiegs, der aufwärtsstrebenden Entwicklung erblicken, das gleichzeitig aber auch auf die Möglichkeit der rückläufigen Bewegung des Hinuntersteigens in niedere Sphären hinweist. Oder sie kann dir zum Sinnbild der Evolution und Involution simultan werden, zu einer Ausweitung deines Horizontes mit gleichzeitiger Vertiefung nach innen. Wenn du noch einmal einen letzten Blick auf den grünen Kranz wirfst, dann bemerkst du, daß auch in ihm die Spirale verborgen sein könnte. Er wird unten und oben von einer roten Schleife in Form der Lemniskate festgehalten. Die Lemniskate als Zeichen des Neubeginns haben wir immer am Ort des Überganges in eine höhere Ebene des Tarot gefunden, so beim »Magier« und bei der »Kraft«. Dadurch könnte angedeutet werden, daß auch die Ellipse nicht nur eine flächige Bewegung ist, sondern daß sie in eine Spirale übergeht, die den Zugang zu höheren oder auch tieferen Ebenen ermöglicht und daß auch hierin ein kosmisches Gesetz, vielleicht eines der geheimnisvollsten, verborgen sein könnte.

Warte nur auf die nächste helle Nacht, die die Sicht zum Himmel freigibt, trete dann hinaus und schaue den Sternenhimmel an. Jeder dieser für dich unzählbaren Sterne im Kosmos hat seine ihm eigens zugeteilte Bahn. Indem er sie einhält, leistet er seinen ihm zugeteilten Beitrag an der Aufrechterhaltung der kosmischen Ordnung und Harmonie. Alles, was du um dich herum erblickst, die Sterne, der Mond, die Silhouetten der Bäume und Dinge, all dies war einst vor Millionen von Jahren Bruchstück eines einzigen, konzentrierten, kosmischen Eies.

Auch du selbst, jedes Atom deines Körpers, die Energie deiner Seele waren einst Partikel dieses kosmischen Ureies, das sich so dicht zusammenballte, bis der Punkt erreicht wurde, wo sich die Bewegung umkehrte und eine unvorstellbare Explosion alle Bestandteile dieses kosmischen Ureies nach allen Seiten hin auseinanderschleuderte. Mit dieser Explosion entstand dasjenige, was wir unser Weltall nennen. Dieses ist seither in einer ständigen Ausdehnung begriffen. Eines Tages aber – vielleicht – wird diese Ausdehnungsbewegung zum Stillstand kommen und die Gegenbewegung einsetzen, so daß der ganze Kosmos noch einmal in sich zusammenstürzt, um ein neues Weltei zu bilden. Aus diesem kann dann erneut, wenn der Punkt der größten Verdichtung erreicht ist, ein neues Weltall geboren werden. Wer weiß, wie manches Universum es vor dem unseren gegeben hat und wie manches es nach demjenigen noch geben wird, in dem wir uns jetzt befinden. Aber denke daran: Immer warst du dabei, und immer wirst du dabei sein in irgendeiner Art. Ein ganz bestimmter Teil der Materie und der Energie des Weltalls hat sich zu dem verbunden, was du jetzt bist, zu einer Individualität, die sich in deiner jetzigen Persönlichkeit verkörpert. Denke auch daran: Du bist einmalig, es hat dich in dieser Art noch nie gegeben, und es wird dich in dieser Art auch nie wieder geben. Deine Individualität ist die Bahn, die dir, gleich einem Stern, innerhalb der großen kosmischen Ordnung gegeben ist und die du einzuhalten hast. Diese Bahn ist das Gesetz, wonach du angetreten, und das dir keine Freiheit oder Abweichung erlaubt, ohne daß das Ganze der kosmischen Ordnung gestört würde. Aber innerhalb der Persönlichkeit bist du frei und kannst tun oder nicht tun, ganz wie es dir beliebt. Die dir gestellte Aufgabe heißt, die Persönlichkeit, die du jetzt für eine begrenzte Zeit verkörperst, in Übereinstimmung und Harmonie zu bringen mit deiner Individualität, die dir als kosmische Bahn gegeben ist und dem Wechsel der jeweiligen Persönlichkeiten übergeordnet ist. Gelingt dir dies, dann hast du den Zustand des tanzenden Androgyns erreicht und bist eingebettet in die Geborgenheit der großen kosmischen Ordnung, dann bist du buchstäblich inmitten der Welt.

0 Der Narr
(THE FOOL)

Im »Narren« haben wir ohne Zweifel das mit Abstand seltsamste und schwerverständlichste Bild des ganzen Tarot vor uns. Schon über seine richtige Einordnung innerhalb der großen Arkana herrschen verschiedene Ansichten. Steht der Narr mit der Zahl 0 am Anfang oder beschließt er als zweiundzwanzigstes Bild die Reihe der großen Arkana? Diese Frage hat heutzutage unter Esoterikern beinahe schon den Charakter einer »Gretchenfrage« angenommen oder die Rolle eines konfessionellen Bekenntnisses. Andere wiederum klassieren den Narren weder zum Anfang noch zum Ende, sondern ordnen ihn zwischen XX und XXI ein. Ein weiterer Grund für die zum Teil so extrem divergierenden Meinungen über dieses Bild rühren zu einem großen Teil, meiner persönlichen Meinung nach, davon her, daß man sich zu sehr auf das Wort »Narr« stützt und versucht, den Inhalt des Bildes 0 nur von der historischen Entwicklung sowie der psychologisch-archetypischen Bedeutung des Narren her abzuleiten. Dadurch wird aber nicht mehr das Bild an sich erforscht. Die in ihm enthaltenen Informationen werden nicht mehr unbefangen und unbelastet aufgenommen und erkannt. Ich habe an anderer Stelle geäußert, daß die Namen der großen Arkana wahrscheinlich Resultat einer späteren Entwicklung im Tarot sind. Deshalb möchte ich mich auch in keiner Weise auf Spekulationen einlassen über Ursprünge, aus denen heraus der Begriff des Narren entstanden ist und über seine Rolle im psychologischen Sinn. Verlassen wir also auch in diesem letzten Bild der großen Arkana nicht unsere bewährte Methode, das Bild selbst als eine Seite im Buche des Thoth aufzufassen und entsprechend zu lesen. Gib dich auch hier wiederum lange Zeit einfach der Impression des Bildes hin und laß, von ihm angeregt, deinen Gefühlen und Empfindungen freien Lauf. Vielleicht bist du schon so weit, daß sich dir auf diese Weise bereits die ganze Bedeutung dieses Bildes 0 erhellt und daß die anschließende analytische Übersetzung in die Wortsprache dir nun das bestätigt, was du aus deinem Innern heraus schon erfaßt hast.

Als erstes wollen wir uns aber doch noch kurz mit der Frage beschäftigen, wo nun eigentlich die korrekte Position des Narren ist, am Anfang oder am Ende. Das Bild trägt die Zahl 0, eine Zahl, die als Zeichen dem arabischen Zahlensystem entstammt, während die andern großen Arkana ja alle mit römischen Zahlen bezeichnet sind. Ich habe keine Andeutungen darüber finden können, daß die Zahl 0 in dieser Form Teil des römischen Zahlensystems ist. Diese Feststellung ist ein erster und wichtiger Anhaltspunkt. Sie kann uns zum Beispiel zur Überlegung führen, ob mit dieser Zahl 0 überhaupt eine Zahl gemeint ist oder nicht vielmehr das Symbol eines Kreises. Wenn wir an den Kreis denken, dann kommt uns sofort der Begriff *Rota* in den Sinn, das Rad, das wir als Symbol des Tarot überhaupt kennengelernt haben, mit der Verbindung zur Nabe und zum Naib.

Bisher haben wir die Bilder in einer linearen Reihenfolge angesehen, aber nun müssen wir uns der Frage stellen, warum ausgerechnet das Rad ein Symbol des Tarot ist, ob im Symbol des Rades, des Kreises also, die Art und Weise angedeutet ist, in der die Bilder der großen Arkana angeordnet werden sollen. Wir wollen einmal dieser Frage auf den Grund gehen, indem wir alle zweiundzwanzig Bilder der großen Arkana vor uns kreisförmig hinlegen.

Wo liegt nun der Narr, am Anfang oder am Ende? Die Frage ist nicht mehr zu beantworten, denn sein Platz zwischen XXI und I in der Rota kann sowohl das eine als auch das andere bedeuten, oder aber, und ich persönlich halte diese Deutung für wahrscheinlicher, weder das eine noch das andere. Um das besser zu begreifen, folge mit deinen Augen den vor dir in der Form der Rota aneinandergereihten Karten.

Auf diese Weise erfährst du sehr deutlich, daß Bild 0 weder Anfang noch Ende dieser kreisenden Bewegung ist, sondern vielmehr eine Art Durchgang herstellt, der von Bild XXI zu Bild I hinüberleitet. Um Bild 0 als Anfang oder Endpunkt bezeichnen zu können, müßte die kreisende Bewegung der Rota genau an dieser Stelle zum Stillstand kommen, ein Stillstand, der entweder Ausgangspunkt ist oder Endpunkt. Aber wir haben beim Lesen des Buches Thoth nirgends einen Hinweis gefunden, daß ein solcher Stillstand innerhalb der kosmischen Schöpfungsordnung vorgesehen und vorhanden ist.

Nun lege das Bild aus dem Verband der Rota heraus und betrachte es für sich allein.

Wir wollen miteinander versuchen, seine einzelnen Elemente zu erfassen und, soweit es uns möglich ist, zu deuten und zu erklären. Wir sehen einen Menschen, der in einer fast tänzerischen Haltung auf Bergeshöhe vor einem Abgrund steht, in ein reich verziertes Gewand gekleidet ist, auf seiner Schulter einen schwarzen Stab trägt, woran an einem Ende ein Bündel befestigt ist, und der in seiner linken Hand eine weiße Rose hält. Ein kleiner, weißer Hund umspielt seine Füße, und eine gleichfalls weiße Sonne erstrahlt in der rechten oberen Ecke des Bildes hinter den beiden. Weiter steckt eine rote Feder, wie wir sie bereits kennen, im Haar des Menschen, das offenbar blond ist und von einer Art grüner Mütze oder vielleicht grünem Kranz umfaßt wird. Es ist nur natürlich, wenn dich seine tänzerisch anmutende Bewegung irgendwie an den Androgyn von Bild XXI erinnert. Aber bevor du allzu schnell eine Verbindung zwischen diesen beiden Gestalten herstellst, lege einmal Bild XXI neben Bild 0 und vergleiche die Gestalt des Androgyns mit der Gestalt auf Bild 0.

Nun siehst du sicher nicht mehr so sehr die Ähnlichkeit als vielmehr den Unterschied. Beide Gestalten sind in einer Bewegung begriffen, die als Tanz bezeichnet werden kann. Aber wie groß ist doch der Kontrast. Während der Tanz des Androgyns vollkommene Harmonie und Beherrschung der materiellen Form ausdrückt, erscheint die Bewegung des Narren unkoordiniert, keiner ordnenden Idee oder Vorstellung unterworfen, in einer beinahe anarchisch wirkenden Ungebundenheit. Der »Narr« ist also anders einzuordnen als der Androgyn.

Gehen wir einmal zur Deutung der Einzelelemente über, die uns am meisten auffallen. Dazu gehört zweifellos die weiße Sonne. Das Abbild der Sonne ist uns in den großen Arkana mehrere Male begegnet. Immer war es von gelber Farbe als Darstellung der dynamischen und göttlichen Kraft des Feuers. Nun erscheint sie plötzlich weiß, obgleich auch dieses Weiß dem Himmel die gelbe Feuerfarbe zu geben vermag.

Erinnern wir uns zuerst daran, was wir bereits über die Eigenheit der weißen Farbe gesagt haben, nämlich, daß in ihr alle Farben des Spektrums ungetrennt und ungebrochen vereint sind. Weiß symbolisiert deshalb die in etwas vorhandenen Möglichkeiten, und auch, wie etwas ist, bevor es Form und Ordnung annimmt und die Bestandteile eine eigene, individuelle Existenz zu führen beginnen, so wie die Farben durch das im Prisma gebrochene Licht.

Die weiße Farbe erblickst du übrigens noch in weiteren Elementen des Bildes, im Hund, im Schnee und im Eis der Berge, im Untergewand des »Narren« selbst und in der Rose in seiner

Hand. Jetzt fällt uns auf, daß diese wenigen Einzelheiten, die wir eben beschrieben haben, uns schon in andern Bildern der großen Arkana begegnet sind. Die Sonne haben wir in den Bildern VI, XIII, XIV und XIX gefunden. Der Hund ist Teil von Bild XVIII. Eis und Schnee liegt auf den Bergen in den Bildern IX und XX. Die Rose ist in den Bildern I, V, XI und in XIII, stilisiert als Pentagramm, zu finden.

Diese Beobachtung führt uns zu einer Art Hypothese, der wir nachgehen wollen. Könnte es sein, daß in Bild 0 Fragmente aller anderen einundzwanzig großen Arkana zusammenkommen? Der Stab des Eremiten, wenn auch dunkel und unerleuchtet, und die rote Feder des Todes und des Sonnenkindes führen uns weiter in diese Richtung. Auch im Kragen des weißen Untergewandes bemerken wir Zeichen, die uns das Tetragrammaton, an der gleichen Stelle, im Gewand des Engels von Bild XIV in Erinnerung rufen. Suche weiter, und du wirst finden. Vergiß bei deinem Suchen nie, daß Spiel und spielerisches Tun ein Grundprinzip des Buches Thoth ist. Du wirst die Entdeckung machen, wenn du auf diese Weise in das Bild eindringst und mit ihm umgehst, daß sich die Möglichkeiten der Informationen und Aussagen, die du dabei erhältst, fast ins Unermeßliche steigern, so daß man den kühnen Satz wagen kann: Es gibt eigentlich nichts, das in diesem Bilde nicht als Möglichkeit enthalten ist.

Was aber können wir aus all diesen Details und Eindrücken, aus allen diesen Möglichkeiten, die sich uns öffnen und anbieten, als Ganzes entnehmen?

Wenn du dich dem spielerischen Prozeß im Erfassen und Kombinieren der einzelnen Teile wirklich unterworfen hast, dann wird sich in dir sicher die Frage formuliert haben, ob sich in diesem Bild 0 nicht vielleicht der ganze Tarot mit all seinen Aspekten und Dimensionen vereinigt. Ob hier mit diesem Bild 0 nicht vielleicht das Urbild des Tarot überhaupt vor uns liegt, aus dem heraus sich alle anderen Bilder entwickelt haben, oder, wie wir vielleicht besser sagen sollten, hervorgegangen sind, ähnlich wie die einzelnen Farben des Spektrums aus der Brillanz des weißen Lichtes hervorgehen? Folglich wäre in Bild 0 tatsächlich der ganze Tarot, also alles, als Möglichkeit enthalten. Hier stoßen wir von neuem auf ein Wort, das mir im Zusammenhang mit Bild 0 immer wieder unvermittelt in die Feder geflossen ist: »Möglichkeit.« Vielleicht, wer weiß, kommen wir dem zentralen Gehalt dieses Bildes näher, wenn wir den Titel »Der Narr« durch »Die Möglichkeit« ersetzen? Wir können die Gestalt auf diesem Bilde einmal unter diesem Aspekt betrachten, als einen Menschen, der zwischen Vergangenheit und Zukunft steht, der weiß, daß er auf das hinter ihm Liegende keinen Einfluß mehr nehmen kann und der das vor ihm Liegende noch nicht kennt, obgleich sich diese Zukunft aus allen Grundelementen aufbauen wird, die er jetzt mit sich trägt und verkörpert. Seine Zukunft ist als Möglichkeit in seinem Hier und Jetzt miteinbezogen.

Auch im Bild selbst sind solche Möglichkeiten angedeutet, zum Beispiel wiederum in der Sonne. Sie steht weder im Zenit noch über dem Horizont, sondern im rechten, oberen Bildrand. Wir können nicht eindeutig bestimmen, wird sie höher steigen und damit noch helleres Licht und größere Wärme verbreiten, oder wird sie sich dem Horizont zuneigen und die Dämmerung, den Übergang zur Nacht herbeirufen. Beides ist als Möglichkeit in diesem Bilde gegeben. Und der »Narr« selbst? Wohin führt sein Weg? Wird er unachtsam jäh hinunterstürzen in den Abgrund, der sich vor ihm aufreißt, oder wird er umkehren und die nächsthöhere Stufe erklimmen, die sich ihm am rechten Bildrand zeigt? Auch hier sind beide auseinanderlaufenden Wege möglich. Wenn du jetzt diese eben geschilderten Tendenzen des nach unten Fallens oder des nach oben Steigens in Verbindung bringst mit dem Zeichen 0, das ja die Form eines Kreises hat, dann hast du wieder das Symbol der Spirale vor dir, die deine Bewegung, dein Voranschreiten von einer Ebene zur anderen leitet, sei es nun von unten nach oben oder von oben nach unten.

Aber hier kommt nun noch ein Drittes dazu. Die 0 hat, wie wir schon festgestellt haben, die Form eines Kreises, und der Kreis hat eine scheinbar gegensätzliche und widersprüchliche Symbolbedeutung. Bekannt ist vor allem seine Figur als Mandala, ein Symbol des Absoluten und der Vollkommenheit, der Einheit, die alles umschließt und in der alles, aber auch wirklich alles, umfaßt ist. Aber es gibt noch eine andere, vielleicht weniger bekannte Bedeutung des Kreises: Er kann auch Symbol des Chaos sein. Ein Zustand, der – anscheinend – all dem entgegengesetzt ist, was durch das Mandala ausgedrückt werden soll. Aber ist denn nicht auch das Chaos eine Art Einheit? Auch in ihm steckt alles, wenn auch in einer ungeordneten, eben chaotischen Form. Die Mythen der Völker erzählen, daß unsere Welt aus dem Chaos heraus entstand, da nur im Chaos alle Elemente und Bausteine vorhanden waren, die benötigt wurden, um das zu schaffen, was wir heute als die göttliche Schöpfungsordnung erkennen. Also sind auch im Chaos buchstäblich alle Möglichkeiten eingeschlossen, und das Chaos hat deshalb eine sehr enge Beziehung zu unserem Bild 0.

Die Spirale führt nach oben oder nach unten. Aber der Kreis ist eine zweidimensionale Figur und hält deshalb die Fortbewegung auf einer Ebene gefangen. Man kann unentwegt im Kreise herum gehen, immer wieder zum gleichen Ausgangspunkt zurückkehren und nie dazu lernen. Auch dies ist eine Möglichkeit, die uns das Bild 0 im Zusammenhang mit der Evolution der menschlichen Individualität aufzeigen will.

Dreierlei Möglichkeiten bieten sich dem Narren auf unserem Bild an. Er kann entweder in den Abgrund zur unteren Ebene hinabfallen, er kann auf seinem Felsvorsprung verharren und sich im Kreise drehen, oder aber er hat auch die Möglichkeit, sein Gesicht dem Licht der Sonne zuzuwenden und dann den Felsvorsprung emporzusteigen, der ihn auf eine höhere Ebene hinaufführt. Welche von diesen drei Möglichkeiten er auch wählen mag – was wird er dann tun?

Es ist viel daran herumgerätselt worden, was der Beutel wohl enthalten könnte, den der »Narr« an seinem Stab hängen hat. Eine alte Tradition sagt, daß darin, vom Narren unerkannt, die vier magischen Waffen enthalten sind. Wenn dies so ist, und ich selbst halte diese Antwort für die überzeugendste, dann ist es weiter auch nicht schwer zu wissen, was der Narr auf seinem weiteren Wege finden wird. Führe ihn dieser Weg nun in den Abgrund vor ihm, auf die Anhöhe hinter ihm oder verharre er auf der gleichen Ebene, auf der er sich jetzt befindet – er wird einen Tisch vorfinden, seinem Beutel die vier magischen Waffen entnehmen und auf diesem Tisch ausbreiten: Stab, Kelch, Schwert und Münze. Dann wird aus dem Narren nach einer Drehung des Rades des Lebens erneut der Magier werden.

Am Schluß der Besprechung dieses Bildes und der ganzen Reihe der großen Arkana überhaupt noch ein Gedanke, der mir persönlich am deutlichsten auszusagen scheint, was eigentlich letzten Endes das Bild des Narren darlegen will. Bezogen auf Bild XXI haben wir vom Weltei gesprochen. In enormer Dichte war einst alle Materie und Energie des Kosmos in ihm komprimiert, um dann, mit einer gigantischen Explosion, zum Schöpfungsakt unseres Universums zu werden, das, wenn sein Kreis ausgeschritten ist, zusammenstürzen wird, um von neuem das Weltei zu formen, aus dem wiederum ein anderes, neues Universum entstehen wird. Der unvorstellbar kurze Augenblick, der winzige Moment, der eigentlich überhaupt nicht zu erfassen ist, in dem sich die Richtung der Bewegung der zusammenstürzenden Masse umkehrt und explosionsartig in ihr Gegenteil wandelt, um das neue Universum zu bilden, dieser Moment bedeutet für mich die höchste Verkörperung dessen, was im Bilde mit dem Zeichen 0 gemeint ist.

Aber dies gilt nicht nur für das große kosmische Geschehen. Jeder Augenblick unseres menschlichen Lebens birgt in sich Möglichkeit, die verwirklicht werden kann, nach der einen wie nach der anderen Seite hin. Jede Sekunde unseres menschlichen Lebens kann zum Zeitpunkt werden, in dem aus dem Weltei unseres Mikrokosmos, der wir sind, ein neues Universum, eine neue Welt geboren werden kann. Jederzeit können wir, wenn wir es nur wollen, vom Narren zum Magier werden, unsere vier magischen Waffen zur Hand nehmen und im Kreise des Rades des Lebens den Weg antreten, der uns dem Licht entgegenführt.

Es ist Nacht geworden, während ich dies schreibe. Das flackernde Licht meiner Kerze auf dem Tisch der Veranda beleuchtet die drei vor mir liegenden Gestalten des Androgyns, des Narren und des Magiers und verleiht ihnen Leben, wandelt immer wieder den tanzenden Androgyn zum Narren und schließlich zum wollenden Magier. Ich lausche den Tönen der vollmondhellen Tropennacht. Ein leichter Rauchgeruch durchdringt die Luft. Auf den Reisfeldern ist heute hart gearbeitet worden. Kleine leuchtende Punkte zeigen, wo das leergedroschene Stroh langsam verglüht. Manchmal bricht eine Flamme auf, lodert hell und läßt Funken stieben, um dann nach einer Weile wieder zum stetig leuchtenden Punkt am Horizont zu werden.

Von der Küste her dringt das unentwegte Donnern der Wogen an mein Ohr, die am Felsen von Tanaloth zerbranden. Von weit her, aus einer Entfernung von Tausenden von Kilometern, kommen diese Wellen über den Ozean, um schließlich zu Füßen des Tempels in Gischt und Wassertropfen zu zerstieben, die sogleich ins Meer zurückfallen, neue Wellen bilden, die erneut ihren Weg nehmen, um sich, wer weiß, nach Jahren, Jahrhunderten, Jahrtausenden wieder am Felsen von Tanaloth aufzulösen.

Bei Ebbe kann man den kleinen, steilen Pfad zum Tempel hinauf erklimmen. Man begegnet dort großen, steinernen Figuren, die mit ihren verwitterten Gesichtern über das weite Meer blicken und warten.

Als Welle geh' ich von dir,
Als Welle kehr' ich zu dir,
Du Tempel! Mitte der Welt!
Die Zeiten vergehen,
Aber immer
Blicken deine Gesichter
Über die Wasser
Nach mir.

Praxis des Tarot

Wie lesen wir das Buch des Thoth?

Eliphas Lévi stellte einmal folgende Behauptung auf: Falls ein Gefangener in einem Verlies ohne jegliche Kommunikation zur Außenwelt sein Leben verbringen müßte und er als einziges, um seine Zeit zu verbringen, nur die 78 Karten des Tarot zur Verfügung hätte, dann wäre es diesem Gefangenen möglich, daraus alles Wissen der Welt zu entnehmen. Andersherum heißt dies, daß allein in diesen 78 Karten alles enthalten ist, wozu die ganze Menschheit eine riesige Anzahl von Büchern und Bibliotheken produziert hat. Diese These erscheint zu kühn, als daß wir sie ohne weiteres akzeptieren könnten, und doch besagt sie im großen ganzen die Wahrheit. Um dies aber besser verstehen zu können, müssen wir den Tarot von einer ganz anderen Seite her kennenlernen.

Wir haben schon gelegentlich für den Ausdruck Tarot das Buch Thoth gebraucht, das heißt, daß nach der legendenhaften Überlieferung der Ursprung des Tarot beim ägyptischen Gott Thoth zu finden sei. Zum Begriff Buch haben wir gewöhnlich andere Vorstellungen als zu einem losen Spiel von Karten. Ein Buch ist für uns ein Band von gebundenen Blättern, die an einer Kante durch ein technisches Verfahren zusammengeheftet sind und deren Reihenfolge dadurch definitiv festgelegt ist. Damit können die einzelnen Seiten in einer klar eingeteilten Ordnung gelesen und die darin aufgeführten Informationen in einer ganz bestimmten Weise aufgenommen werden. Diese genaue Reihenfolge wird noch verstärkt, indem das Buch auch mit Seitenzahlen versehen ist. Das Buch des Thoth aber ist kein gebundenes Buch, sondern es besteht aus einer Anzahl loser Blätter, die auch eine Numerierung und damit Reihenfolge haben. Bei unserer Analyse der zweiundzwanzig großen Arkana sind wir dieser Numerierung durch die römischen Zahlen getreu gefolgt.

Du hast sicher schon längst bemerkt, daß diese Reihenfolge einen ganz bestimmten Sinn in der Deutung und im Verständnis der Bilder ergibt. Du hast gemerkt, daß die Bilder, wenn du sie in der angegebenen Reihenfolge übersetzest, einen Evolutionsweg, einen Entwicklungsgang des Menschen wie der Menschheit darstellen. Damit könnten wir uns eigentlich zufrieden geben, wenn wir nicht ausdrücklich immer wieder auf die Tatsache hingewiesen worden wären, daß der Tarot der Menschheit in der Form eines Spiels übergeben worden ist. Worin besteht nun aber das Wesen eines solchen Spiels? Jedes Spiel hat ja auch seine strengen Regeln und Anweisungen, an die sich die Spieler halten müssen. Welches sind, wenn der Tarot ein Spiel ist, die Regeln des Tarot-Spiels? Halten wir uns wiederum vor Augen, daß die einzelnen Seiten im Buche des Thoth nicht gebunden, sondern in loser Folge gegeben sind. Das heißt, man kann sie, sofern man will, beliebig untereinander austauschen. Genau dies ist ja die Eigenart des Kartenspiels, als das der Tarot von Generation zu Generation überliefert worden ist. Erinnerst du dich bei dieser Gelegenheit an die Legende von Papus?

Jedes Kartenspiel beruht auf der Grundvoraussetzung, daß die Karten vor jedem Spielgang neu gemischt werden, das heißt, daß ihre natürliche Reihenfolge immer wieder verändert wird. Bei fast allen Kartenspielen ist diese zufällige Vermischung und Aneinanderreihung der Karten Bedingung. Ausgehend vom Gedanken, daß das Buch des Thoth als Spiel überliefert worden ist, bedeutet dies analog, daß auch es in spielerischer Weise, das heißt durch immer wieder wechselnde Kombinationen der Einzelblätter, gelesen werden muß. Hiermit kommen wir auf eine Stufe, wo die einzelnen Bilder nicht mehr für sich, sondern in Verbindung mit anderen betrachtet werden müssen. Indem du die Bilder aus der durch die Zahlen angeordneten Reihenfolge herauslöst und sie in eine andere Beziehung zueinander bringst, erhältst du zwischen den einzelnen Bildern ein neues, polares Spannungsverhältnis, dessen Ausgleichung und Synthese dir neue Erkenntnisse vermittelt.

Was heißt das aber nun in der Praxis? Wir haben die zweiundzwanzig großen Arkana zuletzt in der Form des Kreises, des Naib, des Rades des Lebens vor uns gehabt. Verändere nun diesen Kreis einmal in der unten dargestellten Weise, indem du aus der Krümmung des Kreisumfanges zwei gerade Linien machst aus je elf Bildern, der Hälfte von zweiundzwanzig. Die obere Reihe enthält die Bilder I bis XI, die untere die Fortsetzung der Kreisbewegung von rechts nach links mit den Bilder XII bis 0. Demzufolge entspricht jedem Bild der oberen Reihe auch eines in der unteren.

I	II	III	IV	V	VI	VII	VIII	IX	X	XI
0	XXI	XX	XIX	XVIII	XVII	XVI	XV	XIV	XIII	XII

Nun wollen wir einmal miteinander sehen, ob uns diese veränderte Anordnung der Bilder auch veränderte Botschaften und Informationen vermittelt. Schaue als erstes die beiden Bildpaare an, die sich an den Außenseiten der zwei Reihen befinden, auf der rechten Seite die Bilder XI und XII und auf der linken die Bilder I und 0. Bringe die Bilder, die senkrecht übereinanderstehen, in ein polares Spannungsverhältnis und mach dir Gedanken darüber, worin dieses besteht. Laß dir Zeit und lies nicht einfach bequemlichkeitshalber diesen Text weiter, sondern erachte es als erste wertvolle Übung im Lesen des Buches Thoth, denn das Lesen des Buches Thoth geschieht in einer anderen Weise, als du es in der Schule gelernt hast.

Wenn du dich eingehend mit diesen beiden Bildpaaren beschäftigt hast, wirst du schon bald zum Resultat kommen, daß sie gegensätzlich sind. Bild XI zum Beispiel, »Kraft«, strahlt Aktivität aus, XII den genau polaren Gegensatz, Passivität. Ich möchte noch betonen, daß das in der Analyse der Bilder Gesagte natürlich seine volle Gültigkeit behält. Die Bilder XI und XII zeigen also, wenn man sie miteinander vergleicht, den polaren Gegensatz aktiv – passiv. Nun gehe zum Bildpaar auf der linken Seite der beiden Reihen über, zum »Magier« und »Narren«. Wiederum wirst du auf einen Gegensatz stoßen, wenngleich von ganz anderer Art als bei XI und XII. Nimm dir Zeit, über die Unterschiede dieser beiden Polaritätsachsen zu meditieren, und du wirst feststellen, daß dies bereits zu neuen Erkenntnissen führt.

Nun wende das Gesetz der Analogie an. Das heißt, wenn an den Außenseiten der Reihen zwei Bilder je eine Polarität beinhalten, dann müßten alle übrigen Bilder in gleicher, das heißt analoger Weise ebenfalls Gegensatzpaare bilden. Räume dir genügend Zeit ein, um jedes einzelne Paar gemäß dieser These zu untersuchen. Du wirst sie gutheißen, denn alle Karten, die in dieser Anordnung übereinander liegen, drücken einen Gegensatz aus. In manchen Fällen ist er sehr rasch zu erkennen, wie etwa bei den Bildern VII und XVI, X und XIII oder V und XVIII. Andere Bildpaare hingegen sind recht schwierig als gegensätzliche Pole zu erkennen und zu deuten. Aber auch wenn sich dir Schwierigkeiten in den Weg stellen, versuche trotzdem immer wieder, gerade bei diesen Bildpaaren, die dir noch dunkel und verschlüsselt sind, die Gegensätze herauszuspüren und zu erfassen. Je besser dir dies gelingt, desto mehr an Wissen und Erkenntnis wird dir zuteil. Vielleicht begreifst und erfährst du plötzlich Dinge, die dir bisher unzugänglich und rätselhaft geblieben sind.

Du fängst an, im Buch des Thoth zu lesen und hast verstanden, daß die Technik dieses Lesens darin besteht, die losen Bilder des Tarot in immer neuer Weise miteinander in Beziehung zu bringen. Und da die möglichen Kombinationen der 78 Karten beinahe ans Unendliche grenzen, so sind auch die Informationen und die Erkenntnisse, die du dir aus dem Tarot auf diese Art aneignen kannst, beinahe unendlich. Jetzt verstehst du die Behauptung von Eliphas Lévi, daß man aus den 78 Karten des Tarot alles Wissen der Welt entnehmen kann, selbst dann, wenn man vom direkten Kontakt mit dieser Welt hermetisch ausgeschlossen ist, oder vielleicht gerade dann.

Die Aufteilung der zweiundzwanzig großen Arkana in zwei Reihen ist nur eine Möglichkeit unter vielen. Ich möchte dir deshalb noch eine weitere Möglichkeit zeigen, die sich aus dieser Gegensätzlichkeit ableitet.

Lege einmal die Bilder I und II nebeneinander.

Wie du weißt, zeigen diese beiden Bilder den Menschen als Mann beziehungsweise als Frau und bilden zusammen sozusagen die Grundpolarität. Im Laufe unserer Betrachtung der großen Arkana haben wir gesehen, daß es für den Mann, der im Bild I als wollender, aktiver Magier in Erscheinung tritt, einen Entwicklungsweg gibt, dessen vorläufiges Ende bei Bild XII, beim hängenden Mann, ist. »Der hängende Mann« wiederum ist, wie wir gesehen haben, zum Magier von Bild I gleichzeitig Gegensatz und Ergänzung. Das Analoge gilt auch für die Frau auf Bild II, die als Aufgabe erhalten hat, als Ergänzung ihrer Persönlichkeit, die gegensätzliche, männliche Polarität von Bild XI zu integrieren. Wenn wir nun diese vier Bilder etwas länger betrachten, dann erkennen wir, daß innerhalb Bild I und XII, beziehungsweise Bild II und Bild XI nicht nur ein Gegensatz besteht, sondern auch eine vorwärtsweisende Entwicklung. Nun können wir einmal in spielerischer Weise untersuchen, ob sich diese Entwicklung noch fortsetzt, wenn wir die anderen 18 Bilder der großen Arkana nach diesem Prinzip den vier Bildern anhängen. Es entstehen somit die beiden unten abgebildeten senkrechten Reihen.

Bezeichnen wir die Reihe, die die Bilder des Magiers und des hängenden Mannes enthält, als männliche Reihe, und die andere, mit den Bildern der Hohepriesterin und der Kraft, als die weibliche. Dann hätten wir, aufgrund dieser Vermutung, in der

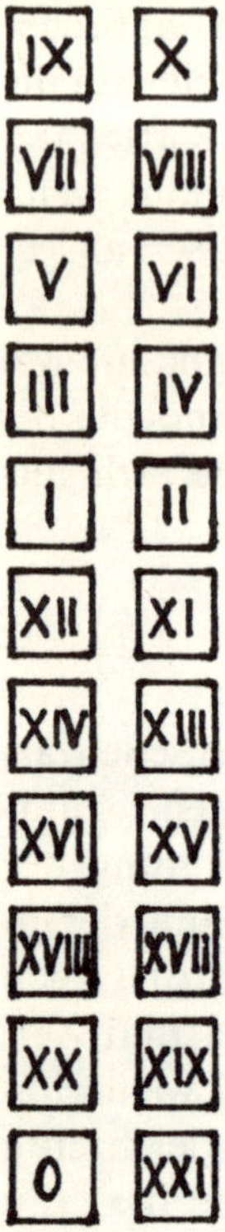

männlichen Reihe sozusagen den Weg des Mannes vor uns und in der weiblichen Reihe den Weg der Frau. Nun wollen wir spielerisch aufklären, ob unsere Annahme zutreffen könnte. Oberhalb des Magiers ist Bild III, die Herrscherin. Daran reihen sich die Bilder V, und VII und IX. Versuche nun, in diesen 5 Bildern von I bis IX einen Entwicklungsgang zu erkennen.

Vielleicht so: Der Mann kommt als Magier in die Welt. Ihm stehen die vier magischen Werkzeuge zur Verfügung mit dem Auftrag, sie richtig zu gebrauchen. Das erste, das er auf seinem Weg tun muß, ist die Auseinandersetzung mit der Mutter, die er als allmächtige Herrscherin, in deren totaler Abhängigkeit er sich als kleines Kind befindet, erlebt. Erst durch die Mutter begegnet dem Mann die Welt, an der Mutterbrust kommt ihm die Fülle dessen zu, was die Welt zu bieten hat. Erstmals wird der Mann mit dem Weiblichen konfrontiert und mit dem Gesetz der Polarität, das für ihn fortan als Grundpfeiler der Weltordnung in all ihren Erscheinungsformen andauern wird. Aber keine Ordnung kann um ihrer selbst willen Bestand haben. Sie muß mittels Religion oder Ideologie im Rahmen der entsprechenden Institutionen, sei es nun Kirche oder Partei, untermauert werden. Das entspricht ziemlich genau dem Bild des Hierophanten, das sich oberhalb des Bildes der Herrscherin befindet. Damit ist dem Manne der Umkreis gegeben, innerhalb dessen Schranken er nun zu leben und sich zu bewähren hat.

Dies zeigt sich deutlich im Bild VII, das sich als nächstes in dieser Reihe anschließt. In unserem Beispiel kann dies bedeuten, daß der Mann hinaus muß ins Leben und in Beruf und Karriere mit den Kräften umgehen lernen muß, die dort auf ihn einwirken. Aber auch die Zeit der Schaffenskraft und der beruflichen Karriere geht für den Mann einmal zu Ende. Er zieht sich aus dem aktiven Leben zurück und wird zum Eremiten, im vollumfänglichen Sinne dieses Bildes: Weisheit, Zurückgezogenheit, aber auch Isolation, Kälte und Erstarrung. Wir sehen, daß dieser Weg von Bild I bis Bild IX annähernd ein Abbild des Weges ist, den der normale, durchschnittliche Mann in unserer Welt, in unserer Gesellschaft zu gehen hat, auf den er vorbereitet und zu dem hin er gezogen wird. Es ist der Weg der Anpassung an die gegebenen Verhältnisse. Dieser Weg braucht nicht unbedingt negativ bewertet zu werden. Er ist für viele Männer der ihnen vorgezeichnete Weg, und in jedem Falle leichter zu begehen als der andere, der über Bild XII führt. In Bild XII lernt der Mann seine andere, passive, weibliche Seite zu akzeptieren und in seine Persönlichkeit zu integrieren. Er schafft dadurch die Grundlage, daß alles, was er mitbringt, neu gemischt werden kann und erfährt eine Bewußtseinserweiterung, die ihn zu einer höheren Ebene führt, wie dies alles in Bild XIV zum Ausdruck kommt. Diese Bewußtseinserweiterung auf eine höhere Ebene hinauf kann beim Manne zu einer Aufblähung des Ichs, einer Inflation, einer Überschätzung der eigenen Kräfte und des eigenen Egos führen. Damit muß er sich auseinandersetzen und notfalls sogar in Kauf nehmen, daß er von einer angemaßten, überhöhten Position wieder auf die ihm gemäße Ebene zurückfällt.

Als nächstes folgt die Station in der Tiefe des eigenen Unbewußten, die Konfrontation mit der Schattenseite und Spiegelwelt der eigenen Seele sowie das Hadern, das damit verbunden ist. Dies ist das Sinnbild des Mondes. Wer diese Station erfolgreich durchlaufen und hinter sich gebracht hat, ist reif, um die Auferstehung zu erfahren, das Neugeborenwerden als neue Persönlichkeit wiederum in die Materie und in die materielle Welt hinein, aber doch auf einer anderen Bewußtseinsebene. Ziel, End- und Durchgangsstation dieses Weges bildet der Narr, mit allen Möglichkeiten, die in diesem Bild zusammenlaufen. Beachte, wie der Narr und der Eremit vom Bild her gesehen eine gewisse Ähnlichkeit aufweisen und doch von der Aussage her so grundverschieden sind.

Als Ergebnis unserer Wanderung können wir nun die Schlußfolgerung ziehen, daß dem Manne in dieser Welt zwei Wege offenstehen. Der Weg der Adaption heißt Anpassung und Nutzung der bestehenden Verhältnisse und Strukturen, die der Mann als Grundlage seines Lebens braucht, um sich wiederum in ihnen einzurichten. Ein starker Kontrast dazu bildet der andere Weg in die andere Richtung auf Bild 0 zu, den wir den Weg der Initiation nennen wollen. Auf diesem Weg ist der Mann nicht bestrebt, Grenzen zu billigen und sich innerhalb von ihnen einzurichten, sondern will diese Grenzen erweitern oder, falls möglich, auch überschreiten, um dadurch zu neuen Erkenntnissen sowie zum eigentlichen Kern seiner selbst vorzustoßen.

Auch die Frau steht vor einem gleichen, in zwei Richtungen verlaufenden Weg, der aber durch andere Etappen und Erfahrungen gekennzeichnet ist. Geht die Frau den Weg der Adaption, dann bindet sie sich an eine festgefügte, patriarchalische Gesellschaft, verkörpert durch den Herrscher. In ihr hat sie die geltende Rolle der Tradition zu übernehmen, nämlich sich mit einem Manne zu verbinden und so im Kreise der Familie das Gesetz der Polarität, wie es Bild VI darstellt, zu leben. In diesem Bereich der Familie hat sie Recht auf Verwirklichung, dort ist ihr eingeräumt, Entscheidungen zu treffen und mit Gerechtigkeit dafür zu sorgen, daß die vom Manne institutionalisierte, patriarchalische Ordnung nicht in Frage gestellt wird. Aber dieser Raum ist eng begrenzt, und der violette Vorhang deutet an, daß der Frau der Zutritt dahin verwehrt ist, wo sie ihr dynamisches Feuer ausleben könnte. Endpunkt dieses Weges ist das Rad des Schicksals, das heißt, die Frau muß anerkennen, daß der Weg der Adaption sie in die Abhängigkeit von den Gesetzen und den Kräften dieser Welt gebracht hat.

Aber auch die Frau kann in der anderen Richtung den Weg der Initiation wählen. Den ersten Schritt tut sie, um wie der Mann ihre andere, für sie aktive Seite zu entdecken und zu integrieren. Dies führt zu einer tiefgreifenden Veränderung, die sehr wohl todesähnlich sein kann, derart, daß die Frau lernen muß, auf vieles zu verzichten und manches hinter sich zu lassen, wenn sie auf dem Weg der Initiation weiterschreiten will. Die Frau, die die Selbstverwirklichung anstrebt und sich aus der tradierten Rolle herauslösen will, muß sich gefallen lassen, daß sie verteufelt wird und daß sie, wie in Bild XV deutlich zu sehen ist, in die Gefahr einer Blockade gerät, die sich vielleicht in gewisser Weise in manchen Erscheinungen des modernen Feminismus manifestiert. Gelingt es der Frau aber, diese Blockade zu vermeiden, dann ist ihr Weg frei für die Erfüllung ihrer weiblichen Sexualität, wie sie ihr in Bild XVII anvertraut wird. In Bild XIX gelangt die Frau in das Licht des Bewußtseins und findet den ihr gemäßen, richtigen Standort, mit allem, was Bild XIX beinhaltet. In Bild XXI schließlich, im tanzenden Androgyn, der das Gesetz des Universums verkörpert, erreicht die Frau ihr Ziel und ihre Vollendung.

Dies sind nur einige skizzierte Gedanken über diese beiden Wege, aber es lohnt sich, darüber tiefer und erschöpfender zu meditieren. Du wirst daraus sehr viel über dich selbst und deine Situation lernen können. Beachte auch, daß die jeweiligen Wege nicht nur Einbahnstraßen sind; auch Rückschritte sind möglich. Du kannst von jeder Position aus sowohl vorwärts als auch rückwärts gehen, das heißt, von jeder Station des Weges der Adaption vorwärts zur Initiation hin, aber auch vom Weg der Initiation zurück auf den Pfad der Adaption. Stelle einmal fest, an welchem Punkt, das heißt bei welchem Bild du dich in deiner jetzigen Situation befindest. Welches sind die nächsten Stationen, die auf dich warten, beziehungsweise die du erreichen willst und kannst? Die dir entsprechende Reihe als Mann oder als Frau kannst du jederzeit wie einen Barometer benutzen, um daran abzulesen, wo du stehst und was sich dir von diesem Platz aus als Möglichkeit bietet.

In der esoterischen Tradition wird noch eine andere Version überliefert, die zweiundzwanzig großen Arkana zu kombinieren. Lege einmal die Karten ihren Nummern nach in Dreierreihen vor dich hin, so daß die folgende Anordnung entsteht:

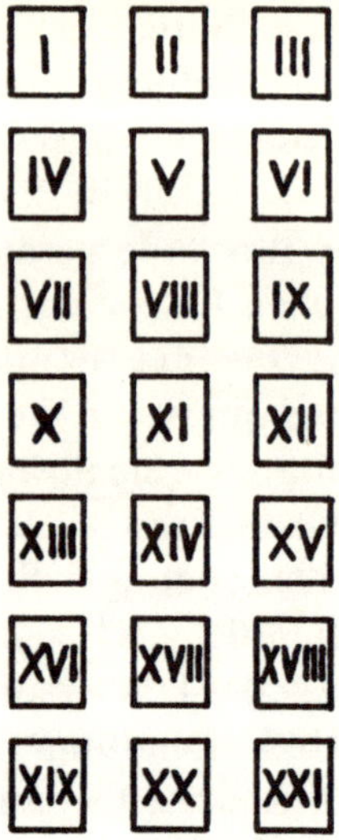

Auf diese Weise erhältst du drei senkrechte Reihen zu je sieben Karten. Die Karte 0, der Narr, ist in dieser Anordnung nicht berücksichtigt. Du kannst sie entweder ganz fortlassen oder entweder oberhalb oder unterhalb der drei Reihen in die Mitte legen. Entscheide selbst, welcher von diesen drei Möglichkeiten du den Vorzug gibst, aber du solltest deine Wahl nicht gedankenlos oder durch den Zufall bestimmt treffen, sondern bewußt, und du solltest vor dir selbst genau begründen können, warum du diese und keine andere Entscheidung triffst. Brauche jetzt diese Aufstellung als eine erste Übung, um das Buch des Thoth ohne meine Hilfe und Anweisung ganz selbständig zu lesen, und versuche selber herauszufinden, was sie dir ganz persönlich bedeutet und zu sagen hat.

Wenn du dir die Mühe genommen hast, dich intensiv und über längere Zeit hinweg mit den beschriebenen Einteilungen der großen Arkana abzugeben, dann weißt du jetzt mehr über die Art und Weise, wie durch die Bilder des Tarot Erkenntnisse erlangt werden können.

Aber die Aussagekraft der Tarotbilder ist damit noch längst nicht erschöpft, ihre Wirkung geht noch viel tiefer. Du hast sicher bereits festgestellt, daß die Beschäftigung mit dem Tarot und die intensive Betrachtung seiner Bilder dazu führt, daß in dir ganz bestimmte Gedanken, Empfindungen und Gefühle geweckt werden, daß du dadurch auf Bahnen und Wege gelenkt wirst, wie dies auf andere, herkömmliche Art kaum geschehen würde, und daß das in dir Geweckte beginnt, dich langsam, aber entscheidend, zu verändern. Anders ausgedrückt, du erlebst die magische Wirkung des Tarot. Damit begegnen wir einmal mehr dem seltsamen und faszinierenden Wort »magisch«, und fragen uns erneut, was wohl damit gemeint ist. Es ist jetzt Zeit, daß wir uns dieser Frage stellen und versuchen, eine Antwort darauf zu finden.

Es gibt wahrlich kaum ein Wort im ganzen Gebiet der Esoterik, das so vielen Mißverständnissen und Fehlinterpretationen ausgesetzt ist wie das Wort »magisch«. Wieviele Anläufe wurden nicht schon unternommen, um den Sinn und Gehalt dieses Wortes zu erläutern und seine Bedeutung leicht faßlich zu definieren. Von den vielen Deutungsversuchen ist vielleicht auch hier der einfachste der Wirklichkeit am nächsten. C. G. Jung hat einmal erklärt: »Magisch ist nur ein anderes Wort für psychisch.« Wenn du dem Weg durch die großen Arkana bisher mit Aufmerksamkeit und Hingabe gefolgt bist, dann weißt du auch, daß Seele sehr viel zu tun hat, ja vielleicht sogar identisch ist mit Kraft und Energie in einer ganz bestimmten Ausdrucksart. Wenn wir nun die Worte magisch und seelisch in eine Wechselbeziehung bringen, dann haben wir es mit Kraft, mit Energie zu tun. Ein magisches Geschehen wäre dann das bewußte und konzentrierte Einsetzen von seelischer Energie, um ein beabsichtigtes Ziel, eine Änderung zu erreichen. Unter diesem Aspekt verliert natürlich das Wort magisch sehr viel von seiner Faszination und seinem Geheimnisvollen. Viele banale Dinge aus unserem Alltagsleben, von denen wir nicht im Traume daran gedacht hätten, sie mit dem Wort magisch in Verbindung zu setzen, haben nun plötzlich einen Zusammenhang damit. Die Formulierung eines Briefes mit dem Zwecke, den Empfänger zu einer ganz bestimmten Haltung oder Handlung zu bewegen, ist somit als magisches Geschehen zu verstehen. Wenn du diesem Gedanken weiter nachgehst und nach weiteren Beispielen suchst, dann wirst du zu deinem Erstaunen herausfinden, wie sehr dein Alltag und deine Umwelt durch dieses magische Geschehen bestimmt ist.

Wie oft setzest du nicht deine seelischen Kräfte ein, um eine Veränderung zu bewirken, und falls du an dir selbst jetzt bemerkst, daß die intensive Arbeit mit den Tarotbildern dazu geführt hat, daß sich in dir, in deinem persönlichen Denken und Empfinden, vielleicht sogar in deiner Weltanschauung eine Umwandlung abzuzeichnen beginnt, dann fragst du mit Recht, worin denn die magische Kraft des Tarot bestehen könnte. Es muß also, nach unseren bisherigen Überlegungen, in den Tarotbildern eine geheimnisvolle Kraft geben, die befähigt ist, nach außen hin zu dringen, Einfluß zu nehmen und verändernd einzuwirken. Worin nun könnte diese Kraft bestehen? Könnte es sein, daß aus der Art der Zeichnung, den Proportionen des Bildes und seiner Farbgebung eine Kraft abstrahlt, die wir nach unseren Kriterien als magisch bezeichnen? Dieser Gedanke ist kühn und für manche vielleicht sogar absurd. Und doch gewinnt er sehr viel an Glaubwürdigkeit und Wahrscheinlichkeit, wenn wir einmal folgende Eindrücke nachvollziehen.

Im Jahre 1968 sollte durch ein Forschungsunternehmen abgeklärt werden, ob in der Chephren-Pyramide noch unentdeckte Kammern vorhanden seien. Zu diesem Zwecke wurden wissenschaftliche Hilfsmittel der damals modernsten Computertechnik eingesetzt. Die dabei erhaltenen Resultate waren so verwirrend und stimmten so wenig mit den bis dahin bekannten wissenschaftlichen Daten überein, daß sie nicht anders erklärt werden konnten, als daß in der Pyramide möglicherweise eine bisher unbekannte Energie vorhanden sei, die mit den vorher zur Verfügung stehenden wissenschaftlichen Methoden und Mitteln nicht erfaßt werden konnte. (Einzelheiten über dieses interessante Experiment findest du in dem Buch von Max Toth und Greg Nielsen, *Pyramid Power – Kosmische Energie der Pyramiden*. 3. Auflage, Bauer Verlag, Freiburg im Breisgau, Seite 181 bis 183.)

Wenn wir die Form einer Pyramide prüfen, werden wir sehen, daß sie im Grunde ein zur Dreidimensionalität erweitertes Dreieck ist. Wenn nun in einem »dreidimensionalen Dreieck« Energien wirken, dann können wir erwägen, ob solche Energien nicht ebenfalls in einem zweidimensionalen Dreieck wirksam sind, wenn auch sehr viel schwächer, sozusagen verdünnter als in der dreidimensionalen Form, so daß sie, selbst mit den allerneuesten wissenschaftlichen Mitteln, überhaupt nicht mehr erfaßt werden können. Indessen wissen wir von der Homöopathie her, daß auch extrem starke Verdünnungen eine heilende, energetische Wirkung ausüben, ja, daß die Wirksamkeit sogar noch zunimmt, je höher die Potenz, das heißt, je stärker die Verdünnung ist. Erfahrungsgemäß können Heilerfolge erzielt werden von so starken Verdünnungen, in denen nicht einmal mehr ein Molekül des entsprechenden Arzneistoffes nachweisbar ist. Das bedeutet nichts anderes, als daß die Wirkung nicht durch einen chemischen Stoff, sondern durch eine ganz bestimmte Energie hervorgerufen wird, die in diesem Mittel vorhanden sein muß.

Wir haben das Dreieck als ein wichtiges Symbol kennengelernt. Nach den Überlegungen, die wir soeben angestellt haben, könnte dies heißen, daß Symbole Träger einer ganz bestimmten Kraft sein können, die ähnlich der Kraft eines homöopathischen Mittels auf den Betrachter ihre Auswirkung haben kann. Symbole wären also nicht nur ganz bestimmte Zeichnungen, mit einem für sie zutreffenden Bedeutungsinhalt, sondern sie wären zugleich magische Zeichen, das heißt, Träger einer Kraft, die auf den Betrachter des Symbols eine einflußreiche und umwälzende Wirkung ausübt. Ich gebe zu: dieser Gedanke ist uns sehr ungewohnt, und doch gibt es Hinweise, daß es sich unter Umständen so verhalten könnte. Der amerikanische Psychiater John C. Lilly, der sich besonders um die Erforschung der menschlichen Bewußtseinsgrenzen verdient gemacht hat, kommt von einer ganz anderen Seite zu ähnlichen Vorstellungen. In seinem Buch *Das Zentrum des Zyklons* (Fischertaschenbuch Nr. 1768) beschreibt Lilly Experimente (Gruppenrhythmus und Gruppenresonanz beim Workshop in Kairos), die ihn zu dieser Annahme brachten: Wenn man die Gruppenmitglieder in einem Raum unterschiedliche Anordnungen bilden läßt, zum Beispiel eine Kreis- oder Dreiecksform, dann ist in der Gruppe eine entsprechend veränderte Kraft fühlbar zu merken. In dem erwähnten Kapitel zieht Lilly aus seinen Beobachtungen folgende Schlüsse: »Es gibt viele, viele Bandbreiten der Energie . . . Vermutlich gibt es Energien, auf die jedes menschliche Wesen anspricht, die wir jedoch mit Instrumenten nicht erfassen können. In unseren Gehirnen und unseren Körpern befinden sich sehr empfindliche, abstimmbare Empfänger für Energien, die wir innerhalb unserer Wissenschaft noch nicht kennen, die jedoch jeder von uns unter den geeigneten Umständen und in einem entsprechenden Geisteszustand entdecken kann. Wir können unser Nervensystem und unseren Körper so einstellen, daß wir diese Energien empfangen. Wir können unser Nervensystem und unseren Körper auch ebensogut so einstellen, daß sie diese Energien aussenden.«

»Vermutlich gibt es viele, viele Stadien der Einstellung für Sendung und Empfang. Es gibt viele, viele Bandbreiten der Energie, auf die wir uns einstellen können. Es gibt Bandbreiten, die hauptsächlich von Menschen ausgestrahlt und von Menschen empfangen werden. Es gibt Bandbreiten, die von nicht-menschlichen Intelligenzen auf diesem Planeten gesendet und empfangen werden und auf die wir uns einstellen oder nicht einstellen können. Es gibt Bandbreiten, die von Wesenheiten gesendet und empfangen werden, die unendlich viel größer sind und die in anderen Teilen der Galaxis existieren. Manches von dem, was wir empfangen, kann von der Erde gesendet worden sein; manches kann von den Sternen kommen, von Sonnen, von Staubwolken und so weiter; manches kann von menschlichen Intelligenzen in der Galaxis kommen, und manches kann von Apparaturen ausgestrahlt werden, die von Zivilisationen konstruiert wurden, die Tausend- bis eine Million-Jahre weiter in ihrer wissenschaftlichen Entwicklung sind als wir.«

Wir können die Ausführungen ohne weiteres ergänzen durch die Feststellung, daß solche Apparaturen auch auf unserer Erde entwickelt worden sind von Kulturen, die längst versunken und vergangen sind, und daß eine dieser »Apparaturen« möglicherweise der Tarot sein könnte.

Auch die geheimnisvolle Orgonkraft, die der aus dem Schülerkreis von Sigmund Freud stammende Psychiater und Psychoanalytiker Wilhelm Reich im Verlaufe seiner Experimente entdeckt zu haben glaubte, verdient in diesem Zusammenhang wiederum vermehrt Beachtung. Es könnte durchaus sein, daß diese Orgonkraft eben doch mehr ist als ein Sympton der paranoiden Entwicklung von Wilhelm Reich, wie immer wieder voreilig behauptet wird. (Die Werke von Wilhelm Reich sind nicht leicht zu lesen und zu verstehen. Eine leichtfaßliche Übersicht über Reichs Experimente mit der Orgonkraft ist zu finden in: David Boadella: *Wilhelm Reich. Leben und Werk*. Scherz Verlag 1981.)

Ohne daß wir irgendeinen Beweis gefunden haben, könnten wir aber in diesen Angaben eine Erklärung für die spürbar magische Wirkung des Tarot erhalten haben. Wie wir wissen, sind auf den Tarotbildern verschiedene Symbole enthalten, entweder in reiner oder übertragener, graphischer Darstellung. Unter der Voraussetzung, daß diese Symbole Träger einer bestimmten, magischen Kraft sind erscheint es ohne weiteres plausibel, daß sich die Wirkung dieser magischen Kraft beim längeren und intensiven Anschauen auf denjenigen überträgt, der sich mit dem Tarot befaßt. Aber wie gesagt, dies sind nicht viel mehr als Spekulationen und Vermutungen, eine mögliche Erklärung für die von mir immer wieder beobachtete und festgestellte Tatsache, daß durch die Auseinandersetzung mit dem Tarot in dem betreffenden Menschen unfehlbar Veränderungen stattfinden, die auf das Einwirken einer Kraft zurückzuführen sind. Durch den Tarot werden die Menschen sensibilisiert, und diese Sensibilisierung greift mehr und mehr auf den ganzen Menschen über, wodurch möglicherweise eine tiefgreifende Umstrukturierung seiner Persönlichkeit, seines seelischen Bereiches erzeugt wird. Dies heißt, daß der Umgang mit dem Tarot mehr ist als eine harmlose Spielerei und daß jeder Mißbrauch des Tarot seine entsprechenden Rückwirkungen haben kann. Andererseits kann sich der Tarot beim richtigen Gebrauch als ein wahres Heilmittel für die Seele erweisen. Bei der Durcharbeitung der zweiundzwanzig großen Arkana hast du bestimmt die Beobachtung gemacht, daß einzelne Bilder auf dich anziehend wirken und eine besondere Faszination ausüben, während andere dich eher abstoßen und du vielleicht nur mit einem gewissen inneren Widerstand an sie herangetreten bist. Gerade solche Bilder aber haben dir ganz persönlich etwas zu sagen.

Wenn du es nicht bereits aus eigenem Antrieb getan hast, dann kehre jetzt zu diesen Bildern zurück, suche sie dir aus der Reihe der großen Arkana heraus und beschäftige dich noch einmal mit ihnen. Du wirst merken, daß sie in irgendeiner Weise genau die Probleme berühren, die zur Zeit bei dir aktuell sind. Die Bilder, die du attraktiv und sympatisch findest, haben Bezug zu den Problemen, die du erkannt und akzeptiert hast. Diejenigen aber, die in dir einen Widerstand hervorrufen, die du vielleicht sogar widerwärtig findest, unterbreiten dir Probleme, die du nicht wahrhaben willst und die dennoch in deinem Leben mehr oder weniger stark vorhanden und akut sind. Wenn du diesen inneren Widerstand überwindest und dich gerade mit diesen Bildern noch einmal gewissenhaft abgibst, dann wirst du sehr viel über dich selbst erfahren, was du vielleicht noch nicht kennst.

Du wirst erkennen, daß gerade diese Bilder dich mit der Zeit weiterbringen und besonders sie zu deiner Persönlichkeitsentwicklung beitragen. So wird der Tarot zum Spiegel deiner selbst und zeigt dir dein ganz persönliches Bild, sofern du deine Augen offen hältst, um zu sehen.

Von der Divination

Ehrlich gesagt würde ich am liebsten nichts darüber schreiben, denn wir betreten damit ein sehr heikles und gefährliches Gebiet des Tarot, das immer wieder Anlaß zu Einseitigkeit, Mißverständnissen und Mißbrauch gibt. Es ist der Bereich, der vielen als der einzige des Tarot überhaupt bekannt ist und in dem viele nur ein bequemes Mittel zur Wahrsagerei erblicken. Daß der Tarot sehr häufig zu diesem Zweck mißbraucht wird, rechtfertigt allerdings meiner Meinung nach nicht, abzuleugnen, daß es diesen Aspekt, diese Seite des Tarot wirklich gibt. Nein, denn es muß sie sogar geben, wenn alles, was wir auf unserem Weg durch die zweiundzwanzig großen Arkana gesehen und erkannt haben, stimmt und seine Richtigkeit hat. Unter der Voraussetzung, daß es sich mit der magischen Wirkung des Tarot so verhält, wie im vorhergehenden Kapitel dargelegt worden ist, und daß der Tarot wirklich ein Spiegel der kosmischen Ordnung, des Gesetzes des Universums ist, wird auch seine Eignung für den Gebrauch als Orakel verständlich und erscheint uns logisch. Daß etwas machbar ist, heißt aber noch lange nicht, daß es gemacht werden sollte. Es heißt vor allem nicht, daß es um jeden Preis und in einer leichtfertigen Art getan werden muß. Ich gestehe, daß ich vor einiger Zeit, als ich anfing, mich mit dem Tarot zu beschäftigen, seine Eignung als Orakel vollkommen ablehnte. Erfahrungen und Beobachtungen aber, die ich dann im Laufe der Jahre machte, haben mich eines anderen belehrt und dazu geführt, daß ich meine Meinung mehr und mehr gegen mein eigentliches Wollen ändern mußte. Ich habe erkannt, daß der Tarot wirklich als Instrument persönlicher Lebenshilfe, als Orakel genutzt werden kann, wenn sich meine Auffassung über diesen Gebrauch auch stark von der üblichen »Wahrsagerei« unterscheidet. Das

Wort Wahrsagen finde ich persönlich fehl am Platz, denn es enthält das Wort wahr, und wahr sein oder wahr- sagen bedeutet, Anspruch auf die Wahrheit zu erheben und über die Wahrheit zu verfügen. Dies aber erscheint mir vermessen und für einen echten Esoteriker unnötig und unangebracht. Befasse dich an dieser Stelle vielleicht noch einmal mit Bild VII, dem »Wagen« und lies nach, was dort über das Orakel sowie die Fähigkeit des Menschen, etwas über seine Zukunft zu erfahren, gesagt wird.

Statt des suspekten Begriffs »Wahrsagen« möchte ich das Wort Divination gebrauchen. Divination leitet sich aus dem lateinischen Wort »divinus« ab, was gotterfüllt heißt. Dies setzt wirklich eine andere Grundhaltung des Menschen voraus als die Wahrsagerei. Um gotterfüllt zu sein, muß man sich öffnen und bereit sein, das in sich einströmen zu lassen, was von Gott her kommt, der sich in den Gesetzen und der Harmonie des Kosmos offenbart und manifestiert. Es bedeutet, sich als Teil dieses Kosmos zu erkennen und zu bekennen. Es bedeutet letztlich Demut. Eine Demut, mit der man bereit ist, sich all dessen zu entäußern, was nur im kleinlichen Tageskram seine Wichtigkeit hat, um wiederum in Demut die Einstellung zu haben, die nicht einfach der Neugierde, sondern dem Drang nach Erkenntnis entspringt, und mit der man nicht nach kleinen, persönlichen Vorteilen hascht, sondern bereit ist, sich in die großen, universalen Zusammenhänge einzuordnen und seinen eigenen Platz dort zu erkennen und anzunehmen. Es ist eine Einstellung dem Göttlichen gegenüber, wie sie der Mystiker Thomas von Kempen in seinem Buch *Nachfolge Christi* im 17. Kapitel mit folgenden Worten umschrieben hat:

»Herr, daß doch mein Wille gerade und fest und auf dich gerichtet bliebe; dann mach mit mir, was dir gefällt! Denn es kann ja nur etwas Gutes sein, das du über mich verhängst. Willst du, daß ich im Finsteren irre, so sei gepriesen! Willst du, daß ich im Licht wandle, so sei wiederum gepriesen! Schenkst du mir die Gnade deines Trostes, so sei gepriesen! Und läßt du mich in Trübsal versinken –, auch dann sei nicht minder gepriesen!«

Im divinatorischen Gebrauch des Tarot geht es nicht darum, etwas vorauszuwissen über Ereignisse des persönlichen Lebens, sondern es geht darum, Aufgaben zu erkennen, die dir auferlegt werden und die du zu bewältigen hast. Das Orakel des Tarot sagt dir nicht, was dir widerfahren wird, ob du erben wirst oder dich verlieben, ob dir gute oder schlechte Tage bevorstehen. Der Tarot sagt dir einfach nur, was du zu tun hast. Er zeigt dir, vor welche Probleme du in deinem Leben gestellt sein wirst, um sie zu lösen. Der Tarot nimmt dich und deine Freiheit ernst und macht dich nicht zum Objekt des blinden Zufalls und zum Opfer eines Schicksals, das von irgendwoher kommt, nur nicht aus dir selbst heraus.

Es gibt unzählige Orakelmethoden für den Tarot und mehr als genügend Bücher, in denen du fix und fertige Rezepte dafür bekommst. Die meisten sind so kompliziert und umständlich und letztlich so vieldeutig und widersprüchlich, daß sie dir schwerlich Nutzen bringen werden. Du wirst durch sie in mehr oder weniger große Verwirrungen gestürzt. Wenn du nicht darauf verzichten kannst, den Tarot divinatorisch zu gebrauchen, dann mußt du zuvor die richtige Haltung einnehmen. Es ist die Haltung des Wagenlenkers von Bild VII, der mit der Frage konfrontiert ist: Wo komme ich her, wo stehe ich, wo gehe ich hin?

Um auf diese Frage eine Antwort zu erhalten, kannst du sämtliche zweiundzwanzig großen Arkana mit der Bildseite nach unten vor dich hinlegen. Berühre nun mit deinen Händen, die du vorher unter fließendem Wasser gründlich gereinigt haben solltest, die Karten, und mische sie mit den Fingerspitzen langsam durcheinander. Laß dir Zeit, viel Zeit dazu und stelle dir in deinem Innern die Frage: »Wo komme ich her?« Irgend einmal wirst du zu spüren beginnen, daß eine ganz bestimmte dieser verdeckten Karten dir gerade auf diese Frage eine Antwort geben will. Ziehe sie heraus und lege sie, immer noch mit der

Bildseite verdeckt, links vor dich hin. Wiederhole dann den Vorgang mit der Frage: »Wo stehe ich?« Auch darauf wirst du die entsprechende Antwort in Form einer Karte erhalten, die du vor dich hinlegst. Wiederhole den Vorgang dann ein drittes Mal, indem du in dir fragst: »Wo gehe ich hin?« und lege die dafür erhaltene Karte rechts vor dich hin, so daß die drei Karten eine Reihe bilden. Jetzt erst decke die drei Bilder der Karten auf. Zuerst die Vergangenheit, dann die Gegenwart und zuletzt die Zukunft. Vor dir liegen nun drei Bilder aus der Reihe der zweiundzwanzig großen Arkana, die dir auf ihre Weise Antwort geben auf die Fragen, die du gestellt hast.

In manchen Büchern wird für jede Karte, wie das Rezept für eine Mahlzeit, die genaue divinatorische Bedeutung dargelegt. Hüte dich vor solchem Schnickschnack. Du hast dir nicht umsonst so viel Mühe gegeben, die zweiundzwanzig großen Arkana gründlich zu erarbeiten und in dir selbst zu erleben, um jetzt auf solche Spielereien hereinzufallen. Fange an, Zwiesprache zu halten mit dem Bild deiner Vergangenheit unter Mithilfe all dessen, was du gelernt hast. Dann tue das gleiche mit dem Bild für die Gegenwart und die Zukunft. Und noch einmal: Versuche nicht, Ereignisse herauszulesen, sondern Aufgaben, die dir gestellt sind. Besonders über die eine große Aufgabe deines Lebensweges wirst du Näheres erfahren, wenn du die drei Bilder der Reihe nach miteinander in Verbindung bringst.

Es mag sein, daß du recht schnell eine Antwort erhälst, aber es kann auch sein, daß du vorerst ratlos vor dem stehst, was der Tarot dir sagen will. In diesem Fall mußt du dir sehr viel Zeit nehmen, vielleicht mußt du tagelang, ja wochenlang die Karten irgendwo plaziert lassen, wo du sie täglich sehen, dich täglich mit ihnen auseinandersetzen und über sie meditieren kannst.

Dann wirst du mit der Zeit allmählich aus dir selbst heraus die Antwort auf deine Fragen erhalten.

Denke immer daran, daß die Bilder, die dir auf diese Weise zugefallen sind, deine persönlichen Bilder sind, mit denen du im Hier und Jetzt leben mußt. Wer den Tarot befragen will, darf auch die Anstrengung nicht scheuen, seine Antworten zu enträtseln und mit ihnen zu leben, auch wenn sie einem oftmals nicht gefallen.

Diese Methode, die ich dir eben beschrieben habe, sollte auf längere Zeit hinaus, vielleicht für Jahre, die einzige sein, nach der du den Tarot als Orakel gebrauchst, denn du wirst bald erkennen, daß schon drei Bilder dir recht viel zu tun und zu denken geben. Wozu denn zwölf, dreißig oder mehr benutzen? Erst später, wenn du mehr und noch tiefer in das Wesen des Tarot eingedrungen bist und du auf deinem Entwicklungsweg ein gutes Stück weiter vorangekommen bist, solltest du die folgende Methode versuchen:

Bild VIII, »Gerechtigkeit«, hat dich gelehrt, daß in jedem Augenblick deines Lebens von dir eine Entscheidung gefordert wird, daß du die Möglichkeit hast, entweder den einen oder anderen Weg einzuschlagen. Abhängig von der Entscheidung, die du fällst, wird dein weiterer Entwicklungsweg sein. Deine Zukunft wächst aus der Art der Bewältigung deiner Gegenwart heraus. Mische die Karten wieder in der vorhin beschriebenen Weise mit der Bildseite nach unten. Auch diesmal ist die erste Karte, die dir »zu-fällt«, die Karte deiner Vergangenheit. Lege sie links vor dich hin. Für die Frage: »Wo stehe ich jetzt in meiner Gegenwart« ziehe zwei Karten. Lege die eine rechts und leicht oberhalb der ersten vor dich hin, die zweite darunter. Ziehe abschließend für die Frage nach der Zukunft drei Karten und lege sie rechts der bisherigen senkrecht untereinander hin. Auf diese Weise erhältst du die unten abgebildete Anordnung:

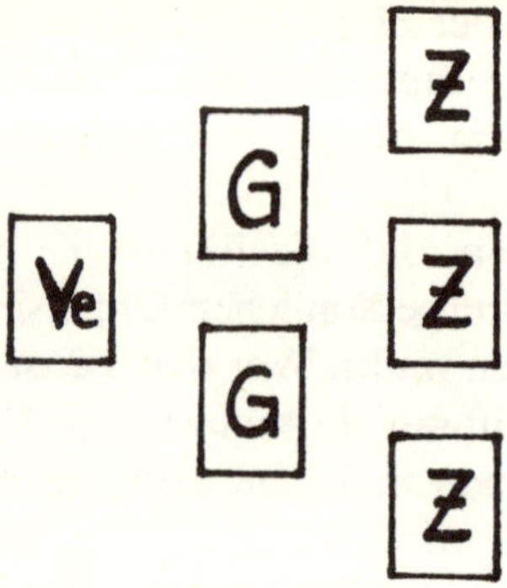

Decke jetzt die Karten auf. Noch etwas: Es ist meiner Meinung nach, im Gegensatz zu derjenigen anderer Bücher, vollkommen gleichgültig, ob die Karten aufrecht oder umgekehrt zu liegen kommen. Falls die aufgedeckten Karten auf dem Kopf stehen, drehe sie einfach um, damit du sie richtig betrachten kannst.

Für die Vergangenheit haben wir nur eine Karte gezogen, denn an der Vergangenheit können wir nichts mehr ändern, sie bleibt so wie sie ist. In der Gegenwart haben wir jedoch die Möglichkeit zu entscheiden, wir können die eine oder die andere Richtung einschlagen, deshalb ziehen wir für die Gegenwart zwei Karten. Und je nachdem, für welchen Weg, für welche Richtung wir uns entschließen, das heißt in unserem Falle, welche der zwei gezogenen Gegenwartskarten für uns maßgebend ist, wird sich daraus unsere Zukunft ergeben, die dem Weg, den wir wählen, gemäß ist. Die Karte der Vergangenheit, in Verbindung gebracht mit der mittleren Karte in der Zukunftsreihe, zeigt dir das Polaritätsverhältnis, in dem sich der eine oder andere dieser Wege abspielen wird.

Ein praktisches Beispiel mag diese, vielleicht etwas komplizierte Methode verdeutlichen.

Nehmen wir einmal an, ein Mann habe folgende Zusammensetzung erhalten: Als Karte der Vergangenheit Bild I, der Magier. Als erste Karte der Gegenwart die IV, der Herrscher, und als zweite XXI, die Welt. Die drei Zukunftskarten sind von oben nach unten der Eremit, der hängende Mann und die Sonne. Dieses Beispiel (das übrigens nicht konstruiert, sondern wirklich jemandem so zugefallen ist), kann vielleicht folgendermaßen gedeutet werden: Der Mann kommt als Magier in diese Welt. Vor ihm liegen die vier magischen Waffen, mit denen er zu arbeiten hat. Mit den vier magischen Waffen zu hantieren und etwas zu vollbringen, daß ist die Aufgabe, die ihm in seiner Vergangenheit zugeordnet worden ist. In der Gegenwart hat er nun zwei Möglichkeiten. Er kann die vier magischen Waffen brauchen, um den Weg des Herrschers zu gehen, mit allem, das in diesem Bild dargestellt ist. Dies wird eine Zukunft zur Folge haben, wie sie durch das Bild des Eremiten ausgedrückt wird. Aber er kann den Weg in Richtung Bild XXI, des tanzenden Androgyns wählen, woraus sich eine Zukunft eröffnen wird, die all dem entspricht, das in Bild XIX enthalten ist. Aber welchen Weg er letztlich auch wählt, immer wird er der Spannung ausgesetzt sein, die zwischen Bild I, dem Magier, und Bild XII, dem hängenden Mann, herrscht.

Die Interpretation dieses Beispiels mag dir bereits gezeigt haben, was ich für sehr wichtig halte, nämlich, daß der Tarot nicht geeignet ist, banale Fragen des Alltags zu beantworten, wie etwa: »Kriege ich morgen einen Brief von meiner Freundin?« Oder: »Soll ich heute nachmittag Tante Emma besuchen?« Der Tarot antwortet nur auf Fragen, die in größeren und großen Zusammenhängen stehen. Nur wenn es dir darum geht, solltest du den Tarot zu Orakelzwecken gebrauchen. Damit versteht sich von selbst, daß dies nicht zu oft geschehen sollte, sondern nur bei wirklich wichtigen Gelegenheiten. Ich kenne Menschen, dir nur ein einziges Mal im Jahr drei Karten ziehen, und dann ein ganzes Jahr damit leben. Diese drei Karten bringen ihnen im Verlaufe dieses Jahres reicheren Gewinn, als wenn sie sich jede Woche mit einer neuen Anordnung auseinandersetzen müßten. Deshalb merke dir die erste, wichtige Regel: Benutze den Tarot zu Orakelzwecken nur selten, und nimm dir die erforderliche Zeit, um dich ganz in die erhaltene

Antwort vertiefen und ihren Sinn erkennen zu können. Die zweite Regel lautet: Lege nie den Tarot für andere, sondern stets nur für dich selbst! Diese Regel ist eine selbstverständliche Folge des im letzten Kapitel über die magische Wirkung der Tarotbilder gesagten. Wenn du den Tarot als Orakel anwendest, treffen zwei Schwingungsebenen aufeinander und durchmischen sich, deine eigene persönliche und die des Tarot, und deshalb kannst nur du für dich selbst aus diesem Zusammenklang der Schwingungen heraus spüren, was letztlich mit der dir gegebenen Antwort gemeint ist. Etwas für einen andern Menschen erspüren zu wollen, wäre Vermessenheit und Mißbrauch.

Damit ist genug über den Gebrauch des Tarot als Orakel gesagt. Wenn du das Wesen des Tarot richtig verstanden hast, wirst du wahrscheinlich auch gar nicht mehr Verlangen danach haben, denn sein wahrer Wert und sein Reichtum liegen ganz woanders. Wie ich schon gesagt habe, ich hätte über diesen ganzen Aspekt kein Wort verloren, wenn ich nicht wüßte, welch große Faszination er auf die meisten Menschen ausübt. Wenn es schon unvermeidlich ist, weil so viele der Versuchung nicht widerstehen können, den Tarot zum Zwecke des Orakels zu gebrauchen, so habe ich wenigstens mir richtig erscheinende Methoden, die mit aufrichtiger Haltung gehandhabt werden sollten, geschildert.

Damit sind wir am Ende eines langen Weges angelangt, den wir zusammen zurückgelegt haben. Es ist nun Zeit, ein wenig zu ruhen, um das Erworbene in dir wirken und sich vertiefen zu lassen. Du bist nun der Magier, der vor dem Tisch mit den vier Werkzeugen steht. An dir ist es nun, zu *entscheiden,* ob du mit dem *Stab,* der dir in die Hand gelegt worden ist, lebendiges *Wasser* aus dem *Felsen* schlagen willst.

Verlag Hermann Bauer · Freiburg im Breisgau